VOYAGE

HISTORIQUE ET LITTÉRAIRE

EN ANGLETERRE

ET

EN ÉCOSSE.

—

TOME TROISIÈME.

VOYAGE
Historique et Littéraire
EN ANGLETERRE
et
EN ÉCOSSE

Par M. Amédée Pichot, D. M.

... You and I cannot be confin'd Within the weak list of a country's fashion.
SHAKSPEARE, Henry V.

TOME TROISIÈME.

Abbaye de Melrose.

Paris
chez les Libraires-Éditeurs,
LADVOCAT ET CHARLES GOSSELIN.
1825.

VOYAGE
HISTORIQUE ET LITTÉRAIRE
EN ANGLETERRE
ET
EN ÉCOSSE.

LETTRE LXVIII.

A M. Ch. NODIER.

> .... *Anacreon Moore,*
> *To whom the lyre and laurels have been given*
> *With all the trophies of triumphant song*, *etc.*
> Byron, *Don Juan.*
>
> Anacréon Moore, qui a reçu la lyre, les lauriers et tous les attributs de la chanson, etc.
>
> « En effet, dit Fadladin, après avoir récapitulé ses diverses critiques, la profusion de fleurs et d'oiseaux que ce poète appelle toujours à son service, sans compter les rosées, les pierreries, etc., donne à son style l'éclat d'un parterre, mais non sa symétrie élégante, et le bruit d'une volière, mais non le doux ramage des oiseaux. »—(*Lalla Roukh.*)

Le grand nazir ou chambellan de la fille d'Aureng-Zeb n'est pas un personnage aussi sot

que M. Moore a voulu le faire. Le jugement que je prends pour épigraphe est cependant trop exclusif; il n'est pas digne de « ce juge su-
« prême en toutes choses, depuis la forme des
« paupières d'une Circassienne jusqu'aux plus
« profondes questions de science et de litté-
« rature, depuis la confection d'une conserve
« de roses jusqu'à la composition d'un poëme
« épique. » Ce portrait de Fadladin n'est-il pas aussi celui de Thomas Moore, auteur de poésies badines enrichies de savantes notes? Chaulieu, Panard, Parny, et, de nos jours, Béranger, Désaugiers, Francis, etc., etc., qui ont chanté les mêmes sujets que Thomas Moore, ont oublié d'apprendre au public qu'ils savaient le grec et qu'ils avaient lu la Bibliothéque orientale de d'Herbelot. Malgré son bagage scientifique, Thomas Moore n'en est pas moins le poète favori des dames anglaises. Ses chansons sentimentales sont sur tous les pianos, et ses petits vers libres se cachent à côté de la Bible dans les boudoirs. On m'objectera, pour l'honneur des chastes filles de la pudique Albion, que je n'ai pas pénétré dans ce *sanctum sanctorum*, et je

conviendrai que je ne répète ici que des rumeurs de médisance, et les accusations de M. Irving dans la chaire apostolique. Quoi qu'il en soit, un des grands reproches que les Anglais nous adressent, c'est celui de compter Parny au nombre de nos poètes : sans remonter plus haut, nous pouvons répondre que Moore, son contemporain, a donné un Parny à la poésie anglaise. Quand on a feuilleté les bagatelles amoureuses publiées sous le nom fictif de Little [1], et la paraphrase *très libre* d'Anacréon, dédiée au prince régent, qui, à cette époque, était le Polycrate de l'Anacréon irlandais; quand on a vu ensuite dans un salon la physionomie mignonne du poète, on est tenté de le peindre au milieu des beautés de la cour de Windsor, ou mieux dans un des boudoirs de madame Pompadour, briguant le sourire d'une favorite ou d'un libertin en crédit par sa voix mélodieuse et ses vers un peu efféminés; mais on serait tout à coup surpris d'entendre ce petit poète de ruelles, mollement étendu sur un divan,

---

[1] *Little*, petit. L'auteur faisait allusion à sa taille en adoptant ce pseudonyme.

passer d'un chant langoureux, de l'éloge de Lalagé, ou de celui de la coupe remplie de vin, à une grossière satire contre les Bourbons ou contre les prêtres : — c'est un radical couronné de roses. Hâtons-nous d'ajouter que, parfois aussi, Moore interrompt ses chants d'amour pour un noble chant de liberté ou une fière protestation en faveur de l'Irlande opprimée : c'est alors Parny faisant des odes nationales comme Béranger. Attribuerons-nous cette alliance de coquetterie, de mollesse et d'indépendance à la vanité poétique, qui est un défaut tout aussi anglais que français? Oserai-je expliquer les contradictions de l'auteur de *Lalla Roukh*, en essayant de prouver qu'il s'est trompé en se croyant un républicain, parce qu'il est difficile de l'être quand on n'en a pas le tempérament? M. Moore fait de la démocratie dans les boudoirs; et c'est là peut-être une inconséquence, comme celle qu'il a commise en faisant du roi [1] de Bucharie un troubadour libéral; aussi accuse-t-on

---

[1] Encore si le fiancé déguisé de Lalla Roukh n'était que Prince royal comme George IV quand il fréquentait l'opposition; ou comme certain prince allemand,

M. Moore de n'être libéral qu'à la façon des princes, c'est-à-dire d'être jaloux de ceux qui le sont un peu plus que lui, et de vouloir fixer la manière de l'être. Écoutez Leigh Hunt et la petite cour de lord Byron à Pise, écoutez Hazzlitt et quelques autres critiques; ils se plaignent vivement de ce que M. Moore les trouve de mauvaise compagnie, refuse de contribuer à leur journal, et conseille à son noble ami de ne plus faire cause commune avec ces radicaux du second ordre. M. Moore appartient à cette nombreuse coterie du parti aristocratique, qui se charge d'une partie des rôles des whigs, de peur que les réformateurs de bonne foi ne les remplissent tous ; ce qui mettrait enfin en présence les vraies idées libérales et les priviléges. Ces pseudo-whigs ont tous les bénéfices de la popularité avec la jouissance du rang et des immenses avantages de l'aristocratie anglaise. Dans leurs attaques contre les abus ils ont bien soin de ménager leurs coups : ils défendent la liberté,

à qui mademoiselle B******* disait derrière les coulisses de la Comédie Française : « Ah ! je vois bien pourquoi monseigneur est libéral ; il n'est pas *chef d'emploi.* »

non comme une reine dont ils sont les soldats, mais comme une captive dont ils se réservent les dépouilles ; les abus chez les autres nations excitent toute leur verve ; aucune expression n'est trop forte pour les flétrir. Les Bourbons sont des tyrans, la France un pays d'esclaves qu'ils invitent à une *juste* révolution, tandis que leur opposition systématique ne leur inspire sur leurs propres affaires qu'une éloquence de rhétorique. Il s'agit pour eux d'écarter les radicaux et du gouvernement et de leurs propres salons. C'est là que Thomas Moore amuse ses illustres amphitryons par ses tendres soupirs pour la liberté anglaise et ses facéties tour à tour grossières et spirituelles contre le *despotisme* et les *ultra* du continent ; c'est là qu'on ose calomnier le plus beau génie de la France constitutionnelle, le Burke de la monarchie française, celui qui, par ses écrits, a converti tant de royalistes à la Charte et tant de libéraux à la royauté ; c'est là qu'on le traite de grand sycophante, de fabricant de phrases. Mais comme il fallait pour la dignité anglaise un masque de morale publique à ces lords libéraux, leur poète ne pouvait pas continuer ses madrigaux lascifs. Depuis longtemps Th. Moore s'est fait moral et presque chaste. — Suivons-le dans l'histoire de ses divers écrits : nous le trouverons plus superficiel que profond, plus tendre que pathétique, plus gracieux que fort, parlant plus au cœur qu'à l'âme; mais poète souvent aimable, quelquefois grand poète, et presque toujours doué d'imagination, d'esprit et de goût. Je crois que c'est Diderot qui prétendait que pour bien écrire des femmes, il faudrait tremper sa plume dans les humides couleurs de l'arc-en-ciel, et sécher son papier avec de la poussière empruntée aux ailes d'un papillon. On dirait que Thomas Moore a fait usage de cette recette pour composer ses images orientales et peindre ses Péris, ou ses fées mortelles non moins brillantes; il y a dans ses vers un luxe prodigieux de métaphores et d'ornemens, qu'on pourrait appeler un choix d'*arabesques* poétiques. Le grand nazir de la princesse mogole aurait pu ajouter à la critique citée plus haut que les élémens de la poésie de

Thomas Moore consistent en une distribution ingénieusement variée d'ailes de papillons et d'ailes d'anges, de rayons de lumière, de perles, de pierres précieuses, de parfums, etc. Tous ces attributs factices n'ornent pas toujours des beautés parfaites ; mais comme l'oripeau et les faux diamans produisent de ravissantes métamorphoses à l'Opéra avec l'aide du chant et de la musique, le poète nous fait illusion par la magie de ses tableaux et la mélodie de ses vers. Cette mélodie, il l'a poussée plus loin qu'aucun poète anglais depuis Chaucer ; c'est presque de l'italien que la poésie de Thomas Moore. Cette mélodie est déjà remarquable dans ses premières pièces adressées à Julie, à Rose, à Jessy, à Bessy, à Mary, et à trente beautés en charte conjugale, que le discret M. Little désigne par trois ***. Le petit Parny de l'Irlande avait plus d'une Éléonore. Ce sont d'élégantes épigrammes contre le mariage ou de galans sophismes sur la facilité d'aller en paradis. Ainsi, après avoir déclaré à Julie qu'elle sera damnée *pour cause*, M. Little se reprend et la console en lui disant que l'Amour l'a faite si jolie qu'elle n'aura qu'à se présenter à la porte, les saints la prendront pour une vierge et lui ouvriront : [1]

> *You so like an angel smile,*
> *They can't but let you in.*

Dans la pièce suivante, hérésie d'un autre genre, « Mahomet seul a connu l'âme des femmes; ce sont des jouets [2], des poupées, sans raison, sans idées. »

> *Miser Catulle, desinas ineptire.* — Catullus.

« Pauvre Catulle, cesse de faire des folies! » — Mais bientôt Catulle est de mauvaise humeur, et tourne en ridicule une pauvre douairière qui lui avait sans doute fait des propositions. Il lui dit sèchement qu'il n'aime pas l'*antiquité*, que Diane elle-même ne le séduirait pas *à son déclin*, et qu'il l'enverrait à l'enfer pour y jouer le rôle d'Hécate.

[1] Cette idée est reproduite ailleurs avec moins de goût, lorsque le poète dit à Phillis qu'un baiser est pour lui le paradis, mais que sa *bouche* n'est que saint Pierre qui tient seulement la clef. (*Your lip, love, is only St. Peter.*)

[2] L'expression anglaise est moins élégante : *Materials of pleasure*, des instrumens de plaisir.

Horace ne traitait pas plus mal Canidie; car je ne dis pas tout. Mais c'est le tour de Rose : elle pleure; M. Little lui prouve que c'est de plaisir, et jure de la faire pleurer toujours de même. On devine que Rose pleure d'avoir écouté la morale de cette autre pièce où son amant lui dit que, puisque les casuistes prétendent qu'un désir seul nous damne, et qu'elle a eu au moins un désir, mieux vaut goûter le plaisir avant d'être damnée. Mais adieu Rose ! — Son amant volage surprend Jessy dans son sommeil; il dit à Phillis qu'elle est une prude de ne pas lui donner son cœur, et de faire tant la difficile pour si peu de chose (*about a trifle*); puis il rappelle à Fanny certain voyage dans la malle-poste : [1]

Il invite mistress *** à un petit souper : [2]

> *Over a little Attic feast,*
> *As full of cordial soul at least*
> *As those where Delia met Tibullus*
> *Or Lesbia wanton'd with Catullus*
> *I'll sing you many a roguish sonnet*
> *About it, at it, and upon it, etc.*

Il l'invite « à un petit banquet attique aussi

[1] *Quadrigis petimus bene vivere.* — HORACE.
[2] *Cœnam non sine candidâ puellâ.* — CATULLE.

gai, aussi aimable que ceux où Délie soupait en tête-à-tête avec Tibulle, et où Lesbie folâtrait avec Catulle; viens, je te chanterai maint *sonnet fripon* (*roguish sonnet*), etc. »

Enfin, dans la chanson intitulée *le Catalogue*, M. Little passe en revue toutes les belles qui l'ont aimé, depuis Kitty, qui fit son éducation, jusqu'à la petite dévote Susanne. Y compris cette dernière, on voit que les amies de M. Little n'étaient pas de la plus scrupuleuse vertu; aussi tous ces épanchemens poétiques ne nous touchent guère. Mais je vais essayer de traduire quelques stances qui expriment un sentiment mélancolique, auquel n'a pu rester étranger quiconque n'a pas toujours été à l'abri des tendres erreurs dont je serais fâché, après tout, que mes lecteurs fissent des reproches trop sévères à la jeunesse de Th. Moore,

To..........
And hast thou mark'd the pensive shade, etc.
A..........

As-tu donc remarqué la rêveuse tristesse
Qui d'un voile importun couvre soudain mes yeux
Au milieu des transports que seule, ô ma maîtresse,
Tu peux faire connaître à mon cœur amoureux?

Non, ne crois pas alors que dans tes bras j'oublie
Combien à ton amour je dois de volupté;
Quel cœur plus que le mien épris de ta beauté,
Serait plus enivré de ta douce magie ! [1]

Ah ! lorsque je te vois, fuyant l'éclat du jour,
Incliner sur mon sein ta tête languissante,
Puis n'ouvrir qu'à demi ta paupière tremblante,
Rougissant de montrer même à moi tant d'amour,

De ces instans si doux qui n'envierait le charme?....
Eh bien, c'est même alors, quand tout doit t'embellir,
Que dans mes yeux je sens se glisser une larme,
Et que mon cœur ne peut étouffer un soupir.

Un souvenir jaloux me dit, ô ma Julie !
Qu'un autre, le premier, fit palpiter ton cœur;
Qu'il te vit, comme moi, par l'amour embellie;
Comme moi dans tes bras qu'il connut le bonheur.

Peut-être prononcé par ta bouche charmante,
Son nom de tous les noms devenait le plus doux;
Peut-être qu'il te vit et timide et tremblante
Lui sourire et cacher ton front sur ses genoux.

Peut-être.... Mais pourquoi vous rappeler encore,
Indiscrets souvenirs et regrets superflus !
Elle est enfin à moi, la beauté que j'adore,
Et le ciel ne pouvait rien m'accorder de plus.

Pardonne à ton amant, pardonne, ô ma Julie !
Si même le passé peut le rendre jaloux,
Hélas ! que ne fût-il le premier de ta vie
Le jour où tu me dis : « Je n'aimerai que vous. »

[1] Witchery.

Cette traduction rimée est d'une exactitude rigoureuse, à l'exception de la dernière stance, dans laquelle j'ai resserré les deux dernières de l'original, où la même idée me semble répétée à peu près dans les mêmes termes. Mais l'harmonie ne se traduit pas facilement.

Avec ses jolis vers de société et son amabilité, M. Moore avait séduit, non pas seulement l'oreille des dames, mais encore celle de quelques seigneurs en crédit. Il fut nommé à un emploi dans la cour de la vice-amirauté des Bermudes, et il s'embarqua pour cette île où Shakspeare avait placé le berceau de son Sylphe Ariel. Pendant ses loisirs M. Moore n'oublia pas les Muses et les belles des Açores, et à son retour en Angleterre il publia un recueil d'odes, d'épîtres et de poésies fugitives, où il célèbre les enchantemens de ce climat, bien fait pour charmer, par ses divers aspects, l'imagination du poète. De ces pièces les unes sont riches de brillantes descriptions, et les autres reproduisent ces sentimens tendres dont M. Moore aime surtout à s'inspirer. Cependant il avait trouvé les dames des Bermudes plus affectueuses que jolies : il traite encore moins favorablement leurs époux, en nous disant que cet ancien philosophe, qui prétendait qu'après cette vie les hommes seraient changés en mulets et les femmes en tourterelles, aurait pu voir déjà cette métamorphose presque accomplie aux Bermudes. Mais c'est dans les États-Unis que M. Moore avait trouvé le plus de désappointemens; ce sont surtout les États-Unis qui ont à se plaindre de ses épîtres datées de Washington-City et du lac Érié. M. Moore prétend être parti pour les États-Unis avec des préventions favorables : il s'était figuré que la Liberté américaine était la divinité d'une utopie démocratique. Il fut choqué de ne voir que de grossiers marchands parmi les démocrates, et des citoyens presque aussi vulgaires parmi les fédéralistes : nouvelle preuve que M. Moore n'est qu'un libéral de salon, un démagogue de boudoir. La liberté américaine, fille du commerce, simple par conséquent et un peu bourgeoise, lui parut de mauvaise compagnie. Il l'eût voulu aimable, maniérée même, et alors il l'eût trouvée digne de ses hommages : hélas!

.... Like the nymphs of her own withering clime
She is olden youth, she is blasted in her prime.

«—Comme les nymphes de son climat, où tout se flétrit si vite, elle est vieille dans sa jeunesse, elle est fanée dans son printemps. » (*Épître au lord vicomte Forbes.*) Selon lui, elle est froide sur tout, avare, et elle a tous les vices des vieilles filles, sans compter que, « corrompue par la philosophie française, c'est une bavarde qui ne parle que par sophismes. » Les pauvres Américains ne sont que « des marchands qui se sont faits libres pour faire banqueroute à leur souverain ; » et à l'appui vient la citation obligée de Montesquieu, dont malheureusement l'Angleterre peut bien prendre sa part, n'en déplaise à M. Moore. Il paraît que le président d'alors ou un autre magistrat des états de l'Union avait une négresse favorite. M. Little de se moquer de ce Périclès américain et de son Aspasie africaine :

The weary statesman, etc.

« L'homme d'état fatigué quitte le conseil, et va se reposer parmi ses nègres, où il courtise les bonnes grâces d'une Aspasie noire, et rêve de la liberté dans les bras de son esclave. » (*Épître à M. Hume.*)

La gloire sans tache de Washington n'est pas épargnée dans ces diatribes, où le poète s'élève à une grande hauteur de style lorsqu'il peint quelques uns des aspects du vaste continent américain, toujours, il est vrai, dans le but d'en rabaisser et mortifier les habitans. Mais M. Moore est de retour en Irlande, et va consacrer son beau talent à une entreprise nationale, celle des *Mélodies irlandaises*.

Sans doute que les premières chansons ou compositions lyriques des rapsodes furent l'œuvre spontanée d'un poète-musicien, qui faisait l'air et les paroles d'un seul jet. Depuis, les paroles du chant ont précédé généralement la musique ; mais tel est le triomphe de la musique, qui est la vraie langue universelle, sur la poésie, qui n'appartient qu'à une langue, que l'air survit

[1] C'est ainsi qu'un chant peut-être trop fameux des temps modernes, *la Marseillaise*, fut improvisée. Ce chant républicain, refrain de tant de victoires, fut sans doute profané par les sicaires de la révolution, qui en firent aussi un signal de massacre ; mais ce n'en est pas moins un chef-d'œuvre que plus d'un émigré, dit-on, se surprenait à chanter à demi-voix sur l'autre rive du Rhin.

encore quand les paroles sont perdues. Déjà le berger de Virgile s'écriait :

....Numeros memini, si verba tenerem!
Je me souviens de l'air, j'ai perdu les paroles.

L'Irlande avait une musique originale et populaire, qui offrait de nombreuses allusions à ses mœurs, à ses localités, à son histoire, et qui méritait mieux encore que la musique écossaise qu'un Burns la rendît plus populaire, et la consacrât en quelque sorte par l'alliance d'une poésie nationale. Déjà miss Owenson avait adapté des paroles à quelques uns de ces airs de l'ancienne *Erin;* mais c'est Thomas Moore qui les a réunis presque tous comme un monument historique. « — On a souvent remarqué, dit-il lui-même, que notre musique est le commentaire le plus vrai de nos annales. Un ton de défi, auquel succède la langueur du découragement; une explosion de turbulence qui s'évapore en molle faiblesse; les chagrins d'un moment oubliés dans la frivolité du moment qui suit; ce mélange de gaîté et de tristesse, résultat des efforts que fait une âme naturellement enjouée qui cherche à s'étourdir : tels sont les traits de notre caractère et de notre histoire que nous trouvons fidèlement reproduits dans notre musique. Il est plusieurs airs qu'il me semble difficile d'entendre sans se rappeler telle époque ou tels événemens auxquels leur expression est particulièrement applicable. »

(*Lettre à la marquise de Donallan.*)

« Le tort de M. Moore est d'avoir trop souvent oublié cette dernière considération pour mettre ses idées frivoles à la place des souvenirs de gloire ou de deuil qui lui étaient indiqués. Nous avons trop de vers à Chloris dans *les Mélodies,* et pas assez de ces nobles hymnes en l'honneur de Brien-le-Brave; pas assez de ces chants descriptifs qui transportent comme la musique dans les localités qu'ils peignent. Les élégies de M. Moore, ses complaintes d'amour, quelquefois même ses complaintes d'exil n'ont de caractéristique et de national que le nom d'*Erin.* Le poète parle d'indépendance et de liberté comme un Grec d'Athènes, ou comme un rhétoricien qui a tra-

duit Anacréon. Il parle d'amour; mais c'est
_{Caton galant, ou Brutus dameret.}
Le luxe des costumes et des périphrases dans
Lalla Roukh tend à nous prouver que nous lisons un poëme oriental : on le dirait presque, selon une expression connue, *plus arabe qu'en Arabie*. Mais, dans *les Mélodies irlandaises*, si M. Moore est presque toujours un poète lyrique remarquable, il n'est que rarement irlandais, tandis que Burns est resté constamment écossais dans ses *Mélodies calédoniennes*. J'en ai assez dit pour en montrer facilement la raison : M. Moore a composé exclusivement pour le piano des jolies dames. Burns a gardé son indépendance un peu sauvage dans ses chants; Moore est un rossignol apprivoisé, qui consacre sa jolie voix à imiter des airs de serinette. Je reviendrai sur ce sujet en m'occupant de Burns et de ses *Mélodies écossaises*. Je pourrais cependant citer d'honorables exceptions au ton général des *Mélodies* de l'Anacréon d'Irlande : *Rich and Rare* est un morceau exquis par sa touchante simplicité; c'est le voyage d'une jeune vierge parée de riches atours, qui, sur la foi des vertus de

Brien et de son peuple, traverse seule à pied tout son royaume sans crainte d'aucun outrage. *O the sight entrancing* est l'expression presque sublime de l'enthousiasme du guerrier à la vue des armes. Je m'abstiens de traduire ; privés du rhythme et de la musique, ces divers morceaux justifieraient peut-être ce que Moore en dit lui-même par modestie avec le style de *Fadladin* : « — Ce sont des insectes dans l'ambre, qu'on estime à cause de la matière précieuse qui les conserve. » En vérité, c'est mieux que cela. Je ne pourrais guère comparer plusieurs de ces *mélodies* qu'aux plus touchantes élégies de M. de La Martine. Voici un chant de liberté, mélange de tristesse et de fierté, qui dans l'original vaut peut-être une *Messénienne*, ou une chanson de Béranger.

« — Ah ! cessez de blâmer le barde, s'il s'oublie sous ces berceaux où le plaisir sourit nonchalamment à la gloire. Il était né pour d'autres destins ; et dans des jours moins funestes, son âme aurait brûlé d'une sainte flamme ! La corde qui languit mollement tendue sur sa lyre, pourrait courber l'arc du guerrier et lancer la flèche rapide. Ces lèvres qui soupirent des chants de volupté auraient su exprimer le cri terrible de la vengeance.

« Mais, hélas ! l'orgueil de la patrie n'est plus ; il est abattu ce fier courage qui devait ne céder jamais ; ses enfans sont forcés de gémir en secret sur sa ruine. On appelle traîtres ceux qui l'aiment. La mort réduirait bientôt au silence la voix qui parlerait de la défendre. On humilie les enfans d'Erin jusqu'à ce qu'ils consentent à être parjures. Ils ne sont récompensés que lorsqu'ils font rougir leurs ancêtres. Le flambeau qui les conduit dans le chemin des honneurs doit être allumé au bûcher sur lequel leur patrie expire.

« Ah ! cessez de blâmer le barde, si, se livrant au doux rêve du bonheur, il essaie d'oublier les maux qu'il ne peut guérir. Qu'on lui donne une seule espérance, qu'un seul éclair perce les ténèbres qui enveloppent son pays, et vous verrez s'il l'aime encore. A l'instant même son cœur déposerait sur ses autels toutes ses passions, toutes ses voluptés, et le myrte qui couronne son front ornerait son glaive comme celui d'Harmodius.

« Mais quoique ta gloire n'existe plus, quoique toutes tes espérances se soient évanouies, ton nom, pays chéri d'Erin, vivra dans les chants du barde. Aux heures mêmes où son cœur semble tout à la joie, il ne perd pas le souvenir des outrages qui te sont faits. L'étranger entendra ta voix plaintive. Le soupir de ma harpe s'élancera par-delà les flots, et tes tyrans eux-mêmes, en rivant tes chaînes, s'arrêteront soudain pour verser des larmes. »

Le grand ouvrage de M. Moore est *Lalla Roukh*, qui offre toutes les richesses et les défauts de son talent. La traduction qui en a été faite m'évite la peine d'en analyser la fable et les beautés de détail. Je crois que c'est la *Revue d'Édimbourg* qui comparait les quatre contes de *Lalla Roukh* et le cadre qui les réunit, à quatre perles fines attachées par un fil de soie et d'or. Je n'aime pas beaucoup le *Prophète voilé*. *Mokanna* est une exagération germanique du moine de Lewis. *La Peri* est une composition charmante, fondée sur une idée qu'on pourrait appeler du marivaudage oriental, mais qui est tout-à-fait dans le goût des fictions arabes.

Il est curieux de rapprocher la description suivante de l'Égypte d'un passage analogue du *Génie du christianisme*.

« La Peri exilée va planer en soupirant sur les palmiers de l'Égypte, sur les grottes et les sépulcres de ses rois. Tantôt elle se plaît à écouter le roucoulement des colombes de la vallée de Rosette; tantôt elle aime à voir les rayons de la lune se jouer sur les blanches ailes du pélican qui rase les ondes azurées du lac Mœris. Elle admire les vallons et leurs fruits dorés, qu'éclairent les astres sereins de la nuit; des groupes gracieux de dattiers courbent languissamment leurs têtes couronnées de feuillage; tels que de jeunes filles que le sommeil appelle à leurs couches de soie, les lis inclinent sur le lac leurs fleurs virginales pour paraître plus frais et plus brillans au retour du soleil, leur bien-aimé; ces antiques tours, ces autels en ruine semblent les restes d'un songe; le silence de cette solitude magique n'est troublé que par le cri du vanneau; parfois aussi, lorsque la lune fait fuir les ombres devant son flambeau, une poule-sultane aux ailes de pourpre est aperçue sur une colonne, silencieuse, immobile et brillante comme un oiseau hiéroglyphique.[1]

Les images et les descriptions du poëme des *Guèbres* (*Fireworshippers*) ont toute la fraîcheur qui distingue celles de *la Péri;* mais ici un intérêt plus puissant nous attache, un intérêt dramatique. Ce poëme original, heureux mélange de grâce et d'énergie, a plus d'un rapport avec la *Fiancée d'Abydos* de lord Byron. *Hafed* est un autre *Selim*, *Hinda* une *Zuleika;* mais Moore peut soutenir un tel parallèle. Quant à la *Fleur du Harem,* c'est un fond plus léger encore que celui de *la Péri*, mais que Moore, le plus sensuel des poètes, a brodé avec un luxe extraordinaire. Cette historiette mériterait d'être traduite en turc, et les Odalisques de sa hautesse la liraient et la reliraient sans cesse. Ce serait pour elles comme l'éma-

---

[1] « Le chacal, monté sur un piédestal vide, allonge son museau de loup derrière le buste d'un pan à tête de bélier. La gazelle, l'autruche, l'ibis, la gerboise sautent parmi les décombres, tandis que la poule-sultane se tient immobile sur quelques débris, comme un oiseau hiéroglyphique de granit et de porphyre. »

(*Génie du Christianisme,* t. III, p. 198.)

nation voluptueuse de ces parfums qui viennent enivrer dans leurs cages d'or les péris captives auxquelles Southey fait allusion dans *Thalaba*.

Quel contraste entre ces « Dalilas de l'imagination » (comme Dryden appelait le luxe des périphrases), et les vérités piquantes que Moore, dans ses momens de bouderie, adresse en style bourgeois aux puissances du jour ! Il y a, certes, du mauvais ton et quelquefois un raffinement du genre trivial dans les *Lettres interceptées*, le *Mémoire de Tom Cribb au congrès* et la *Famille Fudge*; mais que d'esprit, que de gaîté bouffonne ! Les *Lettres interceptées* trahissent les ridicules de la haute société anglaise ; le prince régent et sa cour font les frais de la plaisanterie. Je ne m'y arrêterai pas, parce que j'aurais de trop longs commentaires à ajouter à chaque allusion. L'adresse de Tom Cribb au congrès donne d'excellentes leçons à la *Sainte Alliance;* mais elle est intraduisible : le comique est souvent dans les expressions seules, empruntées au dictionnaire des boxeurs. *La Famille Fudge* nous regarde personnellement : Paris tout entier y joue un rôle, le

Paris de 1815 à 1818, avec ses montagnes russes, son Opéra, ses marchandes de modes, ses calicots à moustaches, sa police encore étonnée d'espionner pour le compte des Bourbons, etc. Mais ce qui choque surtout M. Moore dans son excursion en France, est la double absence de Buonaparte et de la liberté! contradiction qui est aussi ridicule chez lui que chez lady Morgan, sa compatriote, espèce de pédante et de jacobin en jupon, qui se vante avec complaisance dans une page de connaître familièrement madame la marquise ou madame la duchesse, et qui, dans la page suivante, emprunte les plus mauvais quolibets aux clubs de la révolution ou aux corps-de-garde de l'empire. *La Famille Fudge* partage entre ses divers membres la vanité de lady Morgan, son style déclamatoire, et son absurde *non-sense*. M. Fudge, le chef de la famille, est un agent secret de lord Castlereagh, qui lui envoie le journal de ses observations. Les feuilles du manuscrit enveloppent de temps en temps des petits cadeaux de broderies et de dentelles pour lady Castlereagh ; aussi Fudge est enchanté de ce que sa seigneurie a dit à son époux que « le journal de M. Fudge contenait de fort jolies choses. » M. Fudge est un niais politique. Les Séides de notre police et les agens provocateurs de l'Angleterre ont en général plus d'esprit; par exemple, ils ne s'enthousiasmeraient pas pour la légitimité au point d'écrire à M. Franchet :

« —Il faut que je voie Reims, ville fameuse, comme fabrique de rois et de pain d'épice! »
— « On m'a montré la tombe où repose en
« grande pompe une petite... *très haute et très*
« *puissante princesse,* selon l'épitaphe, quoi-
« que âgée d'un jour. Voyez-vous bien cela,
« pensai-je, ô vous, jacobins! et vous, Burdett,
« tremblez! si une princesse âgée de vingt-quatre
« heures jouit de tant de considération et de
« puissance, quelle main impie pourrait ar-
« rêter les projets d'un roi de cinquante-six
« ans! » Déjà M. Fudge, à l'aspect de l'empreinte d'un pied royal conservée sur les dalles du port de Calais, a pleuré de joie, et s'est écrié : *O Richard, ô mon roi!* Permis à M. Moore de sourire de ces billevesées royalistes, dont même plus d'un royaliste du dix-neuvième siècle rit de bon cœur; mais il n'est

que grossier, lorsqu'il compare le pied d'un monarque quelconque à celui d'un animal dont notre poésie ne parle que par périphrase. Ce qui est grossier est rarement plaisant. J'aime mieux l'épître où M. Fudge, appelant au secours de son dévouement l'allégorie classique, découvre que Midas était un tyran bien élevé, et que « ses prétendues grandes oreilles étaient ses espions, écoutant tout, entendant tout, et recueillant des rapports pour le *sac vert* de sa majesté. Pourquoi donc le prince régent n'aurait-il pas des oreilles comme celles du bon Midas ?...

His model good king Midas!

« Vivent donc les oreilles du prince régent! » M. Fudge aime aussi la liberté de la presse; mais, comme certains ministres du continent, il n'en veut qu'à *ceux qui en usent*, etc.

Ce bon espion a une fille et un fils qui sont du voyage, et ont aussi leur correspondance privée. Miss Biddy raconte naïvement ses impressions à son amie miss Doll; c'est une Agnès sentimentale que tout étonne et enchante, quoiqu'il lui semble que les aventures tardent bien à lui arriver. Sa première visite à Paris est chez madame Le Roy, fameuse couturière de l'an de grâce 1817. Avec un bonnet, une robe à la mode parisienne, elle se croit revêtue d'un talisman pour gagner tous les cœurs. A notre Opéra, elle trouve que nos chanteurs lyriques ne sont que des braillards, des conspirateurs contre les lois de l'harmonie ; ce qui n'est pas mal juger pour une petite sotte de son pays. Il est vrai que c'est une élève de M. Moore en musique. — Cette élève du poète qui a si bien décrit les séductions des jardins de Mokanna ne pouvait être insensible aux enchantemens de nos Bayadères parisiennes : Bigottini, Fanny Bias, etc. sont proclamées divines. Elle n'admire pas moins *la Chaste Susanne* de la Porte Saint-Martin; mais c'est à Beaujon qu'elle triomphe elle-même, en s'imaginant qu'elle fait une partie en char avec le roi de Prusse, alors à Paris sous le nom de comte de Ruppin. Ce galant cavalier n'est bientôt plus qu'un simple colonel; mais il est aimable, il a des moustaches, il parle d'Austerlitz, il est buonapartiste..... c'est un héros. Miss Biddy fait de charmantes parties avec lui à Tortoni, au cimetière du Père La Chaise, et enfin à Montmorency, où il s'enthousiasme pour Jean-Jacques! Miss Biddy se croit la Vénus de ce Mars en épaulettes. Hélas! vanité de nos désirs! sa valeur, sa richesse, son grade et son esprit s'évanouissent quand le hasard le fait reconnaître à la pauvre Biddy, derrière le rempart ignoble d'un comptoir, et une aune à la main! — c'est un calicot.

Le fils de M. Fudge place mieux ses affections; il ne se passionne que pour la gastronomie : il fréquente avec assiduité Véry et Beauvilliers, et en est quitte pour quelques indigestions! C'est d'ailleurs un dandy que sa sœur définit elle-même : — « Un être à « petites moustaches, lacé, de taille mince, « semblable à un sablier, avec la tête immobile « entre les deux pointes de son col bien em- « pesé, etc. » Jeune encore, M. Fudge fils a un gouverneur : celui-ci est un pauvre cousin, le philosophe de la famille, Phelim Connor, qui écrit sérieusement des diatribes libérales contre les Bourbons et la sainte alliance, en louant le sublime essor de l'aigle impérial. On sourit de tant de bonne foi! comme si l'oiseau porteur de la foudre, volant de nouveau sur les ailes de la victoire, se fût laissé chaperonner du bonnet républicain! Quelques tirades de Phelim Connor sont d'une haute éloquence : il y a la verve de l'indignation! Mais j'abandonne ce sujet *presque séditieux*, quoique je date ma lettre de Londres, où notre illustre ambassadeur vient de se brouiller avec les journaux, pour avoir trouvé mauvais qu'on y invitât publiquement à l'assassinat de sa majesté très chrétienne.

J'abandonne aussi Thomas Moore pour aujourd'hui; car je n'ai pas parlé de tous ses ouvrages.

P. S. Je reçois à l'instant une nouvelle production de l'auteur de Lalla Roukh : *les Amours des anges*. Comme ce poëme mérite d'être comparé au *Ciel et à la Terre* de Byron, voici ce que je me propose d'en dire dans l'*Essai sur le génie et le caractère du noble auteur* :

« Les deux poètes ont donné à leur ouvrage l'empreinte particulière de leur talent.

« Thomas Moore n'a rien perdu de sa sensibilité exquise, de son bonheur de description, et de son élégance. Son style est toujours un peu *brillanté*, il pèche par un luxe tout-à-fait oriental; sa muse est couronnée de perles et de diamans, éblouissante de riches atours, et quand, plus pure et plus tendre, elle nous charme par des grâces plus naïves et des ornemens moins recherchés, on lui trouve encore un reste de coquetterie dans l'art de disposer son voile et les plus simples fleurs dont elle compose sa parure. Les *créations* de Thomas Moore sont trop *spiritualisées;* ses femmes seraient plus intéressantes si elles étaient moins angéliques. La fable du poëme consiste dans le récit que trois exilés du ciel se font réciproquement de « leurs bonnes fortunes » avec trois filles des hommes[1] : tous trois ont tout sacrifié à l'amour; les anges de lord Byron se perdent surtout par un sentiment d'honneur. Ils préfèrent généreusement renoncer au pardon qui leur est offert, plutôt que de délaisser les mortelles qu'ils ont séduites[2]. Mais cet amour des fils de Dieu

[1] Le poète lui-même parle au nom du troisième.
[2] Quelques rabbins ont prétendu que les amours des anges avec les filles des hommes étaient une fausse tradition provenant d'un passage mal interprété de la

et des filles des hommes n'est guère qu'épisodique dans la composition plus sévère de lord Byron. C'est le tableau du monde corrompu et condamné à la terrible régénération du déluge qu'a dessiné le poète; c'est l'homme avec ses passions déréglées, en présence du Créateur armé de sa vengeance inexorable. Cette vengeance vient surprendre les intelligences supérieures qui oublient leur haute vocation dans les plaisirs terrestres, et les âmes tendres qui préfèrent au dieu jaloux des amans divinisés par elles.

« La faiblesse se livre à de lâches gémissemens. L'orgueil impie, au lieu de rendre hommage à la Toute-Puissance, expire la malédiction à la bouche. Le juste, fort de sa foi et d'une consolante espérance, se résigne et bénit le ciel. — Une mère.... Ah! le délire de sa douleur maternelle sera sans doute son excuse! une mère, ayant vainement imploré le salut de son fils, laisse échapper, à la vue

---

Genèse : les géans nés de ce commerce du ciel et de la terre n'auraient donc pas existé; quoi qu'il en soit, les poètes ont eu le droit de s'emparer de l'idée, allégorique ou non.

de la mort qui va les frapper tous deux, une plainte au lieu d'une prière. — Cependant un élu du Seigneur est destiné par l'éternelle miséricorde à repeupler un autre univers. Blâmera-t-on le poète d'avoir fait presque un rebelle d'un des fils de Noé? Le mal n'entra-t-il pas avec lui dans l'arche, puisque la postérité d'Adam, après le laps des siècles, a eu besoin d'un sacrifice de sang divin pour sa seconde régénération? Japhet, égaré par un amour coupable pour une fille de Caïn, semble appartenir lui-même à la race du fratricide, dont l'orgueil s'était révolté contre Dieu, avant d'immoler son frère. Japhet est un philosophe chagrin qui ose sonder les voies de la Providence. Elle avait dit aux flots en fixant leurs limites : vous n'irez pas plus loin. Quand l'Océan accourt pour engloutir sa proie, Japhet va presque jusqu'à accuser l'Éternel d'injustice, de contradiction et de cruauté.

« On reconnaît le génie audacieux de l'auteur de *Caïn* dans ce drame qui rappelle par le style et la forme, le *Samson agoniste* de Milton. »

LETTRE LXIX.

A M. P. BLAIN.

> .... Memory, like the shower that cheers and gladdens
> The weary wanderer in the dreary waste,
> Came fresh upon me — and then I thought
> Of home and happiness, etc.
>
> La mémoire, semblable à l'eau du ciel qui réjouit le voyageur fatigué dans le désert aride, répandit sur moi sa douce fraîcheur.—Je rêvai à mes foyers et au bonheur.
>
> <div align="right">DABNEY, <i>poète américain</i>.</div>

En parlant des paysagistes anglais, je n'ai peut-être pas assez prévu que l'exécution de leurs tableaux serait critiquée en France comme imparfaite et même grossière, à cause de la négligence de quelques détails que les artistes anglais *brossent* largement au lieu d'apporter, comme les nôtres, un soin également minutieux à toutes les parties de leur ouvrage. A quinze pas de distance, les paysages de Constable, de Calcott, etc., sont admirables : approchez, ils ressemblent quelquefois à des ébauches. Je ne sais pas trop à combien de pas les tableaux de Claude, de Watteau, etc., sont des chefs-d'œuvre; mais n'est-il pas pour tous les tableaux une distance donnée, au-delà de laquelle l'illusion s'évanouit? Je serais plus embarrassé pour justifier les mêmes défauts d'incorrection et de *négligences* dont il est prouvé que les poètes modernes de l'Angleterre sont tous coupables à un degré qui les éloigne plus ou moins de la versification sévère des poètes de la reine Anne. Lord Byron, sir Walter Scott, Southey, Coleridge, etc., etc., bravent quelquefois impunément la mesure et même la grammaire dans leurs vers. Tous leurs poëmes contiennent des pages sublimes, mais aucun ne satisfait complétement la prosodie et la syntaxe, depuis le début jusqu'au dénouement, comme *la Boucle de cheveux enlevée* de Popè, ou *le Village abandonné* de Goldsmith. Ce sont quelquefois des esquisses inachevées, ou de brillantes improvisations que le poète semble n'avoir pas relues depuis que le sténographe s'en est emparé. Deux poètes seuls sont restés fidèles aux traditions du style travaillé du dernier siècle, Samuel Rogers et Th. Campbell. Le premier n'est guère remarquable que par l'élégance soutenue de ses vers polis et repolis; Campbell, qui n'a pas non plus publié une page sans avoir obéi au précepte de Boileau,

En reprenant vingt fois le rabot et la lime;

ne s'est pas contenté du mérite de l'euphonie et de la correction. Ce soin extrême, que ses rivaux dédaignent comme un travail mécanique, et qui laisse souvent un air de gêne ou d'affectation à ses ouvrages, n'a pas étouffé cependant sa verve et l'audace de quelques unes de ses inspirations. Il n'est pas seulement de l'école didactique de Goldsmith; mais c'est encore peut-être le premier poète lyrique de nos jours.

On dirait que M. Rogers appartient autant à l'école des Rosa Matilda qu'à celle de Goldsmith. Son petit poëme de *Jacqueline*, et surtout ses vers sur une *larme*, trahissent du moins une sensibilité factice ou recherchée. Jacqueline est la fille d'un chevalier de Saint-

Louis du *département des Basses-Alpes* : elle laisse son père pour un amant qui revient tout à coup avec elle demander la bénédiction paternelle facilement accordée. Ce léger cadre est rempli de quelques descriptions assez gracieuses; mais tout ce qui pourrait être dramatique manque d'effet, parce que tout y est exprimé en paraphrases élégiaques. Il faut dire que l'on trouve Jacqueline publiée dans un même volume, avec la première édition anonyme de Lara, poëme où Byron a dessiné avec tant de vigueur un de ces caractères exagérés, mais vrais, dont la grandeur sombre et solitaire laisse dans l'âme de si profondes impressions. — Les vers sur une larme méritent d'être examinés.

M. Rogers appelle l'œil de Chloé une cellule de corail (*a coral cell*), une source de sensibilité (*a spring of sensibility*), la larme est un petit *brillant,* etc.; mais ces dénominations peuvent être poétiques en anglais. Ce qui est d'une recherche ridicule, c'est cette réflexion:
— « La même loi qui modèle une larme et
« la fait tomber de sa source, est celle qui
« conserve à la terre sa forme de sphère et

Sir Th. Lawrence pinx.   Hopwood sculp.

T. Campbell
Thos Campbell

Imprimé par Lemercier fils.

« guide les planètes dans leur cours[1]. » J'ai vu quelquefois, comme M. Rogers, une larme tomber des paupières de *Chloé;* mais je n'aurais jamais songé à en tirer une explication de *la loi de la gravitation.*

Cette strophe eût fait honneur au philosophe qui découvrit le système du monde dans la chute d'une pomme : mais Newton n'était pas poète, et mourut vierge à quatre-vingts ans. Je cite du reste ces vers de M. Rogers, pour avoir l'occasion de remarquer que dans le fameux article où la Revue d'Édimbourg déclare au jeune Byron qu'il ne sera jamais poète, elle lui reproche certaines stances sur *une larme,* d'abord comme médiocres par elles-mêmes, ce qui est vrai, mais plus médiocres encore, comparées aux vers exquis (*exquisites lines*) de S. Rogers.

M. Rogers a été l'enfant gâté des *Revues;* une de ses bonnes fortunes a été d'être cité favorablement dans la première satire de By-

[1] *That very law which moulds a tear,*
And bids it trickle from its source
That law preserves the Earth a sphere
And guides the planets in their course!

ron; de là grande liaison entre le jeune aigle de la poésie nouvelle et le Nestor des poètes anglais, comme Byron l'appelle; de là des dédicaces de part et d'autre en style complimenteur. M. Rogers jouit aussi d'une grande popularité de salon; c'est un riche banquier, un Amphitryon aimable : on le dirait né pour donner à dîner à notre académie de Paris, et surtout pour en faire partie. Je me hâte d'ajouter que M. Rogers a d'autres titres littéraires que *Jacqueline* et *la Larme de Chloé* : *les Plaisirs de la mémoire* et *la Vie humaine* sont d'excellens poëmes didactiques, dignes de Goldsmith; son *Italie* est une suite de tableaux et d'épisodes pleins de vie, etc. Je ne parlerai pas de son *Christophe Colomb*, malheureux essai que nos académiciens appelleraient *romantique;* ce sont des fragmens, liés par des titres explicatifs, où il y a plus de points que de vers, dont le sommaire enfin est plus long que le poëme. Mais comment nier l'harmonie du poëme philosophique des *Plaisirs de la mémoire?* tout y est choisi, délicat, ingénieux; tout y excite à une aimable rêverie « comme les accords d'une musique lointaine; » et telle est aussi la sensation produite, en général, par le retour de l'âme sur ses souvenirs. Le poète a rendu surtout avec bonheur l'effet de l'association des objets matériels avec la mémoire, de ces objets qui

Whisper of the past

parlent tout bas du passé, expression heureuse qui ne se traduit pas. Le début, qui nous conduit au milieu d'un paysage champêtre, nous prépare déjà aux douces émotions dont tout le poëme est la source. Les allusions sembleraient quelquefois un peu courtes et brusquées; celles, par exemple, qui, expliquées dans une note, nous y intéressent plus que dans le texte; mais il y avait le danger de multiplier les épisodes et de perdre de vue l'idée première du poëme.

Le plan de *la Vie humaine* est moins heureux, parce qu'il embrasse trop, et reste nécessairement incomplet.

Chaque âge a son esprit, ses plaisirs et ses mœurs :

La Vie humaine est le développement imparfait de ce vers de Boileau; mais c'est moins une suite de tableaux que de réflexions morales sur les révolutions inaperçues qui se passent dans l'intelligence de l'homme avec les progrès de l'âge et le cours des événemens de la vie. Ce poëme, tout contemplatif, sans description locale, sans caractères individuels, abonde en lieux communs que ne rajeunit pas toujours la perfection du style. Voici un des morceaux les plus cités :

« Il arrive ce moment, objet de désir et de crainte ! Il est né, ce fils, rendu plus cher encore par les douleurs de l'enfantement ; l'oreille de la mère a saisi son premier cri. Oh ! accordez ce petit ange à sa vue impatiente ; — le voilà ! — elle l'embrasse ; elle le presse contre son sein, il boit la liqueur balsamique de la vie, et s'endort. »

Suivent quelques images gracieuses du même genre, exprimées avec élégance et pureté ; mais rien de saillant et rien de plus neuf que ce vers où le poète a traduit le vers charmant de Virgile :

Incipe parve puer risu cognoscere matrem.

« — Comme ce nouveau-né reconnaît bientôt sa mère à son sourire ! »

Ce tableau de l'enfant dans son berceau, et

de l'admiration tendre de sa mère, a inspiré une idée digne de l'Albane ou de Raphaël, au sombre génie de Byron : c'est Adam qui parle à Caïn en lui montrant le petit Énoch qui s'éveille.

« — Regarde comme il sourit et tend les bras, comme il ouvre ses yeux bleus et les fixe sur les tiens. Vois ! il a reconnu son père, tout son petit corps s'agite comme si la joie allait lui donner des ailes. » (*Caïn*, acte II.)

Campbell, dans *les Plaisirs de l'espérance*, a placé aussi une mère malheureuse près du berceau de son fils endormi, dont la vue lui inspire le chant d'une douce mélancolie :

Sleep, image of thy father, etc.
Dors, mon fils, image de ton père, etc.

Et à ce tableau, Campbell ajoute celui des premières leçons de la mère, qui a fourni à Westall le sujet de cette vignette si gracieuse où l'enfant à genoux, les mains jointes, apprend à bégayer sa prière.

Rogers a été mieux inspiré par la description de la fête du mariage et par quelques scènes champêtres ou domestiques qui contrastent avec celles de M. Crabbe; car M. Rogers, qu'on dit habile à faire un épigramme anonyme, ne se permet pas le plus petit mot satirique dans ses poëmes. Je ne citerai ici qu'un passage de *la Vie humaine*, non le plus brillant, mais celui où le poète rappelle une amitié honorable pour lui.

—«....Et maintenant nous le voyons encore une fois dans ces lieux qu'il a le plus aimés, dans les champs paternels, respirant la paix, et non moins heureux que toi, ô Fox, dans ta solitude de Ste Anne, où tu oubliais si vite le souci des affaires. C'était là qu'enjoué, sincère et simple comme un enfant, tu épiais de jour en jour, à travers le feuillage, les progrès d'un nid d'oiseau suspendu à une branche d'arbre. Combien de fois, errant de bocage en bocage, et discourant avec toi dans ta solitude chérie, je vis le soleil descendre sous l'horizon! Ah! ton premier soin, en partant pour ces charmantes promenades, était toujours de prendre un de ces volumes presque divins de Dryden ou du grand Shakspeare : tu le portais à la main derrière toi, tandis que nous égarions nos pas sous les ombrages; et chaque fois que nous nous arrêtions

(car nos haltes étaient fréquentes) tu me lisais, avec toute la chaleur de ton âme, avec ton accent solennel et mélancolique, quelques unes de ces pages éloquentes, si familières à la mémoire, et qui nous offraient ensuite un long sujet d'entretien. Hélas! la cloche funèbre a sonné pour toi! Mais à ta place, au milieu de nous, nous voyons un autre mortel qui nous rend ton image! ».

Les Plaisirs de l'espérance sont un poëme didactique comme *les Plaisirs de la mémoire;* mais on y reconnaît déjà le futur poète lyrique dans le vague du plan, dans une plus grande liberté de transitions, une hardiesse plus fréquente de pensées et d'images; dans le mouvement plus rapide du style, et surtout dans d'éloquentes allusions ou apostrophes comme celle à Kosciusko et à la Liberté, qui termine le premier chant. Comparé au poëme de Rogers, celui de Campbell satisfait moins le jugement; malgré quelques passages plus saillans, il laisse moins d'idées à l'esprit : le poète a besoin de tout l'éclat de son style pour nous satisfaire. C'est le défaut du sujet; car les plaisirs de la mémoire pourraient être esquissés dans un cadre; mais quelles limites fixer à ceux de l'espérance, qui n'embrasse pas seulement les choses de la terre, mais qui pénètre au-delà, crée elle-même des mondes, des dieux et des paradis, etc? Le poëme de Campbell échappe plus encore à l'analyse que celui de Rogers.

Campbell semblait depuis plusieurs années se contenter du succès de son premier poëme; quelques courtes compositions lyriques venaient seules à de longs intervalles réveiller l'attente que *les Plaisirs de l'espérance* avaient fait naître; un plus long ouvrage de l'auteur avait été long-temps promis par les annonces de librairie, lorsque parut *Gertrude de Wyoming*, épisode des révolutions de la Pensylvanie. La versification et les détails de ce poëme prouvèrent que le talent de M. Campbell s'était mûri; mais si on analyse la *fable*, on est tenté de croire que tout y a été sacrifié au désir de désarmer la critique par la continuelle élégance d'un style qui a toute l'harmonie de celui de Goldsmith et la vigueur de Johnson, jointes à un éclat qui rappelle l'imagination de Spencer.

L'action en est aussi négligée que le style en est poli ; chaque idée est complète, mais semble isolée ; défaut rendu plus sensible par le rhythme de la stance de neuf vers que le poète a adoptée : on dirait une longue suite de sonnets. Cette forme est celle que Byron a également choisie pour *Childe Harold;* mais dans *Childe Harold* il n'y a point unité d'action : tout est descriptif. *Gertrude* est un sujet presque pastoral, qui demandait peut-être plus d'abandon et de naïveté. Tel qu'il est, le poëme de Campbell offre d'admirables oppositions. Les grandes scènes des paysages américains y contrastent heureusement avec la vie patriarcale des colons ; l'esquisse majestueuse du vieux Oneyda et son éloquence sauvage sont en harmonie avec les montagnes, les vieilles forêts et les lacs de sa terre natale. Il serait digne de prendre place à côté de Chactas. Son caractère est moins développé que celui de l'amant d'Atala ; mais sa physionomie a quelque chose de plus franc et de plus local, parce qu'il n'a pas été, comme Chactas, à demi civilisé par le contact des habitans d'Europe. L'enfance et l'amour de

Waldegrave et de Gertrude rappellent malheureusement le groupe ravissant de Paul et Virginie; mais Campbell n'a fait qu'un croquis de ce qui forme un tableau si dramatique chez Bernardin de Saint-Pierre. Oublions, par intérêt pour Campbell, de semblables comparaisons. Il lui reste le mérite du rhythme; car les Anglais surtout ne peuvent comprendre jusqu'à quel point Bernardin de Saint-Pierre et Châteaubriand sont poètes en prose.

Wyoming, où Campbell a placé la scène de son poëme, est un village des rives du Susquehanna, qui fut ravagé et incendié, en 1778, par les Indiens du parti anti-républicain. On a reproché au poète d'avoir choisi un sujet qui devait naturellement blesser l'orgueil national; mais ce reproche ne lui a pas été plus funeste que celui que quelques critiques ont adressé parmi nous à l'auteur des *Vêpres siciliennes*. Les *Messéniennes* de Casimir Delavigne, et l'ode sur la bataille de Hohenlinden de Campbell, avaient prouvé d'avance que l'un et l'autre poète aimaient la gloire nationale.

J'essayerai d'analyser *Gertrude* en traduisant par intervalles les vers de Campbell. Son début, qui est la description du lieu de la scène, a la douceur de l'invocation du *Village abandonné*; mais le style de Campbell est plus original que celui de Goldsmith, parce qu'il est empreint de ces couleurs locales qui ont contribué au succès de *Paul et Virginie* et d'*Atala*.

« —Ornement des rives du Susquehanna, beau Wyoming! bien que la fleur des ruines couvre les débris de tes murailles et que tes foyers sans toiture ne nous rappellent plus que le triste souvenir des malheurs de tes paisibles habitans, tu fus jadis le plus aimable des hameaux qui voient le jour naître de la vague atlantique. Doux rivage, puis-je parler de tes délices passées, et peindre au sein de son ancienne retraite ta Gertrude, dont la beauté fut l'amour de la Pensylvanie?

« Délicieux Wyoming, les hommes qui vécurent sous ton ciel si pur n'avaient d'autres soins que de paître leurs troupeaux au penchant de tes collines, ou de faire glisser leur barque sur l'onde paisible de tes lacs; quand venait l'heure plus douce des jeux de la soirée, les jeunes filles accouraient au son du tambourin pour danser sous l'ombre épaisse de tes bois; et toujours l'écho des montagnes du couchant leur apportait par intervalles le son du flageolet s'élevant de quelque bourgade pittoresque.

« Quand le jour cessait d'éclairer les monts américains, on voyait se jouer sur tes lacs le flammant semblable à un météore, et le joyeux écureuil voltiger sur les rameaux du vieux noyer. L'oreille ne saisissait que des accens de bonheur dans le bruit confus des voix humaines comme dans la chanson de l'Oiseau-moqueur. Le timide daim lui-même s'approchait sans crainte, écoutait en courbant en arc son cou gracieux, et, sans être poursuivi, rentrait dans la solitude de sa forêt natale. »

On n'entendait parler de guerre que dans les entretiens des colons d'Europe qui peuplaient ce fortuné canton; le poète décrit les diverses physionomies de cette famille d'émigrés, le Germain, l'Espagnol, l'Écossais, etc. Le père de Gertrude est un Anglais nommé Albert, magistrat de la colonie, occupé de son administration toute patriarcale et de l'éducation de sa fille, « unique fruit d'un trop court hymen, simple enfant, mais ravissante d'innocence; quoique née dans ces climats, l'incarnat de la rose brillait sur ses joues.... » Comment décrire « — ses charmes enfantins, et montrer ce jeune ange tantôt bégayant sa prière dans les bras de son père, tantôt ouvrant un livre, inclinée sur les genoux paternels, et lisant des contes dont le bon Albert lui-même, son ami plutôt que son précepteur, s'amusait autant que sa fille ! Elle n'avait pas eu d'autre compagnon que lui de ses leçons et de ses jeux, et déjà neuf printemps brillaient dans l'azur des yeux de Gertrude. » Dans une belle matinée d'été le père et la fille voient une pirogue s'arrêter au rivage; un Indien s'approche de la demeure d'Albert; « — des plumes rouges flottent sur son front d'un teint bruni, et des bracelets ornent son bras, auquel s'attache un enfant chrétien conduit par son guide comme le matin suit de près la nuit :

Led by his dusky guide, like morning brought by night; »

vers très admiré en Angleterre. L'enfant paraît bien pensif pour son âge, lorsque s'appuyant sur son arc détendu, le guerrier Oneyda s'adresse au colon américain, et posant une main sur la tête de l'enfant : «—Paix à toi ! dit-il ; les sentiers de la paix ont conduit ici mes pas ; protége de ton amour ce faible nourrisson, cet oiseau qui revêt à peine ses premières plumes, et privé des soins de la colombe sa mère, etc. »

Il raconte comment il l'a sauvé seul du massacre d'une garnison surprise par une tribu ennemie. Une mère mourante l'a confié à sa valeur, en le suppliant de le déposer entre les mains d'Albert avec un anneau qui le fait reconnaître pour le fils de Julia Waldegrave et d'un ami cher au père de Gertrude. Albert ému déplore le malheur de ceux qu'il aimait ; il adopte le pauvre orphelin, et l'Indien contemple ses émotions avec un calme caractéristique, dont le contraste est d'un grand effet.

«—L'Oneyda prend en silence son calumet de paix et sa coupe de festin ; son regard reste impassible comme celui d'une statue de bronze ; son âme est sensible à la pitié, mais sans être ébranlée. Depuis que son berceau fut suspendu à la branche d'un arbre, il avait appris à supporter, sans changer de visage, toutes les extrémités du bien et du mal; ne redoutant que la honte de la peur, c'était un stoïque des forêts, ignorant l'usage des larmes. » Mais il savait compatir à l'infortune des autres, et quand il eut jeté sur son dos sa peau de loup, et lacé ses *mocassines*[1], il adressa un chant d'adieu à l'enfant endormi dans la couche d'Albert.

« — Dors, enfant, repose tes membres fatigués, et si dans le pays des songes tu rencontres ta mère, dis à son esprit que la main de l'homme blanc a arraché de tes pieds l'épine de la douleur. Moi, je retourne au désert, où je retrouverai l'empreinte de tes pas, et cette fontaine où il m'était si doux de te nourrir du gibier tué de mes flèches, et de te désaltérer avec la rosée du lotus[2]. Adieu, tendre rejeton des lieux où le soleil se lève! Mais

[1] Chaussure indienne.

[2] « Quelquefois j'allais chercher parmi les roseaux « une plante dont la fleur allongée en cornet contenait « un verre de la plus pure rosée. Nous bénissions la Pro- « vidence qui, sur la faible tige d'une fleur, avait placé « cette source limpide au milieu des marais, etc. »(*Atala.*)

si les orages de l'affliction flétrissaient ta fleur, alors reviens à moi, ô mon fils adoptif, et je te grefferai sur une noble tige; le crocodile et le condor serviront de but à tes traits pendant tes loisirs, et, dans le choc des combats, je t'apprendrai à venger ton père dans le sang des Hurons pour réjouir son âme dans la région des astres ! »

L'Oneyda s'éloigne, et le premier chant finit. C'est ici que le poète se permet une licence assez capricieuse. « — Bélier mon ami, commence par le commencement, » disait le géant Moulineau des contes d'Hamilton; c'est sur le milieu de son histoire que M. Campbell saute tout à coup à pieds joints. Il faut que l'imagination du lecteur devine que, pendant l'intervalle d'un chant à l'autre, Henry Waldegrave est allé rejoindre sa famille en Angleterre, qu'il a parcouru le monde, et que de tous les pays qu'il a vus, aucun n'a pu lui faire oublier celui qui fut témoin de son amitié enfantine pour Gertrude. Le second chant ne contient qu'une scène; elle se passe dans un vallon délicieux, dont la description est ravissante comme l'illusion de ces songes qui nous transportent au pays de féerie : Gertrude embellit ce paysage de sa présence, et l'influence du paysage lui-même sur l'âme de Gertrude est décrite avec une délicatesse charmante. On comprend comment l'héroïne de Campbell est devenue une enthousiaste des bois (*enthusiast of the woods*). L'oreille est séduite par l'harmonie des vers qui peignent l'harmonie de cette solitude, où tout est silencieux, excepté quand, par intervalles, «—le « bocage frémit d'un faible murmure sem- « blable à la première note d'un orgue le « long des ailes d'une cathédrale gothique.... « A peine si on y eût entendu un soupir de la « colombe, ou le vol d'un de ces colibris en- « chantés, semblables aux jets lumineux d'un « arc-en-ciel. »

C'est là cependant que Gertrude, souriant et pleurant tour à tour sans témoin avec un volume de Shakspeare, est surprise par un inconnu qui demande la demeure d'Albert. Cet inconnu entretient le père et la fille de ses voyages lointains, et Albert l'interroge sur Henry Waldegrave, dont il commence à lui raconter l'histoire :

« Le voyageur cache son visage ; mais il n'a pu dérober un sourire et une larme. — Oh ! parle, étranger mystérieux ! s'écrie Gertrude. Ah ! c'est lui, c'est lui-même ; mon cœur me l'avait dit, c'est Henry qui vient nous parler d'Henry. La joie d'Albert éclate dans ses paroles ; mais Gertrude, muette, se laisse tomber sur le sein paternel, et les bras d'Henry pressent le père et la fille. »

Henry épouse sa bien-aimée ; « jamais l'hymen n'eut des voluptés plus douces : »

A paradise of hearts more sacred....

vers qui rappelle celui de Milton,

Emparadised in each other's arms.

Goûtant le paradis dans les bras l'un de l'autre. [1]

Le tableau du bonheur des deux époux dans le troisième et dernier chant rappelle encore mieux les félicités d'Éden et la belle poésie du quatrième livre du *Paradis perdu* :

« — Durant trois lunes, hélas ! bien courtes, ils parcourent ensemble les bocages et les savanes fleuries. Charmée d'errer librement aux côtés de son jeune époux, Gertrude aime

[1] Dans les bras l'un de l'autre anticipant les cieux.—DELILLE.

à se parer du costume indien et à ombrager son front de plumes éclatantes. Ils sont vêtus en chasseurs; ce n'est point pour poursuivre la bête fauve dans la forêt, mais pour aller respirer les haleines embaumées du ciel, et faire loin de tous les yeux un échange continuel de leurs cœurs, etc. »

La transition de ces scènes de bonheur au dénouement tragique du poëme est une réflexion philosophique, pleine de mélancolie et de dignité sur la vanité des plaisirs de l'homme. La guerre de l'indépendance est déclarée; de cruels pressentimens précèdent l'alarme d'un danger réel : c'est l'Oneyda qui reparaît sur la scène, reconnu à peine à cause de l'âge et des travaux qui ont blanchi ses cheveux et miné son corps robuste. Le massacre et l'incendie le suivent de près. Les milices locales s'assemblent; le son de la musique guerrière a réveillé toute l'exaltation du vieux chef sauvage; il entonne son hymne guerrière, en battant la mesure avec sa massue : mais bientôt Albert et Gertrude expirent percés d'une flèche, et la scène pathétique du désespoir de Waldegrave succède à la description du combat. La cérémonie hâtée des funérailles présente non moins un spectacle déchirant.

Émus par la musique funèbre et par cette pompe touchante, tous les assistans versaient d'abondantes larmes. «—Les guerriers les plus impassibles, appuyés sur leur épée, baissaient les yeux à l'instant où passaient ces cercueils qui contenaient des objets si chers. L'âme plus douce des femmes s'abandonnait à tout l'excès de sa douleur.

« Bientôt les accens de la conque lugubre s'élevèrent comme la voix d'un dernier adieu sur le tombeau du vénérable Albert et de sa fille. Courbé dans la poussière, Henry désolé cachait son visage; son ancien guide le contemplait avec une sombre pitié ; il n'avait point de paroles pour adoucir un chagrin qui ignorait jusqu'au nom de la consolation. Jetant son manteau indien sur le jeune époux, il surveillait sous ses plis les tressaillemens convulsifs qui agitaient tout son corps.

« — Et moi aussi je pleurerais, s'écrie enfin l'Oneyda, commençant tout à coup le chant énergique et sauvage de son deuil : je pleurerais, s'il m'était permis de souiller par des accens de douleur le chant du fils de mon père, ou si je pouvais fléchir ma tête sous le désespoir. Par les outrages que j'ai subis et par mon courroux, je sens que demain le souffle d'Areouski, qui embrase le ciel du feu des tempêtes, nous précipitera sur les ennemis, et nous partagerons alors, ô mon fils chrétien, le sang des vaincus et la joie de la vengeance.

« Mais toi, jeune plante, que le souffle plus doux des génies d'un autre climat a fait naître, les esprits du ciel des hommes blancs ne te défendent pas de gémir; ni l'armée chrétienne, ni l'ombre de ton père ne s'affligeront de te voir, la veille du combat, dire, les yeux en pleurs, un lugubre adieu à celle qui t'avait tant aimée. Elle était ton arc-en-ciel, ton soleil, ton paradis, ta félicité..... et tu l'as perdue.

« Demain, vaincre ou périr ! Mais quand la foudre du trépas sera lancée, ah ! où fuir avec toi, en quels lieux du monde, Outalissi et toi, porterez-vous vos pas errans ? Reprendrons-nous le chemin de cette belle demeure naguère si douce? Elle est glacée la main qui en cueillait les fleurs! l'horloge y sonne solitairement les heures; la cendre des foyers est froide, et si nous y retournions, l'écho ne nous renverrait que le bruit de nos pas et des sons semblables à la voix des morts.

« Franchirons-nous ces montagnes bleues, dont les torrens désaltéraient jadis les nations de ma race, et où, à mes côtés, mille guerriers saisissaient un arc vengeur? Hélas! dans ces lieux désolés le serpent du désert habite seul; le gazon couvre les ossemens blanchis, et les pierres des tombeaux sont elles-mêmes minées comme moi par le temps. Oh! ne pénétrons pas dans leur camp — où règne le silence du désespoir!

« — Mais écoutons, la trompette a retenti! — Demain tu sécheras tes larmes, au milieu des feux de la gloire : l'ombre vénérable de mon père vient à moi de la région des ombres; elle m'apparaît, portée sur les vapeurs qui roulent au-dessus de nos têtes : elle excite en mon âme la soif du combat. Elle m'ordonne d'essuyer la première, la dernière, la seule larme qui se soit jamais échappée du cœur d'Outalissi ; il ne m'est pas permis de souiller par des pleurs le chant de mort d'un chef indien. »

Ce chant lyrique termine *Gertrude de Wyoming* : il me conduirait naturellement à citer le poëme écossais de *Lochiel,* prédiction de la défaite de Culloden, faite par un devin montagnard, et la ballade de la fille d'O'Conor, que Rossignol-Moore, imitant sans y penser certains vers de M. Rogers, appelle *une larme de la muse irlandaise cristallisée par le génie.*

Tour à tour, brillans de grâce et d'élégance, ou noblement énergiques, les petits poëmes de M. Campbell suffiraient à sa réputation quand même il n'eût pas écrit *Gertrude.*

Prosateur non moins brillant, il a publié un précis de la littérature anglaise, riche d'idées neuves. Ses leçons de littérature ancienne ont encore le même mérite. Dans le monde, M. Campbell est un homme aimable; en politique, il passe pour être, ou avoir été, un peu ministériel; mais il a gardé l'anonyme quand il a plaidé pour le pouvoir; c'est donc un ministériel honteux, *s'il est ministériel.* En vers, il a chanté la liberté, et dernièrement encore, la liberté grecque.

P. S. Le poëme de *Théoderic*, qui vient de paraître, est moins correct que *Gertrude* et *les Plaisirs de l'espérance*; l'intérêt en est moins vif aussi...... Parmi les *pièces fugitives* qui accompagnent *Théoderic*, il en est une intitulée *le Dernier Homme*, qui a beaucoup d'analogie avec *les Ténèbres* de Byron. M. Campbell prétend avoir lui-même donné l'idée des *ténèbres* au noble lord. Nous avons trop vite oublié en France un poëme en prose, intitulé aussi *le Dernier Homme*, par M. de Grainville, ouvrage extraordinaire qui a précédé *les Ténèbres* et le *Last Man* de Campbell.

LE DERNIER HOMME.

« Toutes les formes de ce monde s'évanouiront dans une sombre nuit; le soleil lui-même doit mourir avant que ce mortel commence son immortalité. J'eus dans le sommeil un songe qui donna à mon esprit la faculté de plonger dans les gouffres du Temps! Je vis le dernier mortel qui assistera à la mort de la création, de même qu'Adam assista à son aurore.

« L'œil du soleil avait un éclat terne, la terre était blême de vieillesse; les squelettes des nations étaient autour de cet homme solitaire! quelques unes avaient expiré en combattant; les glaives se rouillaient encore dans les os de leurs mains; d'autres avaient succombé dans la peste ou la famine. Les cités de la terre n'entendaient aucun bruit, ni les sons d'aucun pas; et les vaisseaux s'avançaient chargés de morts vers des rivages où tout était muet.

« Cependant, tel qu'un prophète, cet homme seul restait debout, et laissait tomber des paroles hardies qui agitaient les feuilles flétries de la forêt comme si un orage passait. Il disait : Nous sommes frères dans la mort, orgueilleux soleil; ton front est devenu froid, ta course est finie, c'est la Miséricorde divine qui t'ordonne d'aller encore; car tu as vu, pendant dix mille siècles et plus, le fleuve des larmes humaines, qui désormais a cessé de couler.

« Quoique dans ton regard l'homme étalât sa pompe, son orgueil, son trident, et ces arts qui rendaient le feu, l'onde et la terre les esclaves de sa volonté; — je ne regrette pas ton règne fini, ô roi découronné du jour! car tous ces trophées des arts et de la gloire qui s'élevaient sous le ciel, ne guérissaient pas une des passions ou des douleurs attachées au cœur des mortels.

« Laisse le rideau de l'oubli tomber sur le théâtre des hommes, et ne renouvelle point par une autre aurore de tes rayons la tragédie de la vie; ne ramène pas ses misérables fêtes, ne réveille pas la chair pour qu'elle se flétrisse encore dans les tortures de la douleur, défigurée sous les odieuses formes de la maladie, ou moissonnée dans les batailles par le glaive, comme l'herbe par la faux.

« Et moi-même, je suis fatigué d'épier dans le ciel ta flamme mourante; — témoin d'innombrables angoisses, ne me regarde pas expirer. Ma bouche profère ton chant funèbre; —tu ne te vanteras pas de m'avoir vu chercher à prolonger le souffle épuisé de mon haleine ! L'éclipse de la Nature étend mon linceul funéraire; — la majesté de la nuit recevra mon dernier soupir.

« Mon âme retournera à CELUI qui lui donna sa céleste étincelle; ne pense pas cependant, ô soleil, qu'elle s'obscurcira quand tu seras toi-même dans les ténèbres ! Non, elle revivra pour briller de l'éclat d'un bonheur inconnu à tes clartés; elle sera rappelée à la vie par CELUI qui fit l'Esclavage son captif, qui dépouilla la tombe de sa victoire, et ravit à la Mort son aiguillon.

« Va, soleil! pendant que la divine Miséricorde me retient encore debout au milieu de l'effrayant désert de la nature, pour vider cette dernière coupe d'amertume que l'homme doit goûter, — Va dire à la nuit, qui voile ta face, que tu as vu ce dernier fils d'Adam sur le sépulcre du monde, défiant l'universelle obscurité d'éteindre son âme immortelle ou d'ébranler sa foi en Dieu. »

Les Ténèbres de Byron sont une vision du Désespoir! c'est un de ces tableaux, a-t-on dit, qui effraient même dans les reflets de la poésie : rien de terrible comme ces deux ennemis réunis autour d'une flamme expirante, dont la dernière lueur les révèle l'un à l'autre et les fait mourir d'un sentiment de haine. Mais combien dans le poëme de Campbell est sublime cette pensée d'immortalité qui soutient la foi du dernier homme sur les débris de l'univers!

LETTRE LXX.

A M. Casimir DELAVIGNE.

>..... *From my youth upwards*
>*My spirit walked not with the souls of other men*
>*Nor looked upon the earth with human eyes*
>. . . . .
>*My joys, my griefs, my passions, and my powers*
>*Made me a stranger, etc.*
>   Lord Byron, *Manfred*, acte 1er, sc. II.
>
>Dès ma jeunesse mon esprit ne fit point société avec les âmes des hommes, et je ne regardai pas la terre avec des yeux d'homme.....Mes plaisirs, mes chagrins, mes passions et ma supériorité ont fait de moi un étranger....

Lord Byron et sir Walter Scott sont aujourd'hui aussi connus et non moins admirés en France qu'en Angleterre. Jamais poètes étrangers n'avaient exercé tant d'ascendant sur nos doctrines littéraires et sur les inspirations de nos jeunes talens; mais n'oublions pas, si une révolution s'opérait enfin dans notre goût, long-temps trop exclusif et dé-

daigneux, qu'avant Byron et Scott le génie de Châteaubriand et celui de madame de Staël avaient déjà puissamment remué les imaginations françaises. Nous retrouvons dans les écrits de l'un et de l'autre, et la poétique et les premiers exemples de la nouvelle école. Il m'appartient moins qu'à personne de méconnaître cette influence toute nationale.

Quoique le vicomte de Châteaubriand et lord Byron défendent des principes contraires sous plusieurs rapports, il y a entre eux cette analogie que *l'opposition* semble surtout favorable à leur talent qui penche volontiers vers la déclamation et l'emphase comme l'éloquence de Burke. Mais cette emphase, qui, d'ailleurs, n'est point continuelle, n'a rien de vide, parce que ce n'est le plus souvent chez eux que l'expression pittoresque et animée d'une grande abondance d'idées, et de ce que j'appellerais une exaltation naturelle et caractéristique; c'est le *mens divinior*,—c'est le *non mortale sonans*.

Le scepticisme de Byron est une véritable opposition anti-aristocratique, à une époque où la haute classe en Angleterre voudrait s'arranger

commodément, sinon dans le vice comme le prétend Byron, du moins dans la jouissance de ses priviléges derrière les affiches de sa morale et de sa *dignité*. A l'époque où le *Génie du christianisme* parut, la religion chrétienne était aussi de l'opposition; « alors, » dit un écrivain [1] du même tempérament poétique, « le chris-
« tianisme se releva des ruines sanglantes sous
« lesquelles il avait paru enseveli, et mani-
« festa par la voix d'un de ses plus éloquens
« interprètes, qu'il était la religion immor-
« telle; alors reprirent leur ascendant ces su-
« blimes théories religieuses auxquelles se rat-
« tachent toutes les hautes pensées, toutes les
« affections généreuses de l'homme, et de ce
« moment la poésie fut retrouvée, etc. »

J'ai plus d'une fois pensé, en esquissant les traits les plus saillans de la littérature contemporaine de l'Angleterre, quelle bonne fortune ce serait pour mon ouvrage d'avoir à révéler à la France la poésie énergique de Byron et les fécondes improvisations de Walter Scott. Si nous étions en 1819, ces deux génies fourniraient la moitié de ce vo-

[1] Ch. Nodier.

lume : aujourd'hui, je suis tourmenté du souci d'éviter les redites, tant on s'est déjà occupé de Byron et de Scott parmi nous, tant de fois moi-même j'en ai entretenu le public! Afin de *me* citer le moins possible, je vais essayer de remonter au point de départ de mes premières impressions. Je parlerai ici moins de sir Walter que de son noble rival de gloire, espérant ramener souvent le premier sur la scène dans sa chère Écosse, animée partout de sa présence et des créations de sa toute puissante magie.

En 1815, pour la première fois, j'ouïs prononcer le nom de Byron; pour la première fois, je lus quelques unes de ces brillantes descriptions de la Grèce moderne et de ces énergiques appels aux Hellènes, alors sourds en apparence à cette éloquente voix. C'était sous le ciel du midi de la France, où il y a, certes, quelque chose du climat de l'Orient dans l'air pur et embaumé de l'atmosphère, quelque chose aussi de la physionomie du sol grec dans les pompeuses ruines de l'architecture antique, les cippes renversés, les colonnes qui servent de bornes, les plus sacrés débris livrés aux plus vils usages; dans ces temples enfin qui, comme la Maison Carrée de Nismes et le portique d'un ancien théâtre à Arles, rivalisent avec le temple de Thésée et les marbres du Parthénon.

C'était une époque de réactions politiques; on ne voyait autour de soi qu'exagération et anarchie. Quel Français, si jeune ou si vieilli qu'il fût, n'était pas agité de la commotion générale? J'avoue pour ma part que j'écoutai avec de vrais transports la poésie exaltée de Byron, parce qu'elle était singulièrement en harmonie avec l'atmosphère de désordre et de passion au milieu de laquelle je vivais. Ces accens d'une effrayante énergie, ces images d'un grandiose quelquefois outré, ces plaintes exprimées avec un ton de menace, ces caractères avides de tous les extrêmes n'avaient rien que de naturel dans mes idées. Aujourd'hui que le calme de la politique et le poids de quelques années de plus m'ont peut-être rendu plus *impartial*, cette poésie n'a encore rien de forcé à mes yeux, parce que non seulement l'exagération est restée le caractère général de notre époque, mais surtout parce qu'elle est, disais-je tout à l'heure, l'expression vraie de l'âme passionnée de Byron. Il n'y a dans l'emphase d'un tel homme ni feintise, ni rhétorique. En expliquant les motifs de mon enthousiasme, je crois n'avoir pas parlé pour moi seul. *Atala* et *René* ont dû émouvoir à la suite de la grande fermentation républicaine, comme *le Giaour*, *Harold*, *Conrad* et *Lara* m'ont ému après le dernier choc de la révolution et de la contre-révolution en 1815.

Par une rencontre bizarre, celui qui me communiqua les premiers écrits de Byron était un médecin *mulâtre* de la Trinité, nommé Philippe, qui était venu fréquenter pendant quelque temps l'école de Montpellier, après avoir pris ses grades à Édimbourg. C'était une de ces organisations fortes, une de ces imaginations ardentes, une de ces physionomies auxquelles s'appliquent les vers du poète :

Child of the sun.... soul of fire. [1]

Se sentant doublement étranger par son origine et les traits de son visage, il éprou-

---

[1] Enfant du soleil.... âme de feu, etc.

vait au premier abord une sorte de gêne. Un accueil franc l'avait-il rassuré, et l'appeliez-vous à quelque discussion comme un égal, son tempérament l'emportait, il parlait en supérieur, et cet air lui allait bien : c'était Othello oubliant sa couleur africaine, se sentant digne de commander à Venise et d'aimer Desdemone. Il empruntait plus volontiers ses allusions à la poésie un peu orientale de Byron qu'à toute autre, et une citation l'amenait à déclamer tout un poëme. Quand il disait : « Les « enfans d'un climat froid ont un sang qui est « sans chaleur comme l'air qu'ils respirent ; « leur amour mérite à peine le nom d'amour, « le mien était comme la lave qui bouillonne « dans le sein enflammé de l'Etna [1], » vous compreniez que lui aussi il recelait dans son sein une âme de feu. Si dans ces communications poétiques nous n'étions pas seuls, il s'impatientait parfois de n'être compris que de moi ; il écrivait les vers qu'il avait déclamés, et moi, avec une facilité heureuse ou malheureuse dont je n'ai pas perdu l'habitude, je les traduisais d'une plume aussi ra-

---

[1] *The cold in clime are cold in blood, etc.*

(*The Giaour.*)

pide que la sienne. Ces lambeaux de traductions liés depuis ensemble ont été publiés et réimprimés cinq fois, tant Byron conserve encore de charme et de force à travers le voile d'une version qui n'accuse qu'imparfaitement les formes brillantes de sa poésie.

Bien des personnes ne se sont décidées à lire *Childe Harold, Conrad, Lara,* etc., qu'à cause de la curiosité qu'excita le poète lui-même quand se répandit le bruit des aventures de sa jeunesse dissipée, de ses nombreuses amours, de son mariage malheureux, de son exil volontaire, et de toutes les bizarreries de son caractère original. Par l'événement, mon admiration pour le poète resta long-temps indépendante de l'intérêt que m'inspira plus tard, à moi comme à tout le monde, cet homme identifié avec les âmes de ses héros. Mais quelle que soit la source de la sympathie que Byron fait naître, personne n'y échappe; ses vers ne laissent aucun lecteur indifférent. A quelque école qu'on appartienne, on ne saurait se refuser d'y voir

Words that breathe and thoughts that burn. [1]

[1] Des mots doués de vie et des pensées de feu.

Les événemens de ses histoires nous intéressent moins que l'analyse presque métaphysique de l'âme de ses héros, qu'un sombre mystère entoure comme d'un nuage. Ce mystère, nous le poursuivons avec une curiosité et des émotions extraordinaires, curiosité qui nous agite comme celle qui absorbait toute l'existence de Caleb Williams dans le château de *Falkland*. Voilà ce qui sauve de l'ennui le développement toujours incomplet d'un même caractère qui, dans chaque poëme de Byron, ne change que d'attributs, de costume et de situation. Il faut accorder aussi beaucoup à la puissance du style, qui, malgré ses négligences, surpasse toute poésie anglaise connue. Ces négligences même sont expliquées parce que Byron ne relit jamais, dit-on, les vers qu'il jette sur le papier par une inspiration spontanée. Il est tel de ses poëmes qui fut improvisé en trois ou quatre jours. Voilà encore les défauts de plan expliqués. Par *fragmens*, Byron n'est pas seulement le premier poète de son pays, mais je ne saurais où trouver son égal.

On commence à prétendre en Angleterre

que Byron devient infidèle à sa propre gloire :
ses derniers ouvrages ne sont plus de la force
des premiers. Mais si vous citez *Don Juan*,
la conversation change de ton, ce n'est plus
un entretien littéraire. Les grands mots de
morale, de religion et de loyauté chevaleresque sont le texte de la discussion. On avait
pardonné à Byron de passer pour un *misan-
thrope voluptueux,* pour un *enthousiaste sceptique ;* mais il a osé trahir le secret de la morale aristocratie anglaise, et dénoncer sa pré-
tendue dignité : c'est un mauvais citoyen et
un poète déchu. Il faut convenir que *Don
Juan* est *cosmopolite* de toutes les manières,
mais aussi que c'est le poëme où Byron a
donné un démenti à ceux qui prétendaient
qu'il n'avait qu'une corde à sa lyre. Quelle
variété de tons ! que de descriptions sublimes
et gracieuses ! mais surtout quelle connaissance profonde du monde ! quelle finesse pour
démêler les *petits motifs* de tant de grandes
actions, de tant de grandes vertus ! Les demi-
dieux descendent de leur piedestal ; c'est quelquefois, si l'on veut, le sourire d'un démon
qui trouble leur risible gravité ; mais a-t-il

tort ou raison? Certes, j'ai protesté ailleurs contre l'abus du talent, les trois ou quatre personnalités et les traits de mauvais goût qui gâtent quelques unes des belles pages de ce poëme; mais, comme tant d'autres, je suis séduit par cette moquerie d'un homme supérieur, qui a vu de près ceux dont il nous dessine les caractères. Il y a dans le *Don Juan* un mélange curieux de l'esprit satirique de Voltaire, de Fielding et de Sterne, avec la poésie la plus noble et la plus exaltée. On chercherait volontiers querelle au noble lord, lorsqu'après avoir excité en nous les émotions les plus terribles, il vient nous railler de l'avoir cru de bonne foi comme nous. Qu'on se figure Talma interrompant l'expression d'une grande douleur ou d'une passion tragique pour se parodier lui-même! Mais dans les chants qui suivent le cinquième, lord Byron vise moins au sublime, et se contente de peindre les choses et les hommes dans leur nudité : s'il s'abandonne à un élan de sensibilité en faveur de la liberté, de la vertu, ou de toute autre pensée honorable, il ne cherche plus à nous persuader que c'est *feintise* et moquerie; s'il trace un tableau chaste, il n'en gâte plus l'effet par des figures grotesques; ou s'il y mêle des images moins nobles, ce n'est que pour obéir à l'éternelle loi des contrastes et de la vérité. Sa facilité reste inépuisable; il passe

Du grave au doux, du plaisant au sévère,

mais sans confondre les genres : ses portraits sont comiques ou ridicules, parce qu'ils sont fidèles, et n'ont pas cette exagération burlesque qui fait les caricatures. Quelle peinture que celle de Souvarow et de son camp! quelle effrayante leçon sur la gloire dans la relation du siége d'Ismaël! quelle transition que celle du sérail du sultan à la cour de Catherine! et enfin quel tableau piquant que celui de l'intérieur de l'aristocratie anglaise! Mais c'est ici qu'on s'est récrié, en prétendant que Byron n'avait jamais connu la bonne compagnie de Londres.... Il faudrait donc nier que le prince régent l'y ait rencontré en personne, et lui ait fait des avances, dont la fierté du poète ne fut guère flattée, il est vrai; il faudrait nier que la *Revue* toute aristocratique de

M. Gifford ait écrit en 1819 qu'avant son exil Byron était l'idole de tous les cercles: il faudrait convenir enfin que la *haute société* n'est pas la *bonne compagnie*.... Ce qui serait pire que d'avouer qu'elle n'est pas exempte des vices que Byron lui reproche.

Il est assez remarquable que ce poète, aristocrate, de son aveu, par son caractère et ses habitudes autant que par sa naissance, ait adopté dans leurs conséquences les plus rigoureuses toutes les idées libérales, et déclaré une véritable guerre aux amours-propres des *siens*, non seulement en dénonçant la fausse dignité de leur existence moderne, mais encore en protestant contre leurs glorieux souvenirs des époques chevaleresques! Tandis que le noble lord traite de *momerie* les poétiques mœurs de la féodalité, un poète que son titre récent de baronnet désigne comme sorti des rangs du tiers-état, sir W. Scott s'est fait le champion des principes oligarchiques de nos jours, et le chroniqueur enthousiaste des traditions féodales. Par ses études favorites, par son style et le choix de ses sujets, sir Walter Scott semble plutôt un ménestrel du treizième siècle qu'un poète du dix-neuvième. Cet amour d'un temps dont les traces s'effacent chaque jour, lui fait décrire parfois plus en antiquaire qu'en poète jusqu'aux costumes de ses chevaliers. Le défaut de quelques uns de ses poëmes est qu'ils sembleraient, aux yeux d'un critique de mauvaise humeur, avoir été écrits pour les notes, et non les notes pour les poëmes. Mais que de vie, de mouvement dans ces tableaux ! que de vérité dans ces personnages, descendus en quelque sorte tout vivans de ces vieux cadres où, depuis des siècles, leurs images se couvraient de poussière ! Quelle vivacité dans le récit d'une bataille ! on croit voir flotter les panaches, entendre la marche des coursiers, le choc des combattans, leurs cris de mort ou de victoire ; on se mêlerait volontiers à l'action, comme don Quichotte sur le théâtre de Gines Pasamonte. En conclurons-nous que Walter Scott n'est qu'un servile adorateur des superstitions féodales ? Non, il est poète, et l'élévation de son caractère est prouvée par son impartialité inaltérable dans ses romans. Le poète des Torys d'Écosse a donné le plus beau rôle dans *Pévéril du Pic* à un régicide !

Si l'anti-chevaleresque Byron va, comme un paladin, porter aux Grecs le secours de son épée et de sa fortune, Walter Scott, qui a des devoirs de citoyen, d'époux et de père à remplir dans sa patrie, a souscrit cent mille francs en faveur des Hellènes. Cet accord de deux beaux génies d'opinions contraires leur portera bonheur : enfin la voix de Byron vient de réveiller la liberté endormie aux Thermopyles. Je transcris ici une imitation d'une de ses *Messéniennes* qui ont contribué sans doute à ouvrir les yeux des Hellènes sur leur avilissement : les trois dernières strophes m'appartiennent; le reste est presque littéralement traduit du troisième chant de *Don Juan*.

L'ODE DU POÈTE GREC.

I.

Grèce, berceau des arts, quand ta gloire est flétrie,
L'étranger ne peut plus louer que ta beauté.
Ta beauté, don fatal ! Malheureuse patrie !
    Qu'as-tu fait de ta liberté ?

II.

La Muse qui peupla de nymphes tes bocages,
La lyre qui chantait les dieux et tes héros,
Charmant de leurs accords de plus heureux rivages,
    Ne réveillent plus tes échos.

III.

J'aime sur Marathon à voir lever l'aurore ;
Là le Perse connut quels étaient nos aïeux. —
J'ai rêvé quelquefois à l'aspect de ces lieux
    Que la Grèce était libre encore.

IV.

Où sont-ils ces guerriers, la terreur des tyrans ?
Un barbare a brisé leur urne funéraire !
O Grèce ! le tombeau de tes nobles enfans
    N'a pas conservé leur poussière.

V.

Et nous ! d'indignes fers déshonorent nos bras :
« Esclaves ! » ce nom seul est un cruel outrage !
Suffit-il de rougir ; et n'oserons-nous pas
    Briser enfin notre esclavage ?

VI.

Terre, entr'ouvre ton sein ! de tes héros vengeurs,
Qu'un seul vienne aujourd'hui nous guider à la gloire ;
Qu'il fasse retentir ces mots chers à leurs cœurs,
    Liberté, patrie et victoire !

VII.

Quelle voix du tombeau répond avec courroux :
— « Nous ne serons point sourds au cri de la vengeance !
Répétez-le, vivans ! Nous combattrons pour vous ! »
    — Les vivans gardent le silence.

VIII.

Mais ils ont entendu le signal du plaisir ;
Voyez-les, se livrant aux transports d'une fête,

Lâchement étouffer l'importun souvenir
 Qu'avait réveillé le poète.

IX.

Un groupe de beautés répète un chant d'amour !
Je sens des pleurs amers sillonner mon visage
En pensant que leur sein doit allaiter, un jour,
 Des fils voués à l'esclavage !

X.

Mer, reçois dans tes flots le poète mourant !
Ta voix couvre les sons de ma plainte affaiblie ;
Dans ma terre natale, au barbare asservie,
 Je ne veux pas de monument ! »

XI.

— Sunium fut témoin de son heure dernière ;
Les convives joyeux revenus sur ces bords
Ne purent retrouver sans un secret remords
 Son luth muet et solitaire.

XII.

Un musulman survient, son farouche mépris
Aux fils de Thémistocle a fait baisser la tête,
Et brisant sous leurs yeux la lyre du poète,
 Il en foule aux pieds les débris.

LETTRE LXXI.

A M. Fréd. DONNADIEU,
AVOCAT.

> Il faut ôter le masque des choses aussi bien que des personnes.
> MONTAIGNE.

> C'est dans les temps de corruption qu'on parle le plus de morale.
> Le vicomte de CHATEAUBRIAND.

Je reviens à *Don Juan*, parce que de tous les poëmes de lord Byron, c'est celui qui a le plus besoin d'apologie ; mais le temps arrivera en Angleterre même où il sera cité comme la plus merveilleuse expression de son talent. Que Byron meure demain[1], et déjà les inimitiés particulières et les amours-propres of-

---

[1] Quand je traçais ces lignes j'espérais que Byron vivrait encore long-temps pour sa gloire et la liberté grecque, dont son tombeau est devenu, hélas! le premier monument.

fensés, obligés de se taire par prudence devant le deuil général, ne soutiendront plus de leurs murmures et de leurs perfides insinuations la morale pédante du *Cant* britannique. Quelque critique supérieur osera dire tout haut sa pensée; et chacun répétera: «Voilà ce que j'avais senti et ce que je n'osais dire. »

Tout en paraissant mépriser les jugemens de la multitude, c'est au bon sens du peuple que Byron en a appelé dans son *Don Juan.* Il a choqué toutes les coteries, mais il aura pour lui le *public* qu'il s'est choisi : le poète a compris combien les fausses imitations de son *Childe Harold* risquaient de le compromettre; il a été au devant des moqueurs, et *Don Juan* parodie assez volontiers *le Pélerinage,* parce que le mélange d'enthousiasme et de sauvagerie qui y règne, pouvait être au besoin copié par quelques originaux de la société anglaise, comme une variété du masque de dignité dont elle aime à se revêtir. Le vrai Childe Harold était un rêveur sublime; il luttait contre les affections douces, parce qu'il avait beaucoup souffert par elles; mais tout ce qui est grand, tout ce qui exalte, — les merveilles de la nature et celles de l'art, trouvaient dans son cœur une sympathie facile à éveiller. En présence des Alpes ou de l'Océan, sur le champ de bataille de Waterloo, sur les ruines du Colisée, aux pieds des chefs-d'œuvre de Florence, Childe Harold éprouvait et exprimait un véritable enthousiasme ; et quand un retour sur lui-même lui arrachait alors quelque allusion à sa propre histoire, le *moi* du poète s'agrandissait de tout ce qu'il y avait de sublime autour de lui. Froissé par le monde, Childe Harold s'était enveloppé de son orgueil, et pour s'isoler des hommes qu'il croyait haïr, il s'élevait au-dessus d'eux par des émotions souvent étranges et toujours exaltées. Un tel personnage devient souverainement ridicule s'il cesse jamais d'inspirer cette espèce d'admiration mystérieuse dont l'hommage protége le génie jusques dans ses écarts.

Soit lassitude d'un tel rôle, soit crainte d'en lasser les autres, car les petits traits du ridicule ont pu irriter Napoléon sous la pourpre, et Byron sous l'auréole de sa gloire poétique, Childe Harold redevient homme dans *Don Juan;* il attaque, de peur d'être obligé de se défendre. C'est par l'ironie qu'il veut exercer sa supériorité ; il se mêle à la foule familièrement, flatte sa malignité en persiflant les grands, parle son propre langage pour l'émouvoir quand il raconte un événement tragique, puis tout à coup, comme Coriolan sous la robe des candidats consulaires, il laisse percer son dédain aristocratique, et il interrompt, par une pasquinade, l'émotion qu'il a causée. Il faut le dire, dans ce rôle de bouffon, il affecte trop d'être trivial ; et quand il continue sur ce ton, il tombe dans un excès qui ressemble un peu à cet état que Beaumarchais appelait l'ivresse du peuple[1]. Mais par quelque transition inattendue, Byron revient bientôt à la charge contre sa propre caste avec une finesse d'observation qui relève son style. Parfois aussi, il s'irrite, s'en prend à toutes les sommités sociales, et ne se contentant plus de piquer par l'épigramme il déchire sans pitié les adversaires qu'il s'est créés. Il ne dit plus au

[1] *C'est la bonne!* s'écriera peut-être quelque Figaro ; mais lord Byron n'excelle pas dans cette imitation, et il s'y prend aussi gauchement que le comte Almaviva.

masque, «—tu caches telle figure : » il l'arrache violemment, et montre l'homme déguisé dans toute sa laideur : de là quelques personnalités.

Il était à craindre que Byron ne mît en scène *Don Juan* à l'âge où Molière s'en est emparé. C'eût été encore un homme blasé : en trois chants la *pièce* était finie. Si c'est le même héros qu'il avait d'abord en vue, il ne lui a conservé que son nom; son cadre est vaste, il doit conduire don Juan dans toutes les situations des divers âges de la vie. Il l'a pris au sortir de l'enfance, pour analyser ses premières sensations et peindre dans leur naïveté ses premiers sentimens. Accessible à toutes les impressions, Juan sera tout ce que le feront les circonstances et les leçons de la société; tour à tour il adopte toutes les opinions et toutes les erreurs : en amour, dupe de son cœur facile, il est de bonne foi jusque dans son inconstance. Il est permis de croire que lord Byron lui prête beaucoup de ce qu'il éprouva lui-même; mais s'identifiant moins avec don Juan qu'avec Childe Harold, il anticipe en son propre nom sur l'époque où comme lui, Juan ne trouvera plus dans la vie que désenchantement et regrets. Ses digressions sont en général toutes personnelles ; mais s'il décolore l'avenir, en compensation il a aussi quelques retours sur le passé, qui lui rendent par le souvenir toute la fraîcheur de son imagination. Byron est souvent aussi sous l'influence immédiate des lieux où il écrit : l'Italie apparaît dans plusieurs de ses stances avec la chaleur et la pureté de son ciel, la beauté de ses sites et la douce mélancolie de ses ruines. Voyez l'apostrophe à la forêt de Ravenne [1]. En obéissant ainsi au caprice et à l'impression du moment, le poète se met nécessairement en contradiction avec lui-même. Il est le premier à en convenir. Après avoir été peut-être injuste envers la gloire du chevaleresque Gaston de Foix, dans sa haine pour tout ce qui tient à la chevalerie, il se surprend à plaindre Don Quichotte, et cherche querelle à Cervantes pour avoir tué par le ridicule l'antique honneur de l'Espagne.

VIII.

« —Je n'aime ni ne hais à l'excès, quoiqu'il

[1] IVe chant.

n'en fût pas ainsi jadis. Si je raille de temps en temps, c'est parce que je ne puis faire moins, et que parfois cela m'aide à rimer. Je serais très porté à redresser les torts, et je préviendrais plutôt que je ne punirais les crimes, si Cervantes, dans sa trop véridique histoire de Don Quichotte, n'avait montré l'inutilité d'un semblable dessein.

IX.

« De tous les romans c'est le plus triste,— et d'autant plus triste qu'il nous fait sourire. Son héros, sincère et juste, ne cesse de chercher le bien; — dompter les méchans est son seul objet, combattre les plus forts, sa récompense : c'est sa vertu qui le rend fou! mais ses aventures sont pénibles à lire; plus pénible encore est la grande morale qui résulte de cette véritable épopée pour tous ceux qui ont réfléchi.

X.

Redresser les torts, punir l'injustice, aider la femme timide, détruire le méchant, attaquer seul les forts réunis, délivrer du joug étranger les peuples qu'on opprime :—hélas !

faut-il que les plus nobles desseins, comme une vieille légende, ne soient plus qu'un sujet poétique pour les jeux de l'imagination ! une plaisanterie, une énigme, un rêve de gloire ! Et Socrate ne fut-il que le Don Quichotte de la sagesse ?

XI.

Cervantes anéantit en riant la chevalerie espagnole ; par une simple plaisanterie, il priva sa patrie de son bras droit ; — depuis lors l'Espagne a eu rarement des héros. Aux jours où les romans de chevalerie la charmaient, l'univers battait en retraite devant ses brillantes phalanges : tel est le mal produit par l'ouvrage de Cervantes, que toute sa gloire, comme composition littéraire, a été chèrement achetée par la ruine de l'Espagne. »

Tous ces caprices de sensibilité généreuse, toutes ces boutades d'humeur, de gaîté ou de bouffonnerie servent admirablement l'effet d'un style pittoresque, qui est pour les pensées du poète comme un voile transparent disposé avec un air de négligence. Le style de *Don Juan* est tout entier à Byron, et n'est qu'à lui. Ce style n'existait pas dans la langue anglaise. *Don Juan* offre souvent de ces expressions, de ces tours de phrase qui seraient incorrects ailleurs, de ces épithètes naïves à la manière de notre La Fontaine, qui sont de vraies conquêtes sur la prose; mais très poétiques, parce qu'elles peignent avec franchise. On a dit du style de Byron en général que c'était une espèce d'improvisation [1]; dans *Childe Harold*, c'est l'improvisation de l'enthousiasme; dans *Don Juan*, c'est celle de la conversation spirituelle et familière d'un homme qui a beaucoup vu, beaucoup observé, beaucoup senti et beaucoup réfléchi sur soi-même et sur les autres. Cette *anatomie* du cœur humain et de ses secrets ressorts ne produit pas chez un grand poète des analyses décolorées. Les portraits que Byron trace sont tous vivans et poétiques dans leur exactitude. Ses femmes surtout sont d'une poésie ravissante : telle est Haydée; telle est la jeune Aurora.

J'avoue qu'une seule chose me consolerait, si Byron allait oublier en Grèce de finir son

---

[1] *Essai sur le génie et le caractère de lord Byron.*

Don Juan; je ne lui pardonnerais pas de perdre la divine Aurora comme il a perdu Haydée. Déjà il semble la menacer.

XLIII.

« C'était une beauté de fée de la *meilleure* classe, et meilleure que sa classe; jeune astre qui brillait sur le fleuve de la vie, trop douce image pour un pareil miroir; être charmant à peine formé; bouton de rose avec tous ses parfums.

XLIV.

«Riche, noble, mais orpheline, laissée seule au monde, tout son aspect respirait un air de solitude. Hélas! qui peut nous consoler, lorsque nous sommes condamnés à sentir dans des palais étrangers qu'un foyer domestique nous manque, et que nos liens les plus doux sont dans la tombe?

XLV.

« Jeune d'années, et plus jeune encore par sa tournure enfantine, elle avait quelque chose de sublime dans ses regards qui brillaient d'un éclat doux et mélancolique comme ceux des séraphins. A peine sortie de l'enfance, mais avec un aspect qui semblait à l'abri de toute influence du temps; radieuse et grave, — comme s'appitoyant sur l'homme déchu; — affligée, mais affligée d'un crime qui n'était pas le sien, elle semblait un ange à la porte d'Éden, gémissant sur ceux qui en étaient exilés sans retour.

XLVI.

« Elle était catholique, sincère et austère, autant que le lui permettait son cœur tendre et compatissant. Ce culte déchu lui était plus cher encore, peut-être parce qu'il était déchu. Ses ancêtres avaient vécu dans un temps où la renommée occupait les nations de leurs exploits : aucun pouvoir n'avait obtenu d'eux soumission ni concession, et comme Aurora était la dernière de sa race, elle restait attachée à leur foi et à tous leurs sentimens.

XLVII *et suivantes*.

« Elle contemplait le monde qu'elle connaissait à peine, comme ne cherchant pas à le connaître. Silencieuse, solitaire comme une fleur sur sa tige, elle croissait paisiblement en âge, et conservait la sérénité de son cœur. Il y avait du respect dans les hommages qu'elle recevait. Son âme semblait fixée sur un trône, à part du monde environnant, forte de sa propre force, chose étrange dans un être si jeune.

. . . .

« Juan n'avait nulle idée de ce caractère, qui était noble sans ressembler à celui de son Haydée tant regrettée. Chacune d'elles brillait dans sa sphère. La jeune Grecque, élevée sur les bords solitaires de la mer, plus ardente, aussi belle, aussi aimable, non moins sincère, était l'œuvre de la seule nature. Aurora ne pouvait et n'eût pas voulu être comme elle. Il y avait entre Aurora et Haydée la différence qui existe entre une fleur et un diamant. Ayant trouvé cette sublime comparaison, etc. »

On a reproché à Byron, avons-nous dit, de ne savoir que varier par de simples nuances le même caractère : quelle réponse à ce reproche dans la galerie de portraits qu'offre *Don Juan!* Je le répète, cette Odyssée biographique n'a besoin que de l'autorité d'un critique pour être admirée. Hélas! triste réflexion sur mes cheveux qui grisonnent déjà, comme dit Byron lui-même :

> *But now at thirty years my hair is gray.*
> .*. . . . .
> *No more — no more — on never more on me*
> *The freshness of the heart, can fall like dew*, etc. ⁱ

Cruel désenchantement des illusions de la jeunesse! il y a huit ans, je préférais encore la *Nouvelle Héloïse* à *Gil Blas*, et je n'aurais pas mis *Don Juan* au-dessus de la poésie solennelle et passionnée d'*Harold*, des accens pathétiques prêtés au Tasse (*Lamentations du Tasse*), de la mélancolie douce de Parisina, des mystères terribles et déchirans de Manfred, etc. ²

. . . .
. . . .

P. S. C'est surtout l'irréligion supposée de lord Byron qui a affligé les vrais amis de sa

---

ⁱ Je n'ai que la trentaine et mes cheveux sont gris.
. . . .

² J'interromps ici la suite de cette lettre, où j'entrais dans quelques détails sur la vie de lord Byron. Sa mort a donné lieu à des publications qui m'ont prévenu : mais je ne renonce pas à reparler de lui.

gloire. J'ai tâché d'analyser avec impartialité le *scepticisme* du noble poète, dans l'*Essai sur son caractère et son génie*. De tout ce qui nous a été révélé depuis sa mort sur ses opinions en morale, je conclus qu'il y avait au moins dans Byron un *grand besoin de croire;* chaque fois qu'il voyait l'homme entre le ciel et lui, il se réfugiait dans le doute, et par un singulier caprice de l'orgueil, affectait un audacieux dédain ou une froide indifférence pour les croyances des astres : mais avec ses amis, il ne craignait pas d'avouer ce qu'il appelait sa faiblesse superstitieuse, en se hâtant de la justifier par l'exemple des grands hommes qui avaient été superstitieux comme lui. Cette vague et indécise révélation de quelque chose là haut se sera complétement éclaircie, il faut l'espérer, à la dernière heure de celui qui est mort pour une sainte cause. — On sait que lord Byron portait toujours caché dans son sein un objet précieux suspendu à un ruban. Le capitaine Medwin suppose que c'était le portrait de celle qui lui avait inspiré son premier amour : on m'envoie à l'instant une gazette allemande où un savant, M. Hammer, prétend que c'était une amulette orientale.[1]

Voici une anecdote qui me porterait à croire que si lord Byron s'était muni d'un talisman, ce talisman pouvait bien être un *scapulaire* ou quelque relique de la foi chrétienne.

—Pendant son séjour à Athènes, dans le couvent des Franciscains, lord Byron avait inspiré beaucoup d'intérêt à un moine nommé le père Bernard. Lorsque la liberté grecque, répondant à son généreux appel, l'invita lui-même à s'arracher aux délices de l'Italie, Byron, décidé à partir, dit un jour à ses amis :

— « C'est pourtant bien extraordinaire ; le père Bernard, en me donnant le Christ qu'il portait avec lui, me dit d'un ton prophétique : —« Vous serez le défenseur des chrétiens, vous reviendrez en Grèce pour la cause des fidèles... mais je n'aurai pas le plaisir de

---

[1] Cette amulette, dit M. Hammer, est un chiffon de papier provenant d'un derviche : c'est le double d'un pacte fait entre le roi Salomon et le diable, par lequel Satan s'engage à ne faire aucun mal à celui qui porte sur lui cet écrit, contenant cinq prières d'Adam, de Noé, de Job, de Jonas et d'Abraham!!!!

vous revoir..... je crains que vous ne veniez plus jusqu'à Athènes. » Lord Byron tomba dans une profonde rêverie que personne n'osa troubler, parce qu'on était habitué à le voir quelquefois s'isoler ainsi dans son silence, quand quelque pensée sérieuse ou triste venait le surprendre au milieu même d'une conversation. Après quelques instans, il ajouta ces mots remarquables : — « On aura peine à croire que dans aucune circonstance je n'ai pu me séparer de cette croix; ce pendant c'est un fait. Je n'ai jamais voulu la donner ni à ma mère, ni à ma sœur, qui me la demandaient à mon retour en Angleterre : c'est un souvenir du prieur des Franciscains, qui habite la tour de Diogène à Athènes. Cet excellent moine m'aimait beaucoup; lorsqu'il apprit que j'allais partir, il en fut vraiment désolé. — Il ne faut pas m'oublier, Milord, me dit-il en nous séparant; choisissez quelque chose qui puisse vous faire plaisir dans le peu que je possède, et que vous garderez pour vous souvenir du père Bernard. — Je portai la main sur le Christ qu'il avait sur lui, je lui demandai s'il voulait me le donner. Le bon prieur fut si enchanté de mon choix qu'il en eut les larmes aux yeux. C'était un homme vrai dans sa foi. — Je n'ai plus quitté un instant ce crucifix. Je vous dirai même, qu'une fois, croyant l'avoir perdu, je n'étais pas à mon aise ; j'en étais préoccupé..... mais enfin voilà donc la prédiction du père Bernard qui va s'accomplir, il faut partir pour la Grèce, etc. [1] »

[1] Je retrouve cette anecdote dans un livre curieux sur lord Byron, publié à Londres par M. de Salvo, qui ajoute que le crucifix a été trouvé dans un porte-feuille du noble poète à côté de son lit. Le prince Mavrocordato l'a envoyé à ses héritiers avec son *album* et autres papiers. Il est maintenant dans les mains de M. Hobhouse.

Je dois ajouter, à l'honneur de notre littérature, que si Byron a le premier prêché une croisade poétique en faveur des Grecs, nos poètes n'ont pas déserté cette noble cause. Les Hellènes eux-mêmes nomment avec reconnaissance M. Viennet, qui donna le signal parmi nous en consacrant le prix de son poëme de *Parga* à secourir les premières victimes de la guerre déclarée enfin par les opprimés aux oppresseurs.

LETTRE LXXII.
A M. AVENEL.

« — *I was an infant when my mother went*
To see an atheist burned. She took me there :
The dark-robed priests were met round the pile,
The multitude was gazing silently ;
And as the culprit passed with dauntless mien ,
Tempered disdain in his unaltering eye
Mixed with a quiet smile, shone calmly forth :
The thirsty fire crept round his manly limbs ;
His resolute eyes were scorched to blindness soon ;
His death-pang rent my heart ; the insensate mob
Uttered a cry of triumph , and I wept.
« — *Weep not child, cried my mother, for that man*
Has said there is no God. . . . .
Percy B. Shelley, Queen Mab.

« J'étais un enfant lorsque ma mère alla voir brûler un athée. Elle me mena avec elle : les prêtres, vêtus de noir, étaient réunis autour du bûcher ; la multitude regardait en silence. Quand le condamné passa fièrement, un froid dédain était l'expression de son regard, et il sourit avec calme : le feu avide se déploya autour de ses membres ; ses yeux impassibles furent bientôt consumés ; l'angoisse de sa mort me déchira le cœur : la foule insensée poussa un cri de triomphe, et moi je pleurai. « — Ne pleure pas, enfant, me cria ma mère, car cet homme a dit : Il n'y a pas de Dieu ! »

J'ai dit qu'on avait pardonné à lord Byron sa misanthropie sombre et ses accès de scepticisme. Il était jeune et malheureux. « L'ange déchu, comme disait un de nos grands poètes, peut un jour se rappeler sa divine origine et reprendre sa place au chœur de ces esprits

« Que Dieu fit pour chanter, pour croire et pour aimer. »
(*Première Méd. poét.*)

Dans sa conversation, le noble lord affectait, assure-t-on, de mépriser les femmes; il ne leur a pas épargné les épigrammes dans ses écrits, tout en personnifiant la grâce, la douceur et le tendre amour sous les traits de Médora, de Zuleika, d'Ada, etc.; mais les femmes pardonnent tout à ceux qui aiment, et il sera beaucoup pardonné par elles à Byron comme à J. J. Rousseau, parce qu'ils ont beaucoup aimé. Qui peut ajouter foi aux calomnies absurdes inventées sur le poète de Manfred, par le dépit de quelques maîtresses? Lord Byron a fait aussi de l'opposition politique dans ses vers : c'est un lord de mauvaise humeur, a-t-on dit, et tant d'autres, plus aristocrates que lui, font bien de l'opposition au parlement. Mais lord Byron a voulu faire de la théologie dans *Caïn* : les théologiens se sont fâchés tout de bon : ils ont crié à l'*hérétique*, au *manichéen;* l'auteur de *Caïn* a été déclaré le chef de *l'école satanique!* dénomination qui, au dix-neuvième siècle, sent un peu le fanatisme. Les deux principaux disciples du maître sont Percy-Bishe Shelley et Leigh Hunt, soutenus en prose par le paradoxal Hazzlitt. Leigh Hunt est lui-même le chef d'une autre école que le *magazine* de Blackwood a ridiculisée par le titre d'école des *badauds*. Il y a de l'audace dans les principes politiques de Leigh Hunt, mais beaucoup de mollesse dans sa poésie; on y remarque un luxe d'images à la manière de Moore, une certaine harmonie en dépit des règles et de la langue; mais surtout une négligence affectée. M. L. Hunt rime comme un bel esprit grand seigneur [1], et pense comme un démagogue. Son enthousiasme pour la nature semble une prétention plutôt qu'un sentiment naïf; car il n'y a rien de pastoral ni de simple dans ses

[1] M. Hazzlitt dit quelque part que L. Hunt était né avec le tempérament d'un lord. Leigh Hunt dédie un poëme à lord Byron en lui écrivant : **Mon cher lord Byron.**

descriptions. Hazzlitt a beaucoup vanté dans la *Revue d'Édimbourg* sa *Françoise de Rimini* : il était délicat de toucher à cet épisode sublime du Dante. Leigh Hunt l'a délayé dans une abondance d'images voluptueuses et dans la pompe de ses descriptions : le lecteur s'impatiente au milieu de cette cour brillante et de ces fêtes magnifiques où il est transporté d'abord ; le poète semble tellement s'y plaire, qu'on craint qu'il n'y oublie les deux amans ; on saute les deux premiers livres pour retrouver le Dante au troisième qui est plus dramatique, mais qui est trop long encore. Dans le récit du poète anglais, le fameux vers

« *Quel giorno più non vi leggemmo avante* »

n'a plus la grâce chaste et le charme qu'il avait (chez le Dante) dans la bouche de Francesca. Si Hazzlitt eût été un peu moins l'ami de Leigh Hunt, il aurait pu reconnaître, en citant ce passage, que son ami y laisse apercevoir ce caractère de *sensualité* qui est un des traits distinctifs de sa poésie. Dante dit bien :

La bocca mi baciò tutto tremante.

« Il dépose un baiser sur mes lèvres tremblantes ; »

mais M. L. Hunt ajoute : *sweet was that*

long kiss, etc., délicieux fut *ce long* baiser; ce n'est plus la peine de dire le *quel giorno non vi leggemmo mai*. Le poëme n'a pas été écrit, cependant, dans un boudoir, mais dans une prison. La *Quarterly Review*, qui a traité Hunt avec une malveillance évidente, aurait dû relever cette faute. *Francesca de Rimini* ne vaut pas la *Parisina* de Byron. M. Leigh Hunt a été très sévère lui-même sur ses contemporains, dans le texte et les notes d'un poëme intitulé *le Banquet des poètes*, qui prouve bien qu'une riche imagination ne suffit pas pour faire un talent du premier ordre. [1]

Il y avait davantage à espérer d'un autre *arcadien* de la même école, John Keats, plus rêveur, plus incorrect que Leigh Hunt et tout aussi diffus. Ses amis assurent qu'il est allé mourir en Italie, désespéré d'une critique de la *Quarterly Review* [2]. Keats avait

---

[1] *Le Foliage* (*le Retour des Feuilles*) de M. L. Hunt n'est ni meilleur ni plus mauvais que ses autres poëmes : beaucoup d'éclat, amplifications brillantes, mais peu d'originalité.

[2] Il paraît que Keats était à la fois d'un amour-propre très susceptible et atteint de consomption.

voulu prêter toute la *métaphysique* de l'amour moderne aux dieux de l'antique mythologie. Il y a des tableaux pleins de fraîcheur dans son *Endymion* et sa *Lamia*.

Oublierais-je la grâce un peu maniérée, l'harmonie et la douce rêverie de M. Procter, qui, sous le nom de B. Cornwall, a publié d'élégantes imitations de lord Byron et des poètes italiens? Mais il n'y a rien de satanique dans les tendres soupirs de son *Histoire sicilienne* et de *Marcian Colonna*, etc. Ce sont de beaux vers et de riches paraphrases; plusieurs de ses fragmens figurent à propos dans les *albums* et les almanachs romantiques de l'Angleterre, jolis livres qui, du reste, sont quelquefois de très précieux recueils de vers comme de gravures. — Le plus original des membres de la petite académie radicale de Pise est Shelley ou *le Serpent*, comme Byron l'appelle familièrement; Shelley, ami dévoué, de mœurs douces, plus aimable encore que L. Hunt, Shelley mélancolique, mais non boudeur, âme tendre, s'il en fut jamais, sévère pour lui-même, sobre comme un bramine, mais qui, la plume à la main, est un jeune Titan par son audace, menaçant dans ses vers comme dans sa prose le ciel et toutes les institutions humaines. Encore sur les bancs de l'école, à cet âge où l'âme indécise, trouvant partout des émotions naïves, se passionne tour à tour pour les illusions les plus contraires, et où il n'est pas d'erreur qu'elle ne puisse embrasser et abandonner pour une autre ou pour la vérité sans se mentir à elle-même, le jeune Shelley eut le malheur de chercher un aliment à ses rêveries dans l'étude des systèmes philosophiques de Spinosa, de Th. Payne et de Godwin. Il devint leur adepte, et il mit dès lors sa jeune raison et tout son talent poétique au service de l'athéisme. La suite a prouvé, il me semble, qu'un arrière-pensée a préservé son imagination de l'influence glacée que doivent exercer ces désolantes doctrines sur toute poésie. Mécontent de tout ce qui existait, et rêvant une perfectibilité dont il ne se rendait pas encore bien compte à lui-même, Shelley voulait d'abord tout renverser et tout détruire, espérant qu'un phare sauveur s'éleverait sur les débris de la société actuelle. Il ne demandait point l'athéisme en religion, et l'anarchie dans les empires comme une fin, mais comme un moyen de régénération. C'était vouloir livrer la ville aux flammes pour la reconstruire sur un plan plus régulier, et l'orner de nouveaux temples érigés à de nouveaux dieux. La société a traité Shelley en ennemi. Les théologiens d'Oxford l'ont chassé de l'université, et son père de la maison paternelle. Devenu père lui-même, il a été privé de ses enfans par le grand chancelier, au nom de la loi contre l'athéisme [1]. Shelley se voyant sans asile, sans pain même, a vendu à son père pour une annuité ses droits à son héritage. Après avoir vécu solitaire quelque temps dans une province, il s'est exilé définitivement en Italie, où il avait déjà fait un voyage précédemment. C'est en Suisse qu'il avait connu lord Byron, c'est là aussi qu'au pied de ces monts sublimes qui semblent rapprocher l'homme du ciel, il avait

---

[1] Cette loi est à la fois spartiate et religieuse ; mais les conséquences peuvent en être terribles et cruelles : c'est par l'homme que l'homme est jugé.

osé se signer *athée* sur l'*album du mont An-vert.*

Ce qui étonne peut-être après les détails d'une telle vie et de tels principes, c'est de trouver dans les vers de ce démagogue, de cet impie, de cet athée, une poésie si rêveuse et si mystique, un charme si doux de tendresse et de mélancolie, une expression si naïve et si passionnée à la fois des sentimens les plus purs. Il y a sans doute aussi des déclamations à côté de beaucoup d'énergie et de chaleur; il y a de l'obscurité dans quelques unes des visions de cette âme si cruellement abreuvée de dégoûts et de ses propres inquiétudes; c'est enfin une espèce de Manfred ou de Faust, qui porte la peine d'avoir voulu dérober les fruits de la science du bien et du mal. Si par sa haine pour toutes les barrières que la religion et les institutions sociales imposent à l'impatiente indépendance de l'homme, Shelley appartient à l'école satanique, son ancienne admiration pour les poètes des Lacs qu'il avait fréquentés et étudiés, a influé sur son style et même sur ses idées : les simples beautés d'un paysage et la naïveté de l'enfance, excitent en lui le même enthousiasme que les songes étranges de son génie aventureux. Shelley s'est peint lui-même avec une intention plus marquée dans *Alastor ou l'Esprit de la solitude.* Alastor est un jeune enthousiaste qui a cherché dans les livres des philosophes, et dans tous les climats, la personnification vivante d'un *beau idéal* qui n'existe point; il meurt du désespoir de n'avoir fait qu'un rêve. Les descriptions de cette allégorie sont quelquefois d'une fraîcheur et d'une richesse admirables.

La révolte d'Islam nous transporte dans *le paradis* du *Génie du bien*, car Shelley, en renonçant au paradis chrétien, invente des dieux et des paradis pour sa philosophie d'ailleurs si indulgente. Les âmes des hommes vertueux et celles des hommes illustres s'entretiennent des sacrifices et des travaux qui leur ont mérité la couronne des justes. Un jeune Grec et son amante racontent comment, après avoir délivré leur ville natale de la tyrannie, la victoire infidèle a replacé tout à coup la tyrannie sur le trône. Le poète veut prouver qu'ils ont déjà été heureux dans leur martyre, par l'espoir de léguer à des vengeurs plus favorisés, la mission de briser les liens de l'esclavage. Au milieu de toutes les aventures de ce couple d'amans, le souvenir de leur amour qui naquit presque avec leur première pensée, inspire au poète un tableau ravissant. Shelley lui-même n'était encore qu'un adolescent qu'il était époux pour la première fois; il s'est remarié en secondes noces avec une fille du fameux Godwin.

Il n'y aurait rien de plus pathétique qu'une espèce d'églogue, intitulée *Rosalinde et Hélène*, surtout le récit de Rosalinde, s'il n'y avait pas une affectation de la part du poète à légitimer l'amour incestueux entre frère et sœur, à maudire le lien du mariage comme une institution contre nature, et à flétrir le privilége que la loi donne à la volonté humaine de se survivre à elle-même dans un testament.

« Ceux qui vivent craignent les vivans,
« mais un cadavre est impitoyable; et la loi
« protége la volonté injuste et cruelle du
« tyran qui ne rougit plus et ne sent plus de
« remords parmi les vers de son cercueil. »

Que prouve contre un droit l'abus de ce droit?. On plaint sans doute aussi Rosalinde de l'effrayante persécution à laquelle l'expose un vieil époux avare et méchant ; on partage même sans remords la terreur et la haine que cet homme inspire à sa femme et à ses enfans, haine et terreur peintes avec des couleurs d'une sombre énergie ; mais cette même institution qui a uni Rosalinde et son tyran, consacre les chastes amours de deux jeunes époux et les protége contre les attentats des puissans de la terre, obligés de respecter le foyer domestique du dernier de leurs vassaux.

Percy B. Shelley est très versé dans les littératures de l'Allemagne et de l'Espagne ; c'est aussi un profond helléniste : il n'appartenait peut-être qu'à lui ou à lord Byron dans notre siècle, d'oser réparer la perte du *Prométhée délivré* d'Eschyle. Le *Prométhée* de Shelley, composé à Rome, a un caractère antique, mais ce n'en est pas moins une allégorie toute moderne ; son *Prométhée* ressemble plus encore au *Satan* de Milton qu'au *Prométhée* grec. C'est assez dire quel est le Jupiter que brave Prométhée.

C'est à Rome aussi que Shelley a composé sa tragédie de *Cinci*. Pour égaler dans cette pièce toutes les horreurs d'*OEdipe* et de la *famille d'Atrée,* Shelley n'a eu besoin que de suivre littéralement la tradition.

Francesco Cinci, riche Romain du seizième siècle, passait sa vie dans la débauche et toutes sortes de forfaits : chaque fois que la justice éveillée par le cri d'une victime menaçait de le frapper, il achetait de Clément VIII l'impunité au prix de cent mille écus. Bourreau de sa propre famille, il conçut froidement le projet de déshonorer sa fille Béatrix par un inceste. — Béatrix et sa belle-mère complottent de faire assassiner leur tyran commun ; deux sicaires qu'elles ont gagné, reculent au moment de frapper; Béatrix, dans son désespoir, consomme elle-même l'épouvantable sacrifice. La justice papale, moins indulgente pour la fille que pour le père, la condamne à la peine des parricides. Béatrix avait autant de douceur dans le caractère que de beauté. Ce contraste en fait une héroïne éminemment tragique.

Le lecteur frémit et hésite à la pensée de

justifier ou de condamner une telle action
commise pour de tels motifs; mais aucune
poésie ne saurait diminuer l'espèce de dégoût
qu'inspire l'expression de la scélératesse de
Cenci. Cependant une irrésistible curiosité
nous intéresse au développement de ces caractères italiens du seizième siècle, dessinés habi-
lement par Shelley avec cette superstition religieuse qui se mêlait à tous leurs sentimens.
Cenci, le père, avait dédié dans son palais
une chapelle à saint Thomas, et faisait dire
des messes pour le salut de son âme; de même
sa femme et sa fille sont très occupées du
moyen de le faire confesser avant de l'immoler! — Je supprime tout détail : on dit que
la représentation des *Euménides* d'Euripide
causa l'avortement des Athéniennes enceintes
qui assistaient au spectacle!

De tous les poëmes de Shelley, un seul a été
dénoncé aux tribunaux; c'est celui dont Byron se défend d'avoir fourni les notes, mais
dont il loue les brillantes couleurs. *La Reine
Mab* se vend sous le manteau, et ce n'est pas
sans peine que j'ai pu m'en procurer un exemplaire. Je n'ai jamais redouté les sophismes

de l'athéisme qui emprunte les formes de la poésie : pour moi cette poésie est déjà une réfutation de ses principes les plus spécieux.... il faut à la Muse un culte et une foi. Shelley appelle son dieu inconnu *l'amour universel* : c'est encore le mien, puisqu'il lui prête les attributs sans lesquels je ne saurais me figurer celui que j'adore. Les notes de *la Reine Mab* sont plus hostiles pour le christianisme que le poëme : ce ne sont après tout que des citations empruntées au philosophisme du siècle de Louis xv. On dirait un petit recueil de notes, fait par un étudiant en droit ou en médecine de première année, qui, au sortir du collége, a cherché dans Voltaire et autres écrivains irréligieux, cinq à six lieux communs contre la foi pour faire l'esprit fort en société, jusqu'à ce qu'une femme d'esprit, s'intéressant à sa jeunesse, lui dise tout bas qu'il n'est qu'un perroquet-philosophe, ou jusqu'à ce que, venant à lire, de lui-même, la profession de foi du vicaire savoyard, il soit ramené au sentiment religieux.

Voici le cadre de *la Reine Mab*. Une jeune fille (Ianthé) dort paisiblement pendant que son amant Henry admire sa beauté à la faveur de son sommeil. La reine des fées, qui représente l'Imagination, descend sur son char aérien, et fait à Ianthé la révélation du *passé*, du *présent* et de *l'avenir*.

L'âme de la mortelle favorisée par Titania monte avec elle dans son char, qui leur fait traverser l'immensité des mondes jusqu'au palais de « la Reine des Enchantemens. » La fée conduit Ianthé sur un rempart d'où elles contemplent les sphères de l'univers, parmi lesquelles notre terre semble un point à peine visible.

La fée décrit les ruines des anciens âges, la naissance et la chute des empires ; puis elle passe en revue ce qui existe et les systèmes de l'orgueil humain, attaquant les croyances, faisant de tous les cultes de vaines parades, de tous les dieux des fantômes qui s'évanouissent par le contact de sa baguette, comme les illusions du palais d'Armide disparurent à la clarté que jetait le divin bouclier de Renaud. Par une singulière fiction, le poète évoque le juif errant pour venir encore maudire la tyrannie du dieu auquel il refusa jadis sa pitié. C'est ici un fantôme qui en combat un autre. Cette contradiction n'est pas la seule qui laisse le lecteur dans une obscure indécision sur le sens précis des intentions du poète. — Quand tous les rêves des croyances sont censés expliqués, la fée révèle par quel *avenir* sera rempli le vide immense qui, sans une croyance quelconque, effraierait la pensée humaine. Il n'y aura plus de dieu créateur, mais l'amour universel doit présider à la *création*. Toutes les voluptés de l'âge d'or, de l'olympe, du paradis terrestre, du ciel chrétien, etc., seront le prix de la vertu.... Cette vertu, en quoi consiste-t-elle? Je crois que le poète appelle vertu la vie de l'homme en état de nature... c'est-à-dire nouvelle obscurité... Ce n'est encore qu'un rêve qu'Ianthé nous racontera peut-être à son réveil!....

De grandes et sublimes images, d'énergiques sentimens, toute l'exaltation du mysticisme, quelques déclamations, voilà la poésie de *la Reine Mab*, dont le style a de l'éclat et de l'harmonie, mais est plus près de l'emphase que de la précision. — Je ne dirai pas ce que disait le géomètre des vers de Racine : « Qu'est-

ce que cela prouve ? » —*La Reine Mab* prouve
que Shelley fut de bonne heure un poète, et
mérita les éloges de Byron. Heureusement,
elle ne prouve rien contre aucune religion.
Je dis heureusement, car je suis un peu de
l'avis de ce bon bramine, qui fut si malheureux de découvrir que Brama lui commandait
une *religion impossible*. Un Anglais, pour lui
prouver que les brames mangeaient des créa-
tures animées comme les Européens, avait fait
venir d'Europe un instrument d'optique, par
le moyen duquel l'Indien vit en effet une
multitude d'animalcules s'agiter et vivre dans
le végétal dont il se nourrissait. « Vous avez
raison ! » dit-il à l'Anglais ; mais au bout de
quelques jours, celui-ci le vit venir à lui, pâle
et soucieux, et lui demandant, comme une
grâce, son précieux microscope. L'Anglais lui
en fit présent : alors l'Indien le prit et le brisa
contre une pierre. « Depuis que ce cristal
maudit m'a privé du calme de ma croyance,
dit-il, il n'est plus de bonheur pour moi. —
J'ai voulu éviter, en le brisant, qu'il apprît
une vérité si cruelle à mes compatriotes... »

Hélas ! combien d'illusions moins sérieuses,

dont la perte est pour nous, dans le cours de la vie, une source d'amers regrets!

. . . .

Si dans un ouvrage intitulé *Voyage*, il n'était pas temps d'interrompre enfin le sujet de la poésie pour *voyager* un peu, je placerais ici l'analyse des ouvrages de quelques autres poètes contemporains, et je n'oublierais pas les dames auteurs, qui ne sont pas toutes des *bas-bleus* comme lady Morgan. J'espère trouver l'occasion de dire quelque chose de miss Helen Williams, de miss Barbauld, de miss Opie, de la jeune miss E. Landon, la Delphine Gay de Londres, etc. Je n'abandonnerais pas même si tôt le sujet de la poésie, si je pouvais donner une idée des vers de ces aimables poètes par quelques imitations, comme la pièce suivante, que je tiens de la complaisante amitié de M. A. Soulié.

IMITATION DE CHARLOTTE SMITH.

(Sonnet IV.)

Queen of the silver bow — By thy pale beam, etc.

Flambeau des nuits, astre plein de mystères,
Dont la lumière est si douce au malheur,

Que j'aime à voir de ces bois solitaires
Tes feux tremblans percer la profondeur!

Quand tes rayons, à travers un nuage,
Astre charmant, descendent sur les mers,
Mon œil te suit, et de mes jours d'orage
Les longs ennuis me semblent moins amers.

Peut-être un jour, exempt d'inquiétudes,
L'homme, affranchi des liens du trépas,
Ira peupler tes belles solitudes,
Et ses malheurs ne l'y poursuivront pas.

Ah! s'il est vrai qu'en ce monde paisible
Les cœurs amis ne soient plus séparés,
Fuyons, mon âme! adieu, terre insensible!
Je vais revoir ceux que j'ai tant pleurés.¹

¹ J'ai entendu M. de La Martine lire et relire ces vers, composés avant que les *Méditations* fussent connues. On m'eût dit qu'ils étaient de lui que je l'aurais cru sans peine. M. Soulié a traduit avec le même bonheur l'élégie du *Cimetière*, de Th. Gray.

LETTRE LXXIII.

A M. Aug. D'HAUTERIVE.

— *I hate the man who can travel from Dan to Bersheba and say : all is dry.* . . . . , . , ...
Sterne.

Je hais l'homme qui peut voyager depuis Dan jusqu'à Bersheba pour nous dire qu'il n'a vu qu'un désert.

Voici une citation que je traduis librement d'un *Magazin Écossais* souvent plein d'esprit, et que j'aurais pu prendre aussi pour épigraphe de cette lettre.

« — (1er août.) Londres vient de terminer son *année intellectuelle ;* car après le premier juillet personne n'écrit, ne lit, ni ne pense. Les libraires se promènent dans leurs boutiques poudreuses et désertes : la gent des auteurs, lasse et épuisée, se rencogne dans ses asiles secrets jusqu'à ce que l'hiver la rappelle à l'embonpoint et à l'activité. Les comédiens jouent *la Loi de Java*, de Colman Junior, et autres signes de la décadence dramatique ; les législateurs se rendent en toute hâte en province, pour y amadouer les épouses des électeurs et chasser les perdreaux. Bond-Street, rendez-vous des *Corinthiens*, » (ou fats du premier ordre, comme l'ordre corinthien est tout ce qu'il y a de plus parfait en architecture), « — Bond-Street laisse sortir l'herbe entre ses pavés. Étonnés de ce symptôme, tout en faveur de l'agriculture, les avocats se querellent entre eux dans des cours vides ; et quand six degrés de chaleur au thermomètre peuvent produire tant de changement, faut-il s'étonner que les premiers mots d'une conversation anglaise soient consacrés à parler du temps qui règne ? Montesquieu avait raison après tout : — l'homme est ce que le fait le climat. »

Conclusion : il est temps de partir de Londres ; et, chose que ma citation ne dit point, il est si peu *fashionable* d'y rester que les gens *comme il faut*, qui n'ont ni maison de campagne, ni chaise de poste pour aller faire un tour aux lacs, se cachent chez eux et font dire qu'ils n'y sont pas.

Cependant il me semble que j'aurais quitté Londres avec un vif regret, sans l'espoir d'y revenir à mon retour d'Écosse. Les capitales ont cet avantage pour l'étranger qu'il s'y perd plus aisément dans la foule, et qu'en mille endroits son argent le met sur un pied d'égalité avec un tiers des habitans *étrangers* [1] comme lui. On trouve sans doute à Londres moins de ces lieux publics, où moyennant une rétribution légère, et même gratuitement, le dernier venu a autant de droits que le premier occupant; trois mois de séjour à Londres ne vous suffisent pas néanmoins pour tout voir et aller partout. J'aurais regretté beaucoup de ne pas y trouver ces cabinets de lecture où il est si agréable de se mettre en un quart d'heure au courant des destinées de l'Europe; mais j'ai été heureusement admis dans un club où l'on peut lire, du matin au soir, livres et journaux, en ne s'interrompant (à la mode anglaise) que

---

[1] On s'aperçoit ici qu'il manque au français le mot *foreigner* (*forain*), par opposition à celui de *stranger* (*étranger*). Un Anglais des provinces est un *stranger* à Londres; un Français y est un *foreigner*.

pour se faire servir quelques *rafraîchissemens*. Heureusement pour nos propriétaires de vignobles, au nombre des liquides compris dans ce terme, sont les vins pétillans de Champagne, et le nectar léger de Bordeaux.

J'ai fréquenté aussi les bibliothéques et les salles de lecture des *institutions* [1], où il faut se contenter des journaux et des livres. Je n'ai pas manqué non plus de visiter assidûment les libraires. J'ai si bien fait ma cour à quelques uns, pour le plus grand avantage de ma bibliothéque, qu'au nombre des lettres d'*introduction* que je porte à Édimbourg, il en est heureusement deux ou trois pour leurs confrères d'Écosse. . . . .
. . . .
. . . .

Nous voici à York, encore tout humides d'une grosse pluie, que je n'avais pas citée au nombre des *agrémens* qu'offre l'*impériale* des *stages ;* mais est-ce le moment de s'en plaindre quand on a les pieds étendus devant

[1] Je réserve pour mon retour à Londres quelques détails sur ces établissemens qui tiennent à la littérature et à l'instruction générale.

une grille chargée d'une houille brûlante? Mon compagnon cependant à l'air de bouder le climat, et vante les coussins des *insides* [1] ; voilà déjà un germe de contradiction entre nous. La connaissance est faite, les condescendances vont diminuer, chacun osera avoir son avis et son goût; les discussions vont s'ouvrir, et les caractères se dessiner eux-mêmes franchement dans chaque circonstance. Charles F....e réunit aux manières de l'homme comme il faut une certaine gravité tout anglaise. Nullement étranger à la poésie, semant même sa conversation de citations heureuses, empruntées au plus passionné des poètes, lord Byron, il déclare quelquefois volontiers la guerre à tout ce qui sort des limites du positif. Après avoir prouvé qu'il sait faire usage d'une aimable gaîté, ou s'exalter avec des sentimens sublimes, il choisira volontiers le rôle de critique sévère et de logicien anti-poétique. Je prévois du moins que tel sera son rôle auprès de moi : mais loin de me tenir sur la réserve, je ne m'abandonnerai

[1] Intérieur de la voiture, par opposition au *top* ou *outside*.

que plus librement à mes impressions du moment, certain d'avoir à mon côté le correctif de mon enthousiasme qui me ramènera bientôt dans le juste milieu du vrai. De là, quelques momens d'impatience, quelques désappointemens pénibles après de belles suppositions ; mais le charme renaît sans cesse, les beaux châteaux se relèvent de leurs ruines, le paysage revêt bientôt de plus brillantes couleurs, et parfois même l'imagination persuade et convertit la *philosophie*. [1]

Deux fois plus étendu que le plus grand des autres comtés d'Angleterre, celui d'York, borné

---

[1] Je pourrais m'appliquer ici un passage où l'Addison américain décrit son enthousiasme de voyageur en parcourant l'Angleterre :

« — Tout pour moi était plein de vie ; partout les pas de l'histoire avaient laissé des traces, et la poésie avait consacré chaque site. J'éprouvais cette délicieuse fraîcheur de sensation qu'éprouve l'enfant pour qui tout est nouveau ; je me figurais une famille d'habitans, et un genre de vie pour toutes les demeures que je voyais, depuis le manoir aristocratique au milieu du repos solennel de ses vastes allées et de ses parcs solitaires, jusqu'au chaume du *cottage*, avec son petit jardin et sa haie d'aubépine. Il me semblait que je ne pourrais à l'est par la mer d'Allemagne, au nord par les bouches de la Tee, au midi par le Humber, et au couchant par de hautes montagnes entrecoupées de vallons, n'est pas moins remarquable par la variété de ses produits que par celle de ses sites. Chacune de ses villes principales offre un genre particulier d'industrie. A Sheffield, au milieu des vapeurs qui s'échappent de nombreuses forges, l'acier acquiert sa trempe la plus fine, et obéissant à la main de l'ouvrier, subit les formes élégantes de mille instrumens utiles. Quelle différence entre ces riches couteaux de Sheffield et la lame grossière que Gurth le Saxon portait à sa ceinture, et qui déjà était connue sous le nom de *Sheffield Whittle!* Entre Sheffield et Doncaster, les chênes du parc de Wentworth ont fait peut-être partie de cette forêt où sir W. Soort

me rassasier de la douce fraîcheur d'une contrée si complétement tapissée de verdure, où chaque souffle d'air m'apportait le parfum des prairies et du chèvrefeuille : je retrouvais sans cesse quelque nouvel élément de poésie dans l'églantier, la marguerite, la primevère, et dans tous les objets les plus simples dont la Muse a relevé le prix. » (*Bracebridge-Hall.*)

place l'Eumée de Cédric et son troupeau indocile. La ville de Leeds n'existait pas encore, et aujourd'hui elle a obtenu une importance réelle par ses manufactures de draps, dont la laine vient en grande partie des bestiaux nourris dans les pâturages des environs d'York, où paissent aussi les plus beaux coursiers de l'Angleterre.

Hull [1] est une ville toute maritime, et ses habitans furent les premiers à envoyer des navires à la pêche de la baleine (en 1598); leur commerce les met en relation, non seulement avec le Groënland et la Baltique, mais encore avec les États-Unis et le sud de l'Europe; tandis que les canaux de l'intérieur font de leur port un entrepôt pour les étoffes de Leeds et Manchester, et pour les aciers de Sheffield et de Bermingham, concurrence qui, par intervalles, semblerait menacer Liverpool. Hull vit verser sous ses murs le premier sang des discordes civiles de 1642 ; mais c'est York surtout qui nous ramène sur le domaine de l'histoire ; et comme je médite une plus lon-

[1] Ou *Kingston upon Hull,* ainsi nommée en l'honneur du roi Édouard 1er, sous le règne duquel son port fut fondé.

gue excursion dans le reste du comté quand nous reviendrons sur nos pas, je ne sortirai plus de cette belle capitale où nous sommes que pour prendre la route d'Écosse; je néglige même aujourd'hui les antiques ruines de Fountains-Abbey et de Kirkstall, ainsi que l'architecture plus moderne du vaste mais lourd château antique d'Howard.

Nous sommes à York au point d'union des trois grands districts par lesquels est divisé le York-Shire, le *Riding* de l'ouest, le *Riding* de l'est, et le *Riding* du nord. Ce mot *riding* ne signifierait-il pas l'étendue de terrain qu'un homme à cheval peut traverser en un jour (du verbe *to ride*)? Les antiquaires vous ferment la bouche en vous disant que *riding* est un vieux mot saxon qui signifiait *tiers*. La science est aujourd'hui très tranchante, et nous ne sommes plus au temps où l'insouciant Wamba exerçait la subtilité de son camarade sur les bizarreries des idiomes saxons et normands, sans se soucier du dédain des antiquaires.[1]

[1] Voyez le premier chapitre d'*Ivanhoé*, où le romancier entre en scène à la manière de Shakspeare.

LETTRE LXXIV.

A M. F. GIBERT,
A ARLES.

What wondrous monument! what pile is this!
                              CHATTERTON.
Quel merveilleux monument! quel édifice est celui-ci!

Comme toute cité déchue qui voit autour d'elle des villes plus modernes, fondées par l'industrie et le commerce, s'étendre, s'embellir, se peupler de ses propres citoyens et succéder à son importance dans l'état, York cherche dans les vestiges de sa grandeur passée ou dans les annales de l'histoire, les titres d'une stérile illustration. Né moi-même au sein d'une ville qui met aussi tout son orgueil dans son origine et dans la noble poussière de ses ruines, ce n'est pas sans intérêt que j'écoute les habitans d'York nous dire : « Vous êtes dans l'antique Eboracum fondée par les Romains.

Comparez le plan de notre cité avec celui de Rome, et vous serez frappés de la ressemblance. Voyez à un mille et demi de distance ces trois monticules ; ils ont conservé le nom de l'empereur Sévère : ce prince avait fait de York sa résidence principale ; il y reçut les hommages et les tributs de tous les rois courtisans de l'aigle de César ; il mourut à York même, et ces trois collines [1] furent son tombeau. Un siècle plus tard, York fut encore témoin de la mort et de l'apothéose d'un autre empereur, Constance Chlore. Son fils, le grand Constantin, était né dans nos murs, d'une mère anglaise[2], et il y revêtit la pourpre. Nous avons près de l'abbaye de Sainte-Marie les fondations d'un temple de Bellone et les restes d'une tour, dite la Tour romaine. Vous êtes entré en venant de Londres par une porte appelée Micklegate-Bar [3] ; c'est une porte romaine encore, etc. »

[1] Probablement ces trois collines sont naturelles, n'en déplaise aux bons bourgeois d'York.

[2] Hélène.

[3] Cette porte a été décorée au moyen âge des têtes de plusieurs victimes politiques ; Shakspeare (Henry VI) y

Je souris, en me rappelant avoir fait ainsi les honneurs des rues désertes de l'antique métropole des Gaules, à un étranger que je cherchais à intéresser en lui disant : « Voilà un théâtre romain, une colonne romaine; nos aïeux étaient une colonie romaine : cet obélisque, dont le soleil de Louis xiv, le bonnet rouge et l'aigle de Buonaparte ont tour à tour usurpé le faîte, eut pour premier emblème l'aigle de Marius. Voilà le château de la Trouille qu'habita Constantin, etc. » Et l'habitant d'York et l'habitant d'Arles, oubliant le présent dans le passé, se laissent peut-être un moment aller à croire que ce sont encore quelques gouttes de sang romain qui précipitent les battemens de leur cœur. Vanité des vanités! etc.

York est, après tout, peu riche en monumens romains; mais York a été la capitale du royaume de Northumberland : Guillaume de Normandie en fit le siége et la prit par la famine en 1070. Il s'y tint en 1160 un des premiers parlemens de la Grande-Bretagne;

fait placer la tête de Richard, duc d'York, tué à la bataille de Wakefield (1460).

toutes les hautes cours du royaume y siégèrent pendant sept ans sous Édouard 1er. Dans ce siècle, York était un des cinq ports du royaume; mais sans doute que la rivière d'Ouse se creusait alors un lit plus profond, ou plutôt les galères de Rome et les navires saxons ou normands n'eussent été que des *allèges* auprès des citadelles flottantes, construites de nos jours sur les chantiers de Chatam ou de Portsmouth. Le nom d'York a figuré surtout dans les guerres civiles de la rose rouge et de la rose blanche; et à cinq milles de ses murs, dans la plaine de Marston-Moor se donna, sous Charles 1er, la première des batailles qui conduisirent ce roi à l'échafaud. C'est le sujet d'un des chants de *Rokeby*.

York est une ville assez mal bâtie, contenant tout au plus quinze mille habitans : ses édifices modernes n'ont rien de remarquable, ni l'hôtel-de-ville, ni le théâtre, ni les ponts sur le Foss et l'Ouse. Son vieux château (fondé par Guillaume-le-Conquérant) est devenu la prison du comté. Le poète Montgommery, convaincu d'un délit contre les lois de la presse, y a été deux fois enfermé : c'est là qu'il a

composé ses *Plaisirs de la Prison*. Ce sont deux épîtres charmantes qui rappellent *la Chartreuse* de Gresset. Le poète y décrit, avec une espèce de gaîté, ses distractions de chaque jour; mais la perte de sa liberté lui est rappelée à chaque pas. — « Ainsi le rouge-
« gorge au sein haletant, a été ravi à son nid
« par des écoliers barbares qui lui attachent un
« ruban à la patte pour le faire voltiger au-
« tour d'un piquet. Voyez! le captif joyeux
« étend les ailes, prend l'essor, s'élève et
« chante, lorsque soudain la chaîne cruelle
« le ramène à la terre, etc. » (*Épît. prem.*)

Les assises d'York sont célèbres, et la salle de justice (*Guid Hall*) est un palais gothique dont l'architecture n'est pas sans mérite. Les courses de chevaux d'York attirent annuellement une affluence considérable; une fête non moins chère aux habitans du Yorkshire a lieu aussi chaque automne dans la cathédrale : c'est un grand concert qui réunit plus de cinq cents musiciens. Qu'on dise après cela que les Anglais n'ont pas de musique! Je suppose toutefois que ces *maestri* et exécutans ne sont pas tous des docteurs en musique d'Oxford ou de Cambridge. Dans toutes ces solennités, on devine quel beau rôle doit jouer le *gouvernement de la ville*. On appelle ainsi le maire, qui, comme celui de Londres, a le titre de lord, le *recorder* (grand juge de paix), les douze aldermen, deux sheriffs, soixante-douze *common councilmen* (conseillers municipaux) et vingt-quatre sheriffs honoraires, formant le conseil privé du *lord-mayor*. Ce magistrat porte un riche manteau écarlate et une chaîne d'or massif; tous ces insignes de l'autorité sont en général très respectés du peuple, et celui qui en est revêtu a raison d'y tenir comme à une partie de sa dignité [1]. La place de lord-maire d'York vaut huit cent quarante livres sterl. (vingt-un mille francs); mais on a vu plusieurs aldermen accepter la place et renoncer volontairement aux revenus. Quand de telles magistratures

---

[1] Je ne citerai pas le mot de Figaro sur la robe des procureurs; mais, sans descendre beaucoup plus bas, j'ai quelquefois entendu dire à un tambour-major de la garde impériale que, quand il avait son frac galonné, son plumet et sa canne, il se sentait le courage de dix Césars.

sont le patrimoine à peu près exclusif des familles patriciennes, comme nos fonctions de maire en France, elles devraient être toutes gratuites : ce serait une garantie d'indépendance. Mais chez nous, il serait temps surtout d'affranchir, de quelque manière, nos maires et nos communes de la tyrannie administrative de nos préfets. Je n'ai pas entendu dire ici que le maire d'York, ou ses juges de paix, fussent obligés de faire la cour au lord lieutenant. Élus du peuple, nos maires consulteraient davantage les intérêts du peuple; c'est peut-être un contre-sens d'avoir donné la Charte aux Français avant de leur donner des mœurs constitutionnelles et une administration communale en harmonie avec le gouvernement représentatif.

Je ne parlerai point de l'abbaye de Sainte-Marie, c'est-à-dire de ses ruines magnifiques, quoique je pusse les comparer à celles de Mont-Major, monastère que Louis XIV, jaloux, selon le peuple d'Arles, ne laissa point finir, parce qu'il eût été plus beau que le Louvre. Le grand monument d'York, c'est sa cathédrale, une des merveilles de la Grande-Bretagne et de l'architecture gothique. Les habitans d'York veulent substituer à ces mots ceux d'architecture anglaise, en prétendant que l'arche pointue fut inventée en Angleterre. Les *Voyages pittoresques* de Ch. Nodier et Taylor ont tranché cette question, dont j'ai déjà dit quelque chose. Le premièr âge de l'architecture chrétienne en Angleterre a duré depuis la conversion des Saxons jusqu'à la conquête des Normands, en 1066. L'architecture de cette époque était *saxone;* l'arche demi-circulaire en est le trait caractéristique. De 1066 à 1200, sous Richard Ier, l'architecture fut normande; le type appartenait à la France. De 1200 à 1300, les archéologues anglais veulent que l'architecture de leur pays ait pris un caractère à elle : ils appellent les monumens de ce siècle des monumens de l'*architecture anglaise commençante*. De 1300 à 1460, cette architecture se perfectionne et admet des ornemens; c'est le *style anglais orné*. Enfin, depuis Édouard III jusqu'à Henry VIII, de 1460 à 1537, les églises appartiennent au style dit *anglais fleuri*. La cathédrale d'York n'a été finie qu'en un demi-siècle, commencée sous Henry III (1227), et achevée sous Édouard Ier (1291).

La masse imposante et gracieuse à la fois de l'édifice, contemplée à quelque distance, a pu être comparée poétiquement à un vaisseau en pleine mer. L'espace que couvre ce temple, sans cloîtres et sans cours, est de deux acres. Le temple de Diane à Éphèse ne couvrait qu'un acre de terrain. Auprès des basiliques du vrai Dieu, les temples païens n'étaient que des chapelles. Les architectes d'Athènes, à la vue du dôme de Saint-Pierre de Rome, auraient inventé quelque allégorie mythologique pour expliquer la possibilité de suspendre un temple entier dans les airs! La cathédrale d'York, dans son immense ensemble, a toute l'élégance et la chaste symétrie de ces monumens grecs, vantés surtout pour les proportions de leurs détails. Combien est splendide et majestueuse cette façade avec ses deux tours latérales, dont les ornemens sont si délicats, qu'on les dirait percées à jour ou transparentes[1]! Entrons. Cette enceinte, de

[1] Ces tours, si élancées, nuisent un peu à l'effet de la tour centrale, qui paraît lourde dans un tel voisinage.

cinq cent vingt-quatre pieds de large, surpasse encore notre attente. On ne se lasse pas d'admirer les piliers qui forment par l'épanouissement de leurs chapiteaux les huit arches égales de la nef; les couleurs et les figures des vitraux sont parfaites. Les cinq fenêtres en lancette de l'aile du nord sont appelées les cinq sœurs depuis qu'une tradition en fait honneur à cinq jeunes vierges, qui en dotèrent l'église par une collecte pieuse. La lumière qui s'introduit à travers ces brillantes peintures a quelque chose de fantastique. Mais déjà les nombreuses ciselures du jubé nous rapprochent du chœur. Quinze statues de rois anglais, depuis Guillaume 1er jusqu'à Henry VI, décorent les niches : ces statues, assez grossières et usées par le temps, ne sont pas d'un travail heureux; quant à l'intérieur du chœur, il ne peut être décrit. Le travail de la sculpture est ici prodigieux : les fenêtres n'excitent pas moins de surprise; et quand après vous avoir montré la plus vaste, ornée de figures de la Vierge, angéliques comme celles de Raphaël, le sacristain vous dit : voilà la merveille du monde, vous vous surprenez à être de son avis. J'ai déjà visité trois fois ce chœur si somptueux et si élégant; la dernière fois il était quatre heures; c'est le moment où, chaque jour, commence le service du soir. Un petit nombre de fidèles y assistait : l'orgue et les voix des choristes ont exécuté une antienne. J'ai cru entendre un concert céleste : je n'exagère rien : je ne sais ce qui m'a le plus touché de la musique grave de l'orgue ou de quelques voix d'enfans d'une douceur et d'une pureté ineffables. J'ai versé des larmes d'attendrissement; et pensant à ma mère, comme il m'arrive toujours quand je pleure, n'importe quel sentiment m'émeut, j'ai adressé au ciel pour elle une prière, qui sera écoutée, j'en suis certain. [1]

Les monumens funèbres sont nombreux dans cet édifice.

Nous avons visité la sacristie où sa Grâce

[1] Mon philosophe a pleuré, je crois, comme moi, et ne me contredira pas sur mon enthousiasme pour la cathédrale d'York et pour cette musique religieuse. La perfection de l'orgue est citée : on m'a dit le nom de celui qui en touchait. Ce magicien s'appelle le docteur Camidge.

l'archevêque vient se revêtir de ses habits pontificaux, et qui contient les registres de l'église. Le sacristain nous a montré, comme curiosités, trois calices trouvés dans les tombeaux de trois archevêques catholiques; des bagues pastorales, une superbe crosse d'argent surmontée d'une figure de la Vierge avec l'Enfant-Jésus, et une coupe antique (*poculum charitatis*), don d'un pontife à une corporation d'York et portant cette inscription : «Quarante jours d'indulgence sont accordés à ceux qui boivent dans cette coupe, par moi, Richard, archevêque.» Le sacristain vous montre, dis-je, tous ces objets comme des trophées arrachés à la superstition papale. A l'air dont il parle des *romanistes* idolâtres, froid et impartial comme un geôlier avec son trousseau de clefs, on est tenté de lui demander compte des cendres de ces prélats qui ont fondé le merveilleux temple qu'on vient de parcourir. Quelle grande différence y a-t-il donc entre le culte de ces *idolâtres* et celui des héritiers de leurs trésors et de leurs honneurs? Un siége est aussi conservé dans le vestiaire, siége d'une forme curieuse, aussi vieux que les temps de l'heptarchie, et qui a servi de trône à des rois saxons, le jour de leur sacre. Ce siége, monument d'orgueil mondain, est quelquefois replacé dans le chœur près de l'autel : — c'est quand monseigneur l'archevêque d'York, quittant pour quelques mois peut-être la cour du roi à Londres, et les débats du parlement, vient honorer de sa gracieuse présence son diocèse et sa cathédrale. Monseigneur d'York a lui-même un palais, des courtisans ecclésiastiques, et plus d'un million de revenu par la dîme et autres rétributions. Qu'avaient de plus ses prédécesseurs *idolâtres?*

L'église anglicane a perdu, il est vrai, ces donations qui enrichissaient jadis les chapitres et les couvens; ce qui me les rappelle, c'est une corne d'ivoire qu'on voit avec les autres reliques d'York, et dont il est question dans l'épître de l'auteur d'*Ivanhoe* au docteur Dryadust, la corne du roi *Ulphus*.

« Ulphus, roi de Deira, voyant que sa
« succession serait un sujet de discorde entre
« ses enfans, résolut de les mettre tous d'ac-
« cord, dit Campden. Il se rendit à York

« avec la corne dans laquelle il buvait ; il la
« remplit de vin, et, fléchissant le genou de-
« vant l'autel, il donna à Dieu et au bien-
« heureux saint Pierre, ses domaines et pos-
« sessions, etc., laissant sa coupe en témoi-
« gnage de ce don. »

Il ne faut pas oublier de voir le chapitre de la cathédrale d'York, bâtiment contigu à l'aile du nord. C'est un octogone d'une sculpture fort belle et orné de quarante-quatre stalles. Les chapiteaux des colonnes sont de formes variées et bizarres, mais d'un grand effet ; les vitraux sont dignes de ceux de la basilique. Une *Vierge-Marie* mutilée atteste le fanatisme de la révolution presbytérienne [1], et montre quel risque la cathédrale elle-même dut courir. Ce vers d'un moine, tracé

[1] Une *Vierge-Marie* de Newstead-abbey, plus heureuse que celle d'York, a inspiré à lord Byron une des stances les plus poétiques de *Don Juan*.

« — Dans une niche plus élevée, seule, mais couronnée, la Vierge mère de l'Enfant-Dieu, tenant son fils entre ses bras célestes, épargnée par quelque hasard, quand tout autour d'elle avait été détruit ou mutilé, rendait par sa présence toute sa sainteté à ce lieu saint. C'est peut-être superstition, faiblesse ou folie, mais les sur un mur, ne fait pas un éloge exagéré de ce *chapitre* :

Ut rosa phlos phlorum, sic est domus ista domorum. [1]

— Je ferai usage, dans un autre ouvrage, de mes notes sur la maison d'aliénés (appelée *the Retreat*) tenue par des quakers.

moindres reliques, n'importe de quel culte, éveillent en nous quelques pensées religieuses.

(*Don Juan*, ch. XIII, st. 68.)

[1] « Comme la rose est la fleur des fleurs, cet édifice est l'édifice des édifices. »

LETTRE LXXV.

A M. A. BRIAVOINE.

Hark! hollow blasts through empty courts resound,
And shadowy forms with staring eyes stalk round,
See! moats and bridges, walls and castles rise!
                               CRABBE, *la Bibliothèque.*

Silence! le son des cors retentit dans les cours vides; des formes fantastiques vont et viennent en jetant sur nous des yeux effarés. Voyez ces fossés et ces ponts-levis, des remparts et des châteaux s'élèvent!

ENCORE quelques milles à parcourir et nous sommes dans le pays de Walter Scott.

A peine est-on entré dans le comté de Durham, qu'on devinerait l'approche de l'Écosse, à quelque chose de plus âpre dans le climat comme dans les sites. Durham est un comté Palatin, une véritable principauté ecclésiastique. L'évêque est prince, non pas seulement par le titre, mais par son immense richesse, par ses priviléges et ses attributions étendues. Il est juge *perpétuel* dans ses domaines; s'il entre en personne, n'importe dans quelle cour de justice, il a le droit de la présider; dans l'administration civile il est lord lieutenant de la province, et nomme le grand Sheriff. Je ne sais si, en cas de guerre, on serait très surpris de le voir comme les pontifes des âges féodaux, endosser la cuirasse sur son surplis, remplacer la mitre par le heaume, la crosse par la lance, et pourfendre bravement les infidèles ou les maraudeurs. Cette supposition m'est bien permise, car n'ayant point visité les appartemens intérieurs de sa demeure, qu'on dit somptueuse et meublée à la moderne [1], je n'ai pu qu'en admirer les dehors, c'est-à-dire des

---

[1] Mon ami Charles Nodier a lancé involontairement une cruelle épigramme contre l'évêque palatin : « — Durham, dit-il, passe pour une des villes les plus pauvres de l'Angleterre. Nous y trouvons pour la première fois des mendians après cent cinquante lieues de voyage. » (*Promenade de Dieppe aux montagnes d'Écosse*, page 117.)

Que fait donc Monseigneur de ses revenus immenses? Les chanoines ont aussi de très riches prébendes.

restes de fortifications, des remparts, et tout ce qui annonce plutôt une citadelle qu'un pacifique palais; aussi l'appelle-t-on le *château;* et ce fut la main belliqueuse de Guillaume-le-Bâtard qui en posa jadis la première pierre [1]. En reportant mes regards vers les clochers de la cathédrale, je me suis rappelé que sa Grâce ne se montra, dit-on, ni chrétien charitable, ni prélat chevaleresque dans le procès de la royale compagne de George IV. Lors de la mort de cette princesse, faible, hélas! comme l'épouse du roi Arthur, et plus malheureuse, ces tours antiques ébranlées par le carillon joyeux des cloches, ont pu s'étonner que le clergé de Durham fît célébrer le trépas d'une reine d'Angleterre comme une victoire. Quelle flatterie pour le mari couronné! [2]

Rien de plus pittoresque que l'aspect de

[1] Quelques chroniqueurs font du château en ruine de Durham le lieu où Wallace eut une conférence secrète avec Bruce pour la délivrance de l'Écosse.

[2] Ce fait, dénoncé par une brochure hardie, a donné sujet à un procès scandaleux, dans lequel M. Brougham a plaidé contre l'évêque de Durham.

cette vaste cathédrale et du château situé sur l'éminence demi-circulaire dont les eaux de la Wear entourent la base. Aux remparts inférieurs ou fondations d'une couleur sombre, succèdent, plus près des bords de la rivière, des jardins suspendus d'un effet ravissant. Les coteaux variés qui avoisinent la ville,—cette ville elle-même, ses rues inégales, ses maisons grisâtres, et ses toits d'un rouge foncé ; le fer à cheval que forme la Wear, les deux arches elliptiques du pont singulier de Framwelgate, tout dans ce paysage est grandiose ou gracieux. L'influence de ces contrastes se retrouve dans le poëme d'*Harold l'indomptable*, qu'ils ont inspiré à sir Walter Scott, tableau des mœurs saxones, dont le christianisme n'avait pas encore adouci entièrement la rudesse.

La métropole de Durham, monument curieux de l'architecture dite anglo-normande, rappelle un des saints les plus extraordinaires de la légende, saint Cuthbert, dont le roi Henry VIII osa le premier violer la riche châsse et la tombe. L'église contient encore son corps mystérieux, resté incorruptible malgré le laps des siècles, et dont le pèlerinage fut une suite de miracles.

On sait que ce pieux abbé reposait en paix dans son île chérie de Lindisfarne, lorsque les moines, obligés de fuir la fureur des Danois, emportèrent avec eux son cercueil comme leur plus précieuse relique, et ne s'arrêtèrent par l'ordre du saint, qu'aux lieux où s'élève aujourd'hui Durham. Ce corps saint, qui mettait en déroute les ennemis de la ville où il trouva son dernier asile, avait une aversion prononcée pour les femmes. Elles ne pouvaient s'approcher de sa châsse qu'à une distance fixée par les religieux. Deux jeunes filles curieuses s'étant un jour déguisées en hommes pour la voir de plus près, furent découvertes et condamnées à faire amende honorable dans une procession, dans le costume indécent qu'elles avaient pris. La reine Philippe, femme d'Édouard III, était venue voir son royal époux logé dans le prieuré ; après le souper elle avait pris sa place dans la couche conjugale, ignorant le caprice peu galant de messire saint Cuthbert. Soudain, les moines alarmés accourent, frappent à la porte, et se font ouvrir par le monarque lui-même, qu'ils informent du déplaisir qu'il risque de causer à leur patron. Édouard eût été au désespoir de donner le moindre chagrin à l'Église ; il ordonne à la reine de se lever précipitamment ; et « la très dévote princesse, moult marrie d'avoir péché par ignorance, sort du lict en chemise et regagne le chastel où elle sommeilla seulette jusqu'au matin. »

Le successeur actuel de saint Cuthbert aurait-il hérité de son aversion pour le sexe, y compris les princesses ?

Nous laissons à notre droite, dans le comté de Durham, la ville de Sunderland, située sur une langue de terre et fameuse par son pont en fer, dont l'invention appartient à Th. Payne. Plus on regarde cette arche de deux cent trente-six pieds de circonférence, plus on s'étonne de sa hardiesse, surtout si on voit passer dessous un mât de cent pieds de haut. Sunderland est riche du commerce de ses charbons ; mais les mines de Newcastle ont une importance bien plus considérable encore. Ici, les *villes* et les *fermes* souterraines méritent la visite du curieux autant que celles

qui couvrent la surface du sol. A trois ou quatre cents pieds sous terre, vous parcourez des rues régulières comme celles des beaux quartiers de Londres ; . . . .
. . . .
. . . .
. . . .
. . . .[1].

Les mineurs ont tous une apparence de satisfaction ; ils jouissent généralement d'une santé régulière, parce qu'ils sont à l'abri des vicissitudes de l'atmosphère, et qu'on leur dispense tout l'air qu'il leur faut à *doses* suffi-

---

[1] Les seules mines de Newcastle emploient plus de soixante mille individus, et produisent annuellement trente à quarante millions de quintaux métriques de houille. On y trouve les moteurs les plus puissans et les moyens de transport les plus ingénieux. Je ne renonce pas à décrire un jour ces merveilles souterraines, ces canaux à écluses doublées en fer dans l'intérieur même des mines, ces pentes ménagées avec art, où le frottement des chariots est rendu presque nul par des rubans de fer fondu sur lesquels ils roulent de leur propre impulsion pendant plusieurs lieues, etc.

santes et fréquemment renouvelé. Mais vainement toutes ces merveilles souterraines, y compris la *lampe merveilleuse* de Davy, amusent quelque temps la curiosité; c'est avec une émotion de plaisir qu'on revoit sous un ciel même brumeux les sites du Northumberland, pittoresques par un mélange d'austérité et de fraîcheur agreste, les ruines de la muraille romaine, et la barrière naturelle de ces monts Cheviot qui, ne souffrant de végétation qu'à leurs pieds, bordent l'horizon par les ondulations sinueuses de leurs crêtes arides.

Newcastle, dans son état actuel, révèle, au premier abord, quels étaient les périls continuels de sa situation dans les temps du pillage réciproque des frontières du nord. Les fortifications étaient une nécessité pour une ville si voisine de ces clans hardis de maraudeurs écossais qui vinrent une nuit faire prisonnier dans son lit un de ses bourgeois endormis. Quand, moyennant rançon, le captif eut recouvré sa liberté, il fit comprendre à ses compatriotes qu'il n'y avait de sécurité pour eux que derrière des remparts, et Newcastle devint une des villes les mieux fortifiées des frontières. Aussi vit-on s'élever plus vite encore que ses manufactures, ces nombreux couvens devenus aujourd'hui des hôpitaux, des infirmeries ou des bâtimens destinés aux réunions de mainte assemblée scientifique et philanthropique. L'esprit des bourgeois de Newcastle n'est pas absorbé entièrement par les spéculations mercantiles ; on remarque dans leur cité un goût très vif pour les lettres, avec une grande aménité de mœurs et très peu de la pédanterie des demi-savans de province. Ce fut pourtant dans une de leurs vieilles fondations monastiques que résida jadis le fameux docteur Duns Scotus, surnommé le *docteur subtil* dans les écoles, un de ces *ergoteurs* à outrance, qui étaient toujours prêts à discuter *de omnibus rebus et quibusdam aliis*, sur *toutes choses et quelques autres* encore.

Parmi tous les monumens religieux de Newcastle, le clocher de l'église de Saint-Nicolas est une des plus singulières créations de l'architecture gothique. Aucune description n'en saurait donner une idée ; aussi

Ben Jonson s'était-il amusé à le peindre en énigme. Ce clocher est surmonté d'une espèce de tiare formée par l'entrecroisement à angles égaux de quatre sections de cercle, supportant une tourelle percée à jour que couronne un pinacle d'un caractère original.

Les manufactures de Newcastle mériteraient bien une mention détaillée ; et mon philosophe, qui interroge les commerçans pendant que j'interroge les docteurs et les lettrés, me fournirait des notes précieuses; mais j'ai hâte de vous conduire en Écosse. Nous traversons rapidement Morpeth, où nous avons eu peine à nous ouvrir un passage au milieu des troupeaux qui arrivaient à un marché qu'on y tient plusieurs fois le mois. Nous ne nous arrêtons guère davantage à Warworth, malgré le château magnifique des ducs de Northumberland, dont le donjon est un des modèles les plus complets de l'architecture militaire du moyen âge. Du haut de ses créneaux, nous ne jetons qu'un coup d'œil sur l'Océan germanique; un petit bâtiment qui entre dans la rivière *Coquette*, nous rappelle la vieille abbesse de Saint-Hilda et ses cinq jolies nones, à qui la rencontre du fier Marmion à Édimbourg faillit être si fatale. La ballade charmante de Percy nous fait entrer un moment dans *l'Ermitage* où le malheureux Bertram [1] versa des larmes si amères sur sa jalousie aveugle, après avoir répandu le sang d'un frère qui s'était dévoué pour délivrer sa maîtresse captive. De cet asile dont le silence et la solitude inspirent une mélancolie rêveuse, nous prenons la route d'Alnwick, et nous admirons cette forteresse bizarre qui semble menacer encore d'une grêle de pierres et de javelots les ennemis du nom de Percy. En effet, une garnison immobile à son poste, garnit continuellement les créneaux la nuit comme le jour. Ces soldats fidèles, dont quelques uns sont cependant mutilés, se préparent, ceux-ci à faire rouler sur vous un fragment de rocher, ceux-là à vous lancer une flèche; d'autres lèvent le bras pour frapper de leur hache d'armes l'audacieux qui monterait à l'assaut.

---

[1] Dans la ballade, Bertram croit tuer un rival qui lui enlève sa maîtresse. C'était son frère, qui venait de la délivrer, et se faisait une fête de sa surprise.

Sous ces murs ont péri jadis Malcolm et son fils : Guillaume-le-Lion, autre roi d'Écosse, y fut fait prisonnier. Approchez cependant..... ces guerriers ne sont que des statues de pierre. Vous souvenant du conte de Perrault ou des *Fiançailles de Triermain*[1], vous demanderiez volontiers si ce vaste château n'est pas enchanté par une fée, et si quelque jeune beauté n'y dort pas depuis cent ans avec toute sa cour, avec tous ses chevaliers surpris comme elle et pétrifiés par le sommeil dans le moment où ils s'armaient pour la défendre.[2]

Nous avons perdu de vue les utiles améliorations de l'industrie en harmonie avec la civilisation moderne, les sombres mines de Newcastle, les huttes basses des ouvriers, les maisons commodes du manufacturier enrichi, et les fourneaux des usines, avec les noires vapeurs qui s'échappent de leurs gorges enflammées. Warworth, Alnwick et le château de

---

[1] Poëme de sir W. Scott, où le baron de la vallée de Saint-John réveille et épouse la fille d'Arthur.

[2] On dit que les appartemens d'Alnwick-Castle sont dignes de la splendeur des nobles ducs de Northumberland; nous n'avons fait que passer.

Bamborough nous réconcilient avec la poésie des âges chevaleresques : les héros de Walter Scott ont reçu l'hospitalité dans ces châteaux, ou en ont menacé les remparts ; ses ménestrels en ont fait retentir les voûtes de leurs ballades ; nous sommes sur une terre enchantée. — Alnwick fut alternativement avec Berwick et Norham, la place de guerre où résidait le *gouverneur ou gardien des frontières anglaises*. Ces officiers qui dépendaient de la couronne, étaient chargés de maintenir l'ordre autant que possible dans les comtés de leur juridiction, à repousser les maraudeurs d'Écosse et à exercer sur les habitans de l'autre rive de la Tweed de sévères représailles. Les mœurs des *Borderers* des deux nations offraient une alliance singulière d'esprit chevaleresque et de brigandage, de religion et de férocité. *Le Lai du dernier ménestrel* est un tableau fidèle de la vie des pillards d'Écosse et d'Angleterre. Nous y reviendrons, car nous n'avons pas encore mis le pied sur le territoire écossais. Mais de peur qu'une illusion poétique me fasse peindre les antiques mœurs avec des couleurs trop favorables, je me hâte de convenir d'avance avec les critiques de la *Revue d'Édimbourg* que le système féodal traitait en ennemis l'agriculture et l'industrie, et qu'un bien-être plus général a été le résultat définitif de son abolition.

«—Tant que le système féodal fut en vigueur, la *terre* était regardée plutôt comme une source de *pouvoir* que de *revenus*, même dans une année d'abondance. Presque tout son produit était consumé sur les lieux : ce produit était obtenu par les travaux imparfaits et mal dirigés d'une classe d'hommes dont le but était d'acquérir les moyens de subsistance, et dont l'occupation régulière était la guerre. Les misérables huttes de ces vassaux étaient groupées autour du château de leur chef; les terres labourables du voisinage étaient entretenues en récolte continuelle; et au-delà, un large espace était occupé en commun, principalement pour la dépaissance du bétail. Dans un tel état de choses, les moindres améliorations qui auraient pu être introduites par l'industrie plus éclairée de quelques individus, étaient effectivement interdites par la nature de la possession des propriétés. On considérait comme une chose juste et avantageuse d'échanger, chaque année, entre les cultivateurs, les petites portions de terre labourables qui restaient confondues par l'absence de haie ou de clôture; et à peine la moisson était faite, que toute la terre consacrée à la culture, comme celle des dépaissances, était abandonnée aux troupeaux de tout le hameau.

« Aucun grand changement dans l'état de la société ou dans la pratique de l'agriculture semble ne pas avoir eu lieu en Angleterre avant la fin du quinzième siècle, époque où la turbulence des grands barons commença à être réprimée par l'existence nouvelle d'une classe moyenne sur laquelle ils n'avaient point d'autorité immédiate. L'importance croissante de la classe commerçante, favorisée par la politique de la couronne, servit à renforcer l'autorité royale. » Tel fut en France, à la même époque, le secret des *inclinations bourgeoises* de Louis XI. « —Sous les règnes de Henry VII et de Henry VIII, les plus puissans barons furent enfin forcés de renoncer à leur rang emprunté de petits souverains, et de se soumettre aux lois générales du royaume. Peu à peu les mœurs changèrent avec l'augmentation des richesses; le service militaire ne fut plus estimé un retour suffisant de l'occupation d'un domaine : il fallut trouver un équivalent pour acheter ces jouissances du luxe étranger que le commerce offrait aux grands propriétaires pour les consoler de la perte de leur influence. Il était cependant impossible d'obtenir ces équivalens de leurs tenanciers actuels, trop nombreux pour épargner beaucoup sur le produit. Ceux-ci furent donc généralement congédiés; mais il était encore difficile d'en trouver d'autres qui eussent assez de savoir-faire et un capital assez considérable; les propriétaires se virent en conséquence obligés de faire valoir eux-mêmes leurs biens. »

Ce n'est pas dans la partie du Northumberland où nous sommes, qu'on serait fondé à nier les avantages du résultat définitif de ce nouvel ordre de choses, dont un excellent article de la *Revue d'Édimbourg*[1] sur l'agriculture vient de me fournir le tableau. Échappé en

---

[1] Vol. xxiv.

quelque sorte de ces routes noircies par les traces des houilles, respirant un air plus libre que dans l'atmosphère des usines de Sunderland et de Newcastle, nous promenons des yeux agréablement surpris sur des campagnes cultivées selon ce système d'agriculture dont les fermiers du Northumberland s'enorgueillissent avec justice ; mais même en taisant ici quelques objections plus directes que je pourrai opposer tout à l'heure au système actuel, il est permis de faire observer que la transition du *vasselage* aux perfectionnemens modernes, fut d'abord dans ce comté, comme en Écosse, plus funeste au peuple qu'on ne le croirait d'abord. Le système féodal tendait à accroître la population en divisant et subdivisant les domaines entre le plus grand nombre de tenanciers possible. Quand ce système fut aboli, la réforme fermait en même temps, ou livrait à des courtisans cupides, les monastères qui eussent accueilli et fait vivre sur les terres de leurs dépendances le superflu de la population rejetée par ses protecteurs naturels. Cette population fut même repoussée long-temps par les classes industrielles, car celles-ci n'admettaient dans leurs rangs l'homme fait qu'après un apprentissage, et par esprit de corps se prêtaient difficilement à élever les enfans des cultivateurs. Les grands propriétaires, embarrassés d'abord de l'exploitation d'une trop grande étendue de terrain ou de l'excédant du produit, par le manque de communications intérieures, moins nombreuses alors qu'aujourd'hui, négligèrent long-temps encore l'agriculture pour le soin des troupeaux, parce que le commerce de la laine anglaise, recherchée déjà dans les marchés d'Europe, était le plus sûr de tous. Les crimes auxquels poussent la misère et la faim se multiplièrent rapidement. Ils ont diminué dans cette partie de l'Angleterre depuis l'exploitation agrandie des mines, qui y rend moins onéreux que dans plusieurs autres comtés l'impôt dévorant appelé *taxe des pauvres*. Tout a pris de nos jours, malgré quelques légers orages, un aspect de calme et de prospérité. Mais l'autre objection que je voulais adresser au système actuel des fermes du Northumberland, est fondée sur le partage des domaines en fermes trop grandes. Il en est dont la rente est de six mille livres sterling (150,000 fr.). Les moyens d'amélioration sont certainement plus faciles avec un capital comme celui que le fermier doit apporter dans de telles fermes. Mais trois ou quatre fermiers qui veulent s'entendre peuvent exercer dans les marchés un fatal monopole, en accaparant non seulement leurs propres denrées, mais encore celles des fermiers plus pauvres, pour les prendre plus tard eux-mêmes par famine avec tout le canton : voilà donc le fermier, qui devrait être tout *patriarcal*, devenu spéculateur avide. Mais il s'est élevé, de plus, entre le fermier et le consommateur une race de sangsues publiques appelées *middlemen*, qui, offrant au premier l'avantage de vendre sa récolte à une seule personne, se chargent de faire les avances au meunier et au boulanger; enfin d'autres spéculateurs jouent continuellement à la hausse des grains et de la farine. On conçoit donc que le pain soit quelquefois ici d'un prix qui paraîtrait exorbitant en France. — Je ne parle pas de la détresse passagère qui ruina tant de fermiers anglais par la réaction des événemens de 1814.

LETTRE LXXVI.

A M. V. CHAPUIS.

Early they took Dun-Edin's road,
And I could trace each step they trode;
Hill, brook, nor dell, nor rock, nor stone,
Lies on the path to me unknown.
          Sir WALTER SCOTT, *Marmion.*

Ils prirent de bonne heure la route de Dun-Edin [1], et je pourrais retrouver chacun de leurs pas; il n'est pas un coteau, un ruisseau, un vallon, un rocher qui me soit inconnu.

Si j'avais trouvé le laird de Monkbarns [2] à Cornhill, je me serais laissé aller au plaisir de disserter avec lui, aussi long-temps qu'il aurait voulu, sur la *castramétation* des anciens; car on voit à Cornhill de magnifiques vestiges d'une muraille romaine....; mais j'étais impatient de traverser la Tweed, et non loin de nous à

[1] Édimbourg.
[2] *The Antiquary.*

Coldstream, j'apercevais les arches élégantes d'un pont, au milieu duquel nous pourrions nous dire en Écosse. Mon philosophe et moi, nous le regardions avec une impatience d'enfans. Coldstream est un nom historique. Ce fut de ce village, dont Monk donna le nom à un nouveau régiment des gardes, que ce général partit pour Londres. Méditait-il déjà le retour des Stuarts? se tenait-il dans une silencieuse réserve par indécision ou par politique? et quand, arrivé à Londres, il se déclara contre le parlement, n'était-ce que parce qu'en traversant l'Angleterre, il avait vu par lui-même la lassitude où était le peuple d'une usurpation que la mort de Cromwell avait dépouillée de la légitimité passagère de la gloire et du génie? Je ne saurais attribuer à un caractère tel que celui de Monk une conduite tout-à-fait désintéressée et patriotique : il se décida, de peur qu'un autre ne le prévînt, et, de général républicain devenu soudain courtisan, il affecta de rendre à Charles II la couronne *sans condition*. La suite prouva que c'était compromettre les intérêts de la monarchie et ceux du peuple. Quand une révolution (heureuse ou malheureuse) a remis tout en question et rompu tous les liens sociaux, il n'est point de *restauration* durable sans un *contrat* nouveau entre la nation et son prince. Après cette déclaration franche de principes, j'oserai dire que, séduit peut-être par les souvenirs que W. Scott a réveillés récemment en faveur des Stuarts, peut-être aussi comme moyen d'opposition à la maison de Brunswick, qu'aucune grande vertu n'a encore légitimée à mes yeux, j'aime *poétiquement* les Stuarts, et je serais fâché qu'il n'y eût plus de jacobites en Écosse.

Nous posons enfin le pied sur ce royaume que, de nos jours, le génie de Walter Scott a couronné de l'auréole d'une nouvelle gloire poétique, plus nationale que celle du vieil Ossian. A en juger par le premier aspect, ce n'est point là cette terre que je me figurais aride ou d'une beauté sévère : les eaux de la Tweed serpentent à travers des prairies émaillées; une élégante *villa* s'offre d'abord à notre vue, puis succèdent çà et là quelques ruines de châteaux pittoresques. Nous traversons une lande sauvage; mais

bientôt la route a repris sa variété de sites.
La ville de Kelso, où nous nous arrêtons
pendant une heure, est peu remarquable
par elle-même; mais sa vieille abbaye, d'architecture
anglo-normande, est d'un beau
style, et contraste d'une manière pittoresque
avec les environs agrestes et gracieux de la
ville. Les arbres du parc de Fleurus et ceux
de Springwood ajoutent à l'effet général. Déjà
nous nous remettons en chemin : avec les
premières ombres du crépuscule, nous arrivons
à Dalkeith, château illustré par le nom
de Buccleugh, que sir Walter Scott introduit
si souvent dans ses vers. Nous apercevons un
groupe de montagnes qui se dessinent en
formes indécises sur l'horizon d'un ciel qu'éclaire
la double clarté de la lune et du jour polaire.
J'entends nommer Arthur's-Seat et Salisbury's-Craig,
sans pouvoir distinguer encore
ces rochers les uns des autres; — nous
entrons à Édimbourg, et nous allons descendre
à l'auberge du *Taureau*.

Depuis York, un peu dégoûté par la pluie
de l'*out-side* des *stages*, mon philosophe
ne me voyait plus que dans les haltes et les

auberges, ou quand nous abandonnions à la fois, lui les coussins de la voiture, et moi la galerie extérieure, pour nous détourner de la route, et explorer en philosophes péripatéticiens quelque site écarté. Depuis Newcastle, un attrait de plus avait doublé pour mon compagnon la douceur de la *prison roulante*, comme sir Walter Scott appelle, je crois, la malle-poste, dans l'introduction du *Heart of Midlothian*[1]; une Anglaise charmante et son père lui tenaient compagnie. C'était à mon tour d'être philosophe; et M. Charles F....e m'en attribuait lui-même le mérite sérieux, pour s'acquitter sans rival de tous les petits soins de la galanterie française. J'y ai gagné, pour ma part, d'être mentionné comme un *savantissime docteur* dans les lettres de recommandation que la jeune Anglaise nous a remises en nous quittant aux portes d'un château situé sur la route. Pendant que dans les *régions basses* du *stage*, M. Charles F....e se livrait au plaisir d'une conversation toute platonique avec une jolie voyageuse, moi, inspiré

[1] La Prison d'Édimbourg.

par le paysage ou le nom historique de quelque vieux débris, j'ajoutais, en imagination, des figures idéales aux divers tableaux que je voyais successivement se dérouler sous mes yeux, de ma place en plein air. Je prêtais aussi des noms aux divers personnages qui se montraient çà et là aux environs du chemin. Après avoir remarqué le caractère général de la physionomie écossaise (visage long, pommettes saillantes, yeux gris, regard froid, ou sourire qui annonce un mélange de surprise et de finesse), je transformais volontiers les uns et les autres en héros de Walter Scott. Un vieux laird qui avait un air de bonhomie et d'affectation en même temps, devenait le baron de Bradwardine. A son côté, un homme du peuple se montrait avec un costume incomplet ou étrange, le regard indécis, et chantant avec une singulière volubilité un couplet inintelligible; — c'était Davie Gellatley. Sous l'allée d'un château, une jeune miss à la taille noble, au regard un peu dédaigneux et fier, me rappelait Flora Mac-Ivor en visite chez son amie Rose. Une paysanne modeste se rendait à l'église avec sa Bible; c'était Jeannie Deans qui allait prier pour sa sœur. Un bon fermier à la démarche libre, avec un visage de bonne humeur, passait-il avec ses chiens, c'était Dandie Dinmont. Au pied d'un coteau, des Bohémiennes fumaient gravement leur pipe; elles faisaient peut-être partie de la famille errante de Meg Merrilies. Et ce vieux mendiant à la besace, au manteau bleu, attendant notre aumône sans s'humilier par une plaintive adulation, — peut-être avait-il connu Edie Ochiltree, qui lui avait communiqué le secret de son indépendance. Enfin je me sentais, depuis Coldstream, sur cette terre d'Écosse que l'enchanteur a touchée de sa baguette, et d'où tant de figures originales sont venues prendre place parmi les souvenirs de tout ce qui nous a vivement intéressés dans les diverses époques de notre vie.

Nous sommes enfin à Édimbourg....

LETTRE LXXVII.

A M. A. CLAPIER,
AVOCAT.

I view yon empress of the north
Sits on her hilly throne;
Her palace's imperial bowers,
Her castle proof to hostile powers,
Her stately halls and holy towers, etc.
　　　　　　　Sir W. Scott, Marmion.

Je vois cette reine du nord assise sur son trône de collines; je vois ses palais jadis habités par des rois, son château à l'épreuve des attaques d'un ennemi, ses augustes monumens et ses tours vénérables.

Tu as eu bien tort, mon cher Alexandre, de ne pas être du voyage d'Écosse! je t'aurais mis aux prises avec un confrère à qui j'ai eu quelque peine de tenir tête.[1]

---

[1] Un motif plus vrai de regret, c'est que mon ami Alexandre aurait pu m'aider dans l'étude des lois d'Écosse.

Pendant une de ces heures de causerie, qu'on passe volontiers le soir dans la salle commune d'une auberge, nous avions fait à Newcastle la connaissance d'un étudiant en droit placé à Londres chez M. Williams, et qui, disait-il, allait consacrer trois jours à *un tour* en Écosse. Modestes et silencieux étrangers, nous avions souri du bavardage du jeune *cockney* (*badaud*), de ses ordres donnés au garçon et à la fille d'un ton péremptoire, et de l'exposé de ses projets d'excursion rapide; il semblait qu'en trois jours il aurait exploré tout ce qu'il y avait de curieux à Édimbourg, à Glasgow et dans les montagnes. Nous nous étions prêtés à flatter sa précipitation caractéristique, et déjà il s'était emparé de nos personnes, sans nous dissimuler qu'il comptait sur notre compagnie pour diviser économiquement les frais communs du voyage; mais quand il fallut partir, j'exhibai pour notre excuse préméditée la base irrévocable de notre engagement contracté en son absence avec le bureau d'un *stage* dont l'itinéraire n'était nullement d'accord avec le sien. Je ne saurais vivre une heure de trop avec ces gens qui spéculent sur une première condescendance pour en exiger une seconde. Il est de ces tyrans de société dont je redoute la direction comme celle d'un gendarme qui me conduirait en prison. — La première personne que nous trouvâmes attablée dans le petit salon du *Bull-hotel*, c'était notre étudiant empressé, qui, arrivé depuis une heure, offrit de nous servir de guide le lendemain dans Édimbourg, où il se trouvait pour la première fois de sa vie.—Mais il tira de son portefeuille une petite liste manuscrite des curiosités de la ville, et nous assura qu'en six heures de temps nous les aurions assez vues et revues pour repartir avec lui! Je lui annonçai que, loin de ne vouloir passer que six heures à Édimbourg, je venais y demeurer six semaines, et que j'avais par conséquent le temps de voir tout à loisir. — Notre légiste ne voulut pas me comprendre, et le philosophe et moi, curieux peut-être de voir Édimbourg en six heures, nous promîmes d'être levés de bon matin!

Le lendemain nous fûmes réveillés à petit bruit avant huit heures. Malgré notre lenteur, dont dut bien s'impatienter notre nouvel ami,

qui, ayant déjà pris son déjeuner, nous aida à
dépêcher le nôtre, nous étions en course à
neuf heures ; et à trois heures de l'après-midi,
nous avions déjà vu toutes les *curiosités* d'É-
dimbourg marquées sur l'itinéraire de l'étudiant, qui avait recueilli avec son crayon assez
de notes, nous dit-il, pour être l'orateur de
son *étude* pendant trois semaines. D'abord je
boudais un peu de me voir entraîner presque
malgré moi ; mais bientôt cette promenade
offrit des incidens si multipliés et parfois si comiques, que je me décidai à rire de bon cœur.
Il fallait voir avec quelle hardiesse l'étudiant
trouvait un *cicerone* nouveau à chaque coin
de rue et à chaque édifice. Il s'était promis de
rapporter des notes, et chaque nouvel objet
lui en fournissait une ; mais la note une fois re-
cueillie à tort et à travers (car un second ren-
seignement n'y changeait rien), son but était
rempli. Je me suis aperçu depuis que, tantôt
la rapidité de notre course, tantôt la différence d'idiome, tantôt la malice du quelque
vieux *Celte* piqué du ton leste du question-
neur, lui avaient fait prendre *le Pirée* pour
un nom d'homme. Que de choses nous avons

vues ce jour-là, que je n'ai plus retrouvées !
que d'observations piquantes rapportées dans
l'étude de M. Williams ! Enfin à cinq heures
l'étudiant que j'avais surnommé M. *Busy-
body* [1], était déjà parti, sachant par cœur
toute l'Écosse.

Je vais maintenant vous faire parcourir
Édimbourg avec cette même rapidité ; mais
en consultant mes propres notes vérifiées dans
plus d'une excursion.

A tout lecteur de W. Scott, la colline d'*Arthur's seat* (le trône d'Arthur) est une éminence presque aussi familière que Montmartre
aux Parisiens. Cette roche basaltique domine
non seulement Édimbourg, mais encore les collines environnantes, qui semblent elles-mêmes
faire partie d'une ville située en grande partie
sur des hauteurs inégales, et réunies par des
ponts ou des chaussées. C'est du sommet coni-
que d'Arthur's seat que je voudrais pouvoir esquisser le panorama de l'Athènes du Nord ;
c'est-à-dire le panorama le plus extraordinaire
que puisse fournir aucune ville d'Europe. Il a,
du moins, bien affaibli en moi l'impression que

[1] M. l'affairé, le pressé.

j'avais gardée de Rouen, aperçue de la route de Paris, et même celle de la vue plus admirée de la belle Marseille, s'offrant avec ses bastides et la plaine des flots aux regards étonnés du voyageur sur le point de la route d'Aix, appelé la *Viste*.

Sur le pic d'Arthur's seat, nous sommes à huit cent trente pieds au-dessus de la mer; le premier jour, quand aucun des sites groupés ou dispersés sous nos pieds ne nous était encore connu, c'était déjà un spectacle du pays des fées. Quand on les revoit, en pouvant les nommer, la double magie de la perspective elle-même et celle des souvenirs d'histoire, de tradition, ou de poésie que réveille chaque nom, excitent un enthousiasme que j'avais cru jusqu'ici réservé exclusivement aux sites de la terre natale.

A l'est, la vaste étendue des flots se confond avec l'azur du ciel, et plus au nord, se rétrécit progressivement jusqu'à l'embouchure du Forth, entre les rivages variés du Lothian et du comté de Fife. L'œil se repose agréablement sur les îles dont le golfe est parsemé; et quand le soleil mêle les riches nuances de ses rayons à leur verdure, on peut les comparer avec le poète à « des émeraudes enchassées dans l'or. »

Emeralds chased in gold. (Marmion.)

C'est Inch-Keith avec son fanal élevé, c'est l'île de May consacrée jadis à saint Adrien, et de laquelle un autre phare protége aussi les pilotes; c'est Inch-Colm, fameuse par un ancien couvent, fondé sous les auspices de saint Colomba; c'est Inch-Garvie, jadis fortifiée; et si je tourne la tête, ou si je rapproche mes regards du rivage sans les abaisser encore sur la ville, j'admire, au sud, les montagnes de Braid et la chaîne de Pentland;—à l'occident, l'élégante éminence de Corstorphine; puis immédiatement au-dessous de moi, les escarpemens demi-circulaires de Salisbury's craig, semblables à une couronne murale. Toutes ces hauteurs et celles d'Arthur's seat forment l'amphithéâtre pittoresque au milieu duquel s'élève Édimbourg, avec son château assis sur une roche centrale de trois cent cinquante pieds, et une dernière colline à l'est, appelée Calton-Hill, que surmontent l'Observatoire et la tourelle monumentale érigée à Nelson.

Le première fois que je gravis la cime d'Arthur's seat, un nuage de fumée couvrait le faîte des maisons; la lumière encore oblique du soleil en pénétrait seulement une partie qu'elle commençait à rendre transparente, lorsque tout à coup un souffle qui s'éleva de la mer partagea d'abord et puis emporta tout ce dôme de vapeurs. La double cité apparut avec tous ses contrastes comme une décoration d'opéra : — à gauche se déployait la masse des bâtimens noirs de la vieille ville, qui, commençant au château gothique d'Holyrood, est couronnée de l'espèce de tiare que forme le clocher de Saint-Gilles, et terminée par la citadelle féodale : — à droite, la ville neuve, toute régulière et d'une éclatante blancheur; l'une, fille austère et sombre du moyen âge, l'autre, fille élégante de la civilisation. — Tels étaient le farouche Roderic Dhu et le galant Fitz-James reposant sans défiance sous une même tente.

Admirons encore quelque temps Édimbourg dans ce lointain favorable. Redescendus dans ses rues tirées au cordeau et dans les détours de ses antiques *allées*, nous serons peut-être obligés de critiquer en détail et ses vieux monumens et ses constructions nouvelles. Mais du mont d'Arthur, ou de plus près même, comme du phare de Nelson, tout est pittoresque, grand, sublime! Les *squares* de la ville nouvelle, la coupole de son église de Saint-Georges, sa colonne Trajane, élevée à lord Melville, la brillante terrasse de Prince's-Street, les portiques du Pont du Nord, cette magnifique rue qui descend jusqu'au Pirée (je voulais dire jusqu'au port de Leith), enfin tout ce que l'œil embrasse est digne de l'Athènes du Nord; les sombres maisons de la ville vieille n'ont de loin rien d'exagéré dans leur hauteur, quoique quelques unes forment jusqu'à douze étages. L'imagination aime à supposer que des géants les ont construites, et que la couleur noire de leurs murs est le cachet d'une date aussi ancienne que celle des rochers où sont creusées leurs fondations. On dirait que les architectes de cette étrange cité, ayant devant les yeux les monumens éternels du *trône* d'Arthur, et du *rempart* que figurent les Salisbury's Craigs, ont prétendu rivaliser avec ces édifices de la nature. L'audace de leurs constructions étonne, mais plaît aux regards, et la poésie s'en empare..... Nous retrouverons la *prose*, ai-je dit, quand nous verrons de plus près les maisons d'Édimbourg.

LETTRE LXXVIII.

A M. G....

As through the subtling streets they go
. . . .
Through street and lane and market-place.
                              Sir W. Scott.
Ils parcourent les rues, les passages, les places, etc.

J'ai essayé d'esquisser un panorama poétique, mais incomplet, plutôt que flatté, d'Édimbourg, tel qu'il se découvre aux regards qui le cherchent de la basalte d'Arthur's seat ou de l'observatoire de Calton-Hill. Nous allons descendre dans la ville; mais je devine que plus d'un lecteur impatient sera tenté de m'interrompre pour me demander si nous allons d'abord y rencontrer celui qui a rendu son ancien lustre à la couronne royale de sa romantique patrie,

My own romantic town ; (Marmion.)

celui qui a retrouvé, au milieu des prosaïques discussions d'un siècle *trop civilisé*, les poétiques titres de ses origines et de son importance dans d'autres siècles. Je suis impatient de pouvoir parler longuement de sir Walter Scott, de pouvoir le faire parler lui-même; mais je dois encore m'occuper du tableau dont il sera bientôt la figure principale; nous arrivons à peine, je n'ai pu que l'entrevoir. Je me suis promis d'être vrai, de rendre fidèlement mes impressions : j'avouerai donc avec regret, que c'est le grand poète d'Écosse tel que je l'ai vu cet après-midi, qui me ramène sur ce *terrain prosaïque*, dont je vous menaçai des sublimes hauteurs d'Arthur's seat.

Il y avait aujourd'hui course de chevaux; je ne l'ai su qu'en voyant revenir dans la ville des cavaliers et des piétons également couverts de poussière; un vent d'ouest, assez fréquent à Édimbourg dans toutes les saisons, en apportait par momens de légers nuages dans les rues. Nous allions et venions cependant sur la terrasse de Prince's-Street avec le chancelier du consulat, M. Duryer, dont je dois la connaissance à une lettre amicale de

M. Arm. Bertin. J'avais amené moi-même la conversation sur le poète de *Marmion*, lorsque M. Duryer appela mon regard sur trois individus qui venaient à nous sur le trottoir : « — Sir Walter Scott est du nombre ! c'est celui qui va se trouver tout à l'heure à votre gauche ! » en effet, nous allions le coudoyer, si je ne m'étais écarté un peu : j'avais eu tout le temps de le bien examiner; et quoique bien prévenu que son extérieur n'avait rien de remarquable, mon imagination l'avait jusqu'à ce jour entouré de tant d'attributs poétiques, que je me sentis *désappointé*, et tout chagrin de ne pas le trouver ressemblant à ce portrait idéal que je m'en étais tracé. Nous tenons à nos illusions les moins fondées!

Je voyais s'approcher un homme parvenu à l'âge moyen de la vie, d'une taille qui devrait être naturellement élevée, mais condamné par l'infirmité d'un pied boiteux à se baisser gauchement sur une canne à chaque pas; sa tournure avait quelque chose de robuste et de très bourgeois, de rustique même; il portait un habit vert aux basques écourtées[1], un pantalon large; en un mot rien de remarquable dans son costume, car je ne puis me résoudre à le décrire pièce à pièce, comme celui d'un de ces chevaliers que le poète nous peint si minutieusement, soit en vers, soit en prose. Rien de gracieux, ni dans l'ovale de son visage ni dans ses traits; teint de santé, vivement coloré, peut-être par la marche; yeux gris avec des sourcils saillans, qui donnaient une expression dure à son regard; front large, mais en ce moment couvert de sueur; cheveux rares, cendrés et grisonnans, qui doivent friser naturellement; lèvre supérieure disproportionnée, enfin tout le bas de la figure commun; — ce signalement était celui de l'auteur de *la Dame du Lac*, etc. Je me demande maintenant avec inquiétude, malgré sa réputation d'aménité, d'esprit, et de charmante gaîté dans la conversation, si en voulant le revoir de plus près encore, je ne risque pas de détruire une dernière illusion; cepen-

[1] Je veux dire un de ces habits-vestes introduits récemment à Paris sous le nom de *trois pour cent*, ou d'habits-Villèle; car les petits hommes laissent leur nom aux petites choses.

dant déjà je cherche à ennoblir de nouveau ses traits vulgaires dans mon souvenir. Je cherche à croire que j'ai bien pu les voir dans un mauvais moment, lorsqu'une pensée fâcheuse nuisait à leur expression. Je me rappelle encore que j'avais ainsi, dans une première entrevue, mal jugé des traits d'un de nos plus grands génies, qui était, il est vrai, *en bonnet de coton* quand il daigna me recevoir dans sa chambre. — Je reverrai sir Walter Scott; je pourrai en tracer un portrait plus agréable sans être moins vrai. — Si quelqu'un trouve ces détails puérils, ce n'est pas pour lui que j'écris; je m'adresse à ceux qui étudient avec intérêt le buste d'un grand homme, et y cherchent avec le docteur Gall l'explication de son génie dans les moindres protubérances de son crâne. Je reviendrai donc là dessus, je l'espère. — En attendant, je vous ramène dans la ville ancienne.

Au pied des *Salisbury's Craigs*, Édimbourg commence par le château d'Holyrood, où je n'ai pas encore pénétré. De la cour de ce palais une longue rue monte jusqu'au château, cette rue (High-Street) que les habitans d'Édimbourg proclament la plus belle du monde, parcourt un espace de cinq mille cinq cent soixante-dix pieds, et dont la plus grande largeur est de quatre-vingt-dix : c'est là qu'elle s'appelle High-Street (*rue haute*). Jusque-là, depuis Holyrood, son nom est Canongate[1]. Au milieu de Canongate s'élevaient jadis deux croix, dont l'une, Girth-cross, servait à marquer la limite du sanctuaire d'Holyrood. — Ce sanctuaire jouit encore de ses priviléges : les débiteurs y trouvent un asile inviolable; ils y vivent soumis à la seule juridiction du gouverneur héréditaire du château, le duc d'Hamilton. S'ils contractent des dettes nouvelles sur les lieux, ils sont poursuivis par leurs nouveaux créanciers, qui peuvent obtenir prise de corps contre eux; mais vis-à-vis des créanciers de l'extérieur, ils sont en sécurité parfaite dans tout le faubourg et dans ce qu'on appelle le parc du roi, qui comprend dans son enceinte Arthur's seat et Salisbury Craigs.

La partie plus élevée de Canongate se com-

---

[1] Porte des chanoines : — Les chanoines de l'abbaye d'Holyrood.

pose de maisons fort anciennes, et surtout fort mal bâties dans leur irrégularité bizarre; mais on découvre çà et là sur leurs murailles grises et sombres, des empreintes plus ou moins fidèles d'armoiries, qui attestent que c'était dans ces hôtels, loués aujourd'hui à la basse classe, qu'habitaient jadis les fiers barons écossais, dont les descendans ont déserté les alentours du palais depuis qu'il n'est plus occupé que par les vaines images des rois. En s'avançant dans cette partie de la rue qui prend le nom d'High-Street, et où l'on admire encore quelques nobles écussons, on rencontre aussi la maison où naquit le fameux John Knox, cet *apôtre séditieux* de la réforme en Écosse, qui fit entendre un langage si dur aux voûtes féodales d'Holyrood, en présence de Marie Stuart. La rue continue de chaque côté à être accompagnée de ruelles latérales et de petites allées étroites, où, d'une maison à l'autre, les Pyrames et les Thisbés d'Édimbourg peuvent se donner la main. Hâtons-nous de les franchir; car de ces trous aux murailles qui usurpent le nom de fenêtres, tombent quelquefois de ces fatales rosées qu'on appelle des *passa res* [1] à Marseille, et ici des *gardez lo*. Cette expression, jadis française (gare l'eau), est un cri d'avertissement qui suit plus souvent qu'il ne précède la chute du liquide. On nous menace, du reste, du même danger non seulement dans le demi-jour des ruelles d'High-Street, mais encore dans les larges rues de la ville neuve. Dans les couloirs des maisons et le long des murs extérieurs, vous apercevez aussi des parfums sous forme solide.... Je vous avais annoncé que nous allions marcher sur un terrain prosaïque.

[1] *Passa res?* ne passe-t-il personne? et c'est un fatal signal. Vous l'entendez quelquefois lorsqu'il n'en est plus temps. Les habitans de la belle Marseille font aussi entre eux de singuliers échanges. On voit chaque soir et chaque matin la servante aller déposer le contenu de sa cassolette de l'autre côté du ruisseau. La servante de la maison vis-à-vis vient payer cette dette un moment après. Au sujet des immondices qui, dans nos villes du midi, rendent si dangereuses les approches des monumens les plus magnifiques, on se rappelle le mot de l'empereur Joseph II visitant les arènes de Nîmes? « — M. le consul, est-ce encore ici un ouvrage des Romains? »

On devine déjà les embellissemens modernes vers cette partie d'High-Street où, près de l'église carrée de Tron-Church, vous avez à votre gauche ce qu'on appelle la rue du Pont du Sud, qui conduit à l'université, à l'hospice, etc., et à votre droite la rue du Pont du Nord, qui joint la ville vieille à la ville neuve. Ces rues et ces ponts produisent de singulières surprises : vous entendez un murmure sous les arches, et vous vous penchez sur le parapet pour voir le fleuve qui coule; — mais c'est le murmure d'une troisième ville assise dans un ravin. Ce ravin était jadis rempli d'eau : on l'appelle Loch-North. C'est là que commencent ces maisons si hautes dont les onzième et douzième étages semblent des nids de faucons construits par les oiseaux d'Aristophane. Cette hauteur des maisons s'explique : du ravin au niveau des ponts, elles n'ont que quatre ou cinq étages; mais au lieu du toit, c'est une maison nouvelle qui est superposée à la première.

En poursuivant notre route jusqu'au château, nous cherchons vainement la Tolbooth, ancienne prison appelée aussi le *cœur du*

Midlothian, et qui a été déblayée en 1817, comme une vieille ruine, laissant à découvert un des angles de l'église de Saint-Gilles, dont le clocher est si pittoresque de loin; de près, cette église est une lourde masse de pierres sans aucun style, et d'une couleur plutôt sale que grise. L'antique croix gothique, du haut de laquelle se faisaient jadis les proclamations royales, a disparu; il n'en reste, comme de la prison, d'autres traces que la description qui les immortalise dans les œuvres de sir Walter :

> *Dun-Edin's cross, a pillar'd stone*
> *Rose on a turret octagon, etc.*
> (*Marmion*, ch. xv, st. 25.)

A gauche, un peu plus haut, sont les cours de justice; à droite, la seule maison qui nous intéresse (la Banque est dans une rue voisine), c'est la boutique d'Archibald Constable, une des moins brillantes de la librairie écossaise, mais d'où sortent, tous les trois mois, douze mille exemplaires de la *Revue d'Édimbourg*, et deux fois par an, trente mille volumes d'un nouveau roman par l'auteur de *Waverley*....

Nous sommes à la porte du château après avoir escaladé une dernière division de la rue appelée Lawn-Market, et une esplanade appelée Castle-Hill. Le château n'offre rien d'intéressant à décrire à l'intérieur, ni les casernes, ni l'arsenal, ni la salle où naquit un des Jacques Stuart, ni les *regalia* même, la couronne, le sceptre et l'épée d'Écosse, retrouvés dernièrement par *miracle*, et montrés avec orgueil aux étrangers comme les titres de l'ancienne indépendance nationale. La vue du château dans le lointain, et celle dont on jouit de sa terrasse, valent mieux que tout ce qu'il contient.

Si nous descendons quelques rues tortueuses au sud, nous entrerons dans la place oblongue de Grass-Market (marché aux herbes), où l'on exécutait jadis les criminels. Ils y étaient conduits processionnellement de la Tolbooth; le gibet était érigé et enlevé pendant la nuit [1]. On vous montre encore l'em-

---

[1] « Comme l'appareil du supplice, nous dit Walter Scott, était disposé avant le jour, il semblait que le gibet était sorti de terre pendant la nuit par l'opération

placement où, dans la sédition de 1736, la populace exerça de si terribles représailles contre le capitaine Porteous, en observant religieusement toutes les formes du supplice *selon la loi*.

Quand, en pensant à cette émeute, on vient à lever les yeux vers le château sur sa roche escarpée, on s'étonne de la hardiesse du peuple, qui pouvait si facilement être mis à la raison par les canons de cette citadelle menaçante.

J'ai à peine nommé la Banque d'Écosse, monument tout moderne, et contrastant, par la blancheur de ses murailles, avec les vieilles masures qui en masquent l'avenue du côté d'High-Street, mais qu'on déblaie très rapidement. La *Banque* est située aussi en partie sur le ravin du Loch-North, et on la voit de la ville neuve, où l'on peut se rendre par une espèce de jetée qui conduit à *Prince's-Street*. Cette magnifique rue en terrasse, le rendez-

---

de quelque sombre démon, et je me souviens de la peur avec laquelle les écoliers, quand j'étais du nombre, regardaient ces sinistres préparations de mort. »

vous des élégans oisifs, et volontiers fréquentée des beautés écossaises qui aiment à être passées en revue par eux, se prolonge jusqu'au pied de Calton-Hill, dans une direction parallèle à Georges-Street et Queens-Street, belles rues à larges trottoirs. Ici nous sommes dans la *ville neuve,* où résident tous les gens *comme il faut,* et qui se compose de belles places carrées, circulaires ou demi-circulaires, de rues toutes tirées au cordeau, de temples grecs ou gothiques, de maisons à péristyles, d'édifices publics, de colonnes....; mais, il faut le dire, dans toutes ces belles rues, dans toutes ces belles places, dont l'effet général est si grandiose, et qui ne datent que de quarante années, on est désagréablement surpris de trouver une architecture si peu gracieuse, tant d'hôtels régulièrement mal construits, tant de croisées sans entablement, une église qu'on peut comparer à une marmite renversée, et autres preuves de mauvais goût dans tout ce qui est détail. Il s'agit d'élever un *temple national* sur l'éminence de Calton-Hill; on veut pour cela copier le Parthénon; ce sera peut-être le seul monument vraiment digne d'Athènes : mais, je

le répète, l'ensemble de la ville étonne d'abord
l'étranger. Je conçois l'enthousiasme de ceux
qui, n'ayant fait que passer, n'ont eu que le
temps d'admirer. Malheureusement pour la
ville neuve, si elle possède sir Walter Scott, elle
est aussi habitée par notre consul, de qui j'ai
emprunté tout à l'heure la comparaison d'une
église avec une marmite; et je défie à tout enthousiaste de parcourir deux fois Édimbourg
avec M. Hug.... sans être désenchanté. Mon
philosophe s'avoue vaincu. Il y a aussi quelque
chose de triste dans le silence qui règne dans la
ville neuve quand vous avez franchi Prince's-
Street. La vie et le mouvement sont dans la ville
vieille, où chaque étage de ses gigantesques
maisons a ses habitans : en général, chacun des
grands hôtels de la ville neuve n'est occupé que
par une seule famille. Les étudians, les avocats, les hommes d'affaires courent dès le matin
de l'autre côté du Loch-North. Ces immenses
rues restent donc dépeuplées. *Ædificaverunt
sibi solitudines*, les riches d'Édimbourg se
sont construit une vaste solitude, pourrait-
on dire dans le langage de l'Écriture.... Ces
riches ne sont plus les descendans des Douglas

et des anciens barons féodaux. « — A qui ce bel hôtel ? demandez-vous. — A un procureur. — Et celui-ci ? — Au même. — Et cet autre ? — Encore à lui.... » C'est l'histoire du marquis de Carabas appliquée à cinquante de ces *écrivains du sceau* (*writer's of the signet*, ou *W. S.*) : on nomme ainsi la haute classe des procureurs, parce qu'ils ont seuls le privilége de signer certains actes revêtus du sceau royal. Ces messieurs, devenus les intendans ou agens d'affaires de la noblesse écossaise, manient tous les revenus de la propriété, font des avances aux seigneurs, etc. etc. etc. etc. etc.; et ces etc. signifient qu'ils finissent par s'anoblir eux-mêmes en devenant à leur tour propriétaires.

Quoique Édimbourg soit plus particulièrement une ville de noblesse et de procureurs, le commerce y a aussi ses *Crésus*. Le port de Leith fait partie de la ville, et dans la Grande-Bretagne on pourrait dire qu'il n'est pas de vague qui n'apporte une guinée. On trouve à Leith une population nouvelle, nombreuse, active, bruyante. Il y a autant de contrastes dans les mœurs des diverses classes d'habitans à Édimbourg que dans l'aspect de chaque quartier de cette singulière capitale. Toutes ces classes ont eu leurs hommes illustres, dont nous rencontrerons les monumens parmi ceux qui ornent la ville : la colonne dédiée au lord Melville, une tourelle ronde, mausolée de Hume, la statue du président Blair dans les cours de justice, etc. Il fut un simple joaillier, qui, devenu le banquier de ses princes et leur créancier, consacra à des établissemens de bienfaisance les terres dont ils furent forcés de lui céder la propriété. George Heriot figure dans *les Aventures de Nigel;* mais, gloire plus grande encore, son nom reste attaché à l'hospice Heriot[1], un des plus beaux édifices de sa ville natale. Cet hospice fut doté par lui de cinq mille livres sterling de revenus; c'est (selon ses intentions) un collége gratuit pour les fils des marchands pauvres.

[1] Plus d'un voyageur appelle cet hospice un hôpital, et croit qu'il ne contient que des malades. Le nom m'avait trompé comme les autres; mais, comme par état je recherche les hôpitaux de préférence à tout autre établissement, je suis entré.

Cet hospice, situé près de Grassmarket, a des propriétés jusque dans la ville moderne : *Heriot's row* [1] a dû être bâti sur un des terrains de sa dépendance. C'est derrière *Heriot's row* que les habitans d'Édimbourg vous montrent *Gabriel's road*, en racontant l'événement tragique rappelé par ce nom de Gabriel.

Ce Gabriel était un jeune ministre presbytérien, attaché comme gouverneur à une famille riche dont il élevait deux enfans de dix à douze ans. Le jeune gouverneur, de mœurs austères et puritaines, ne put voir sans une émotion involontaire la jolie femme de chambre de la maison. Un jour, en passant dans l'anti chambre, cédant à un irrésistible instinct, il s'approche de la soubrette, lui donne un baiser et s'enfuit.... Malheureusement il avait été aperçu par le plus petit de ses élèves, qui le dit à son frère; celui-ci le dit à sa mère. La dame se permit d'en faire une plaisanterie qui mit le gouverneur au

---

[1] On appelle *row* toute rue composée de maisons égales et uniformes.

désespoir. Dans le délire de sa rage, il résolut
de se venger sur les pauvres enfans qui l'a-
vaient déshonoré, croyait-il. Le dimanche
suivant, au sortir de l'église, il les mène à la
promenade, selon son usage; mais arrivé à
l'endroit appelé aujourd'hui *Gabriel-road*, et
qui, au lieu de maisons, n'offrait alors qu'une
vaste étendue de prairies, il tire un couteau
et le plonge dans le cœur de l'aîné des enfans;
l'autre pousse un cri de terreur, et se sauve;
mais l'assassin le poursuit, le couteau sanglant
à la main, l'égorge comme son frère, et s'as-
sied, étourdi peut-être de sa propre rage, en
renonçant à fuir après avoir accompli sa vengeance. Une grande partie des habitans
d'Édimbourg fut témoin de cet effrayant spectacle; car rien ne bornait la vue depuis la
vieille ville jusqu'à Gabriel-road; mais le ravin était une barrière qui empêchait les spectateurs d'apporter au second enfant un prompt
secours. Le peuple vint saisir cet homme fé-
roce, et le traîna devant les magistrats. Une
ancienne loi d'Écosse ordonne que justice immédiate soit faite du meurtrier surpris en *fla-
grant délit, red hand* (la main teinte de sang),

selon l'expression écossaise. L'application de cette loi eut lieu sans retard. Gabriel fut pendu avec le couteau attaché à son cou par une ficelle, et ses mains encore humides du sang de ses deux innocentes victimes.[1]

[1] C'est peut-être ici une tradition inventée à plaisir, quoique trop vraisemblable malheureusement; mais je nomme mes auteurs: ce sont M. J. Wilson et M. Lockart, gendre de sir Walter Scott. Cette tradition n'est d'ailleurs que le pendant de celle dont il est question dans le premier volume de *la Prison d'Édimbourg*. J'ai visité hier *Muschat's cairn*, ou *butte de Muschat*, c'est-à-dire l'emplacement non loin d'Arthur's seat.

LETTRE LXXIX.

A M. D'ALBIAN.

> Oh! le beau compliment à charmer une dame
> De lui dire d'abord : j'apporte à vos beautés
> Un cœur nouveau-venu des universités !
> P. Corneille, *le Menteur.*

En se proclamant fièrement l'Athènes de la Grande-Bretagne, Édimbourg ne fait pas seulement allusion à sa situation, à son Pirée (Leith), à son Acropolis avec la citadelle (le château qui la domine), à son futur Parthenon (le temple qu'on a le projet d'élever sur Calton Hill), etc. Édimbourg est encore plus glorieuse d'être une seconde Athènes par ses philosophes, ses orateurs, ses critiques et ses poètes, ou plutôt par ses sociétés savantes, qui ne sont pas toutes malheureusement des académies. Mais chacun ici s'occupe plus ou moins de littérature et de science; chacun se figure être pour quelque chose, comme Écossais, dans la rédaction de la redoutable *Revue* : les femmes mêmes veulent exercer leur petite influence littéraire :

> Nous sommes tous d'Athènes sur ce point.
> La Fontaine.

Vous me direz que je vais vous décrire une cité un peu pédantesque..... et sauf quelques exceptions vous aurez deviné. Je commencerai donc par les généralités avant de parler des individus.

Je ne sais plus qui a surnommé Édimbourg un grand marché bibliographique ! proportionnellement on y publie plus de livres que dans aucune ville du monde ; mais cela ne signifierait-il pas aussi que nulle part, les libraires ne sont comme à Édimbourg des espèces d'oracles : c'est-à-dire les échos de quelque coterie littéraire.—C'est chez M. Arch. Constable, le plus *considérable* de tous, que la *Revue* d'Édimbourg régente le monde savant et le monde politique. On accuse ses rédacteurs de prendre un air hautain et dédaigneux : accoutumés à imposer tyranniquement leurs opinions à l'Écosse, ils s'irritent de la moindre

contradiction, et redoutent une plaisanterie
à leurs dépens plus qu'une réfutation sérieuse:
à table cependant ils se dérident quelquefois;
et entre deux vins, ils sont presque aimables.
Outre sa petite boutique de High-street, le
grand Archibald a une maison fort élégante,
comme il en est peu même dans la vieille ville.
— Ce géant critique, la *Revue* d'Édimbourg,
est surtout harcelé par un nain ennemi, le
Magazine mensuel de Blackwood, journal tory,
antiphilosophique, religieux même par momens, ou, pour mieux dire, médisant et dévot.
Sa critique se distingue par un singulier mélange d'enthousiasme et de satire bouffonne,
d'esprit et de mauvais ton. C'est le champion
de l'école des Lacs, car M. Wilson est un des
rédacteurs ; c'est encore plus le champion de
Walter Scott, car son gendre, l'avocat Lockart, est un des collaborateurs les plus actifs.
M. Constable est un homme habile en affaires,
mais simple dans ses manières, résumant tout
ce qu'il a entendu en quelques phrases, et
content d'être le plus riche libraire d'Écosse.
M. Blackwood voudrait en être le plus spirituel. Il y a un air de bonhomie dans la figure et

les façons de Constable; Blackwood a un regard à la fois dur et rusé. Son sourire est habituellement sardonique : il lit les manuscrits qu'il achète, et dicte des jugemens à ses rédacteurs; c'est du moins ce qu'il m'a donné à entendre, quand je lui demandai poliment s'il n'écrivait pas lui-même, et qu'il me répondit négativement. Sa librairie au milieu de Prince's-street est élégante : dans un cabinet intérieur autour d'une table garnie de journaux, de livres et de gravures, j'ai passé de temps en temps une heure à *lire* ou à *écouter*. M. Blackwood et son journal sont très redoutés à Édimbourg; *ridiculum acri*, etc., car d'ailleurs le Blackwood Magazine écrit pour la minorité. L'église presbytérienne est whig, la médecine est whig, le barreau est whig, le commerce est whig, et le peuple encore whig : nulle part le roi d'Angleterre n'est plus méprisé qu'ici; on ne lui fait pas même l'honneur de le haïr; on réserve ce sentiment-là pour lord Castlereagh : après le procès de la reine, il y eut une illumination générale en réjouissance de son acquittement. Les magistrats seuls sont ministériels à Édimbourg. Tous dépendent du patronage de lord Melville; et lord Melville, à chaque élection nouvelle de membres du parlement ou de magistrats municipaux, paie et vend toutes les consciences des gens en place au ministère anglais; mais nous reviendrons là-dessus.

Deux librairies de la vieille ville offrent un autre genre de contraste. MM. Laing père et fils, établis dans la rue du Collége, ont une superbe *bouquinerie* classique où se rencontrent tous les amateurs écossais et étrangers qui, au blanc vélin de la librairie moderne, préfèrent les Elzévirs et les Aldes jaunis par une *savante* poussière. J'ai quelquefois rêvé à mon ami Charles Nodier, dans ce sanctuaire de la bibliographie calédonienne, et hier encore j'y achetai pour lui un dernier exemplaire du *Salluste* stéréotypé par Geddes en 1765. On s'occupe si peu de littérature classique à Édimbourg, que la *coterie* des *bibliopoles* est la moins nombreuse de toutes. La *cave* des MM. Laing a cependant une grande réputation. L'antiquaire sir Walter Scott est naturellement un ami des MM. Laing. M. Laing le père, qui est un vieillard d'excellent ton, m'adresse toujours la parole en français, et traduit même en cette langue les mots intraduisibles de *localité*. Il n'oublie jamais de me demander : « — Monsieur le docteur, avez-vous vu ce matin *M. le chevalier?* » — Or, M. le chevalier c'est *sir* Walter Scott, *baronnet*. M. Laing fils est un bouquiniste instruit, modeste, prévenant, sans affectation.

On arrive dans un autre monde quand de chez MM. Laing on vient chez MM. Miller et Manners, établis presque vis-à-vis de M. Constable. C'est ici le rendez-vous des *bas-bleus* et de tout le *beau monde* littéraire d'Édimbourg. Je vais presque chaque jour y passer une heure délicieuse à écouter le babil des jolies dames qui viennent s'y mettre au courant de la mode en littérature. M. Manners, petit homme calme et réfléchi, tient plus volontiers tête aux amateurs de son sexe; M. Miller, avec ses saluts et son sourire affectueux, fait les honneurs de l'arrière-boutique aux amateurs féminins. Le magazin, proprement dit, est desservi par des commis; l'appartement du fond, meublé par des armoires pleines de reliures et des tables couvertes de tous les chefs-d'œuvre de la calcographie, est un vrai boudoir de bibliopole. Il faut voir avec quelle galanterie M. Miller court à la porte dès qu'il voit entrer une dame, comme il lui offre la main avec complaisance jusqu'à une chaise, comme il répond avec un doux parler à ses questions, avec quel empressement il étale devant elle une gravure ou une reliure en maroquin! puis, avec la même galanterie, la même complaisance, le même doux parler, le même empressement, il reconduit jusqu'à sa voiture la dame enchantée, qu'elle ait fait emplette ou non. Alors si une autre beauté ne réclame pas immédiatement les mêmes attentions, il se tourne vers un de ceux qui l'ont suivi des yeux dans tout ce manége, et, content de lui-même, il cherche un applaudissement mérité dans vos regards. Combien de fois s'est-il alors approché de moi en me disant : « — Eh bien, docteur, avez-vous vu une plus jolie dame? » Dans le fait, j'en ai vu chez lui plusieurs de très jolies.

M. Miller a une singulière ressource de conversation journalière. Du temps du séjour des princes français à Holyrood, son associé a donné quelques leçons d'anglais au duc d'Angoulême et au duc de Berri, qui probablement lui ont, en partant, laissé leurs portraits : du moins, ces portraits renfermés précieusement dans leur boîte, font partie du mobilier du boudoir. La première fois que je me présentai chez MM. Manners et Miller, celui-ci, au bout de quelques instans, tira les portraits de leur étui, et me les montra pour me faire attester leur ressemblance devant cinq à six beautés présentes. Depuis, je n'ai pas été voir MM. Manners et Miller que M. Miller n'ait oublié qu'il m'avait montré ses portraits la veille. Chaque fois, il me les montre encore, en me sommant de dire s'ils sont ressemblans : de mes mains, les portraits passent dans celles d'une dame qui abandonne un moment la lecture de *l'Ed. Rev.*, pour y jeter un coup d'œil et les passer à une autre qui les passe à une troisième, etc. J'ajoute volontiers que MM. Manners et Miller sont les plus aimables libraires du monde, et méritent l'éternelle reconnaissance des étrangers.

Les *dîners*, les *soirées*, réunissent souvent

les coteries de Constable, de Blackwood, de Miller et Manners, et chacun y apporte son petit rôle, qu'il débite du mieux qu'il peut. Mais il est surtout à Édimbourg plusieurs de ces vieilles demoiselles qui, faute d'une dot, forcées de renoncer à l'état conjugal, aiment à se faire le centre de quelque académie libre. C'est chez ces du Deffant calédoniennes qu'il est amusant d'entendre disserter en règle sur les hautes questions du jour. De père en fils, les Écossais sont depuis long-temps les argumentateurs les plus opiniâtres; en religion, en science, en politique, il y a toujours eu deux partis. Les presbytériens se divisent encore aujourd'hui en *modérés* et en *enragés* (the *moderate* and the *wildmen*); ceux-là, guidés jadis par Robertson, et maintenant par le docteur Inglis; ceux-ci par sir Henry Moncrief, successeur du docteur Erskine; les médecins combattaient dans le temps pour Cullen ou pour Brown, puis pour Grégory ou pour Hamilton. Sous Hume, il y avait les sceptiques et les anti-sceptiques; sous Adam Smith, trois sectes au moins d'économistes; sous Robertson, les partisans de Marie Stuart et ses antagonistes ; sous Macpherson, les ossianistes et ceux qui niaient et nient encore l'antiquité d'Ossian ; tout récemment la querelle à l'ordre du jour était entre les *plutonistes* et les *neptuniens*. Les premiers, appelés aussi Huttonistes, répètent avec Hutton, Playfair, Hope, etc., que la formation de notre globe doit être attribuée à la présence d'un feu central qui a consolidé en roches les débris d'un monde plus ancien ! Une vieille douairière m'avait converti l'autre jour à cette opinion, tellement qu'il en a coûté hier soir à une autre une discussion de trois quarts d'heure pour me ramener à la théorie des neptuniens ou Wernériens, qui veulent absolument que le globe soit formé par des précipitations chimiques ou des dépôts mécaniques d'un fluide chaotique, lequel tenait en dissolution toutes les substances minérales à la fois ! ! ! Grâces à MM. Thomson, Jameson, Brewster, Macculloch, il faut être un peu chimiste, physicien, géologique et astronome pour placer son mot dans la plupart des sociétés d'Édimbourg. Heureusement encore, grâces à l'imagination de Scott, la capitale d'Écosse s'occupe aussi de ses antiquités historiques et poétiques. On prétend même que la musique et la danse font souvent diversion en hiver aux discussions de géologie, de philosophie, etc. La mélodie bizarre d'un *strathpey* mettrait en mouvement le géologue et le philosophe les plus déterminés d'Écosse. Les dames d'Édimbourg ont la démarche plus gracieuse en général que les dames de Londres; leur taille est aussi plus élancée et plus forte à la fois. J'ai rencontré jusqu'à présent parmi elles moins de sémillantes Hébés que de fières Junons et de Dianes au pas hardi : elles ont cela de commun avec les belles statues antiques que leur corps s'appuie sur une *large base de sustentation*. Sans doute aussi qu'une chaussure un peu moins grossière contribuerait à diminuer cette *exagération* de leurs pieds. S'il est un pays où les jeunes personnes pourraient adopter facilement la mode des pantoufles si minces de nos Parisiennes, n'est-ce pas une cité comme Édimbourg, où il n'est guère dans les maisons d'appartement sans tapis, et où chaque rue est ornée des dalles polies d'un double trottoir?....

Aux grâces du corps, les jeunes demoiselles

d'Édimbourg joignent la plupart le charme de quelques talens agréables : il en est peu qui ne soient musiciennes et qui ne manient l'aiguille avec une rare adresse. Il en est peu qui ne sachent le français : on m'a nommé un professeur de cette langue qui se fait un revenu de vingt à trente mille francs. La classe la plus nombreuse d'Édimbourg étant celle des avocats et des procureurs, ce sont eux qui donnent le ton à la société. Un jeune avocat un peu *causé* fait aisément un mariage avantageux : c'est à un avocat que sir Walter Scott a marié sa fille aînée. Ce sont les avocats et les *Écrivains du sceau* qui sont les *commissaires* obligés des *bals*, des *routs*, des *assemblées*, des *dîners*, de toutes les réunions publiques. Ils rédigent les journaux ; ils font la mode et l'opinion ; enfin ils jouent souvent un rôle brillant dans les romans de Walter Scott. Je relis ici avec un double plaisir les conversations de M. Bartholomiew Saddletree (dans *la Prison d'Édimbourg*).

LETTRE LXXX.

A M. DUMONT.

Comment! c'est un exploit que ma fille lisait!
Ah! tu seras un jour l'honneur de la famille.
RACINE.

« — *He has had the benefit of a school education, seems to have read a good number of books, his memory is tenacious, and he pretends to speak several languages; but he is so addicted to wrangling, that he will cavil at the clearest truths, and, in the pride of argumentation, attempts to reconcile contradictions.* »
T. SMOLLET, *Humphrey Clinker*.

Il a reçu une éducation scolastique, paraît avoir beaucoup lu, est doué d'une mémoire tenace, et prétend parler plusieurs langues; mais il est si amoureux de la dispute qu'il trouve à redire aux vérités les plus claires, et que dans l'orgueil de l'argumentation il cherche à concilier les choses les plus contradictoires.

SMOLLET, surnommé par sir Walter Scott le *Rubens* des romanciers, et dont les cari-

catures souvent bouffonnes, triviales même, ne manquent pas de vérité, a tracé dans son *Humphrey Clinker* un portrait fort amusant du lieutenant Lismahago. C'est un type du caractère écossais, qu'on ne peut plus appliquer aujourd'hui à ses compatriotes sans intention satirique. Mais quelques traits du noble Don Quichotte calédonien se retrouvent encore dans la physionomie des Écossais. — A part toute allusion, qui n'a ri de bon cœur de la chute que le lieutenant fait de son cheval, pendant qu'il s'occupe à saluer les dames? qui n'a ri de sa fureur ou de ses galanteries débitées dans le dialecte national, dont il a gardé précieusement l'accent dans ses campagnes en Amérique? avec quelle dignité blessée il se récrie quand M. Bramble s'étonne qu'il ait pu endurer tant de fatigues pour une solde de trois ou quatre shellings par jour : « — Monsieur, vous me faites in-
« jure de me croire capable d'écouter de si
« misérables considérations. Je suis un gen-
« tilhomme, et, comme tout gentilhomme,
« je suis entré au service avec l'espoir et les
« sentimens d'une ambition honorable. Si je

« n'ai pas été heureux dans la loterie de la
« vie, je ne me trouve pas non plus très mal-
« heureux. Je ne dois pas un farthing (un
« liard) à personne; je puis toujours avoir
« une chemise blanche, une côtelette de mou-
« ton, et une botte de paille; quand je mour-
« rai, je laisserai assez de hardes pour subvenir
« aux frais de mon enterrement. »

Bientôt M. Bramble a trouvé dans le bel-
liqueux lieutenant un champion redoutable;
ils discutent et se querellent chaudement sur
les *que si, que non*, de la guerre, de la politique, des belles-lettres, de la jurisprudence,
de la métaphysique, etc.

Un mot inattendu amène la généalogie de
M. Bramble. Lismahago en écoute le récit
avec une attention presque respectueuse. La
généalogie est encore de nos jours une chose
importante, même chez les whigs d'Édimbourg. — Le lieutenant décline lui-même
ses nom et prénoms, *Obadiah Lismahago*, les
écrit sur un morceau de papier, aide ses auditeurs à les prononcer correctement, déclare
avec emphase que jamais noms ne furent plus
harmonieux, glisse quelques paroles sur ses

ancêtres avec une modestie affectée, semble séduit par les complimens que miss Tabitha adresse à la nation écossaise en général, et ne consent à raconter ses exploits qu'avec une réserve politique.

Avec quelle gravité il soutient que le meilleur anglais est celui qu'on parle à Édimbourg, et que les Anglais n'ont fait que corrompre leur langue par leur orthographe et leur prononciation !

« Enfin le lieutenant alla si loin dans sa « polémique, que chaque fois qu'il ouvrait la « bouche, il en sortait un paradoxe, soutenu « par lui avec tout l'enthousiasme de la dis- « pute ; mais il n'y avait aucun de ses para- « doxes qui n'attestât sa partialité pour son « pays. Il cherchait à prouver que l'indigence « était un bienfait pour une nation ; que la « *farine d'orge* était préférable à la *farine de* « *froment*, etc. etc.; que le commerce devait, « à la longue, ruiner une nation ; que la liberté « de la presse était une calamité natio- « nale, etc. » Mais je m'arrête ; car nos ministres trouveraient que le capitaine Lismahago n'était pas si absurde. Quelquefois, quand il n'avait pas sous la main d'autre prétexte de contradiction, il traitait fort cavalièrement ses concitoyens; mais il ne souffrait pas qu'un autre que lui se permît un sarcasme sur leur compte.

Aujourd'hui, écoutez bien les lecteurs du Blackwood lançant des lardons à Jeffrey et compagnie ; écoutez les whigs accuser sir Walter Scott d'être un politique servile; mais laissez-les dire; vous n'avez pas le droit de critiquer, ni Jeffrey quand il a mauvais goût, ni sir Walter *quandò bonus dormitat Homerus*.

S'il y a dans Édimbourg un *commérage* littéraire et politique, et un peu de pédanterie chez les savans, c'est qu'Édimbourg est un peu ville de province, malgré son titre de capitale. Transportez-y la cour, et vous n'aurez peut-être qu'une coterie de plus à Holyrood. Si l'esprit de la discussion s'y perpétue, c'est sans doute à l'influence des avocats qu'il faut s'en prendre. Occupons-nous de ce corps puissant. Walter Scott en fait partie, et j'ai déjà remarqué qu'il aime à introduire les ministres de la chicane dans ses romans.

Un écrivain qui a composé un Traite *ex professo* sur l'incognito gardé par l'auteur de *Waverley*, et qui soutient que le poète de *la Dame du lac* et celui des *Scotch Novels* ne sont qu'une seule et même personne, fonde en partie son assertion sur ce qu'ils sont l'un et l'autre hommes de loi. « L'auteur de *Waverley*, dit-il, se sert des termes particuliers et des phrases des légistes (d'après le *Code* d'Écosse) avec une liberté et une assurance qui n'iraient pas à quiconque ne serait pas initié dans le métier : si, dans le cours de son récit, un *sujet judiciaire* s'offre à lui (ce qui arrive fréquemment), il ne le rejette ni ne l'élude, mais se lance hardiment dans tous les termes techniques, comme si la cause était encore pendante devant les *quinze juges*. Il décrit les mœurs, les manies, le bavardage[1] du métier, avec toute l'aisance et la familiarité qui sont le résultat d'une observation habituelle; » — témoin les deux avo-

---

[1] Ce mot, j'en demande pardon aux avocats, est emprunté à l'auteur cité, qui l'emploie tel et quel, quoiqu'il ait son équivalent en anglais.

cats de Gandergleuch, dans l'*introduction*[1] de *la Prison d'Édimbourg,* et le personnage plus fini de Paulus Pleydell, dans *Guy Mannering.*

En effet, un avocat seul pouvait hasarder et rendre si intéressantes les recherches judiciaires qui sont la suite de la disparition du jeune Bertram (*Guy Mannering*); un avocat seul pouvait inventer les interrogatoires de Sharpitlaw, Ratcliffe et Madge Wildfire (*Prison d'Édimbourg*); un avocat seul pouvait se résoudre à sacrifier à la vérité du métier l'occasion d'être complétement éloquent dans le plaidoyer qu'il prête au défenseur d'Effie. Tout le procès de cette pauvre sœur de la sublime Jeannie Deans est traité avec des détails techniques et une diffusion qui gâterait presque maint passage, pathétique d'ailleurs au plus haut degré. On est quelquefois tenté de confondre le romancier dans l'impatience

---

[1] Je recommande aux lecteurs français les diverses introductions des romans de sir W. Scott. Quelques unes avaient été supprimées par M. Defauconpret dans les premières éditions; elles sont rétablies dans l'in-8°. Il en est quelques unes de charmantes, telles que celles des *Puritains* et de la *Légende de Montrose.*

qu'excite, par ses importunes remarques, l'amateur judiciaire, Bartholomiew Saddletree; mais enfin on arrive à cet appel tragique fait par maître Fairbrother aux juges émus, lorsqu'interrompu par le cri perçant d'Effie : « Messeigneurs, dit-il, vous avez entendu « dans ce cri de douleur l'éloquence de l'a- « mour maternel, supérieure à toutes mes « paroles : c'est Rachel pleurant ses enfans; la « nature elle-même témoigne en faveur des « sentimens de cette jeune mère; je n'ajoute- « rai pas un mot de plus à cette voix du cœur. » J'ai admiré un trait semblable dans un plaidoyer de Ferrère.[1]

Le personnage comique de Paulus Pleydell est surtout destiné à nous faire connaître les singulières mœurs, le costume et le jargon de l'ancienne basoche d'Édimbourg. Quelques critiques de Londres trouvèrent que ce n'était qu'une grossière caricature; mais en Écosse on y reconnut la peinture fidèle des traditions locales. Du temps de Paulus Pleydell, la ville neuve n'existait pas; la noblesse habitait les

[1] Célèbre avocat de Bordeaux. (Voir le Barreau français.)

petits hôtels de Canongate, et les avocats les vastes maisons des environs de la cour, appelées *lands* (terres), dont chaque famille occupait un étage au plus. Pour ne point décourager les cliens forcés de gravir tant d'escaliers, ou pour s'arracher eux-mêmes à l'ennui de ces hautes *cages*, les *hommes d'affaires* (ainsi s'appelaient alors les hommes de loi) donnaient leurs rendez-vous dans les tavernes, où quelques uns d'entre eux établissaient même constamment leur *étude* entre les pots et les bouteilles.

Le Paulus Pleydell de *Guy Mannering* était un M. Crossbie, qui brilla plusieurs années à la tête du barreau écossais, avocat intègre et habile d'ailleurs, et résidant dans une *allée* dite *Allan-Close*, d'où il se rendait régulièrement chaque jour au tribunal, en robe et avec sa perruque sur la tête. Aujourd'hui il y a des vestiaires où les avocats peuvent, comme au Palais de Justice de Paris, venir changer de costume. M. Crossbie entretenait volontiers ses pratiques et les procureurs dans le *John Coffee-House*, en vidant une pinte de brandevin. Le samedi, c'était dans une autre maison d'*Anchor-Close*, décrite par l'auteur de *Guy Mannering*, sous le nom de *Clerihugh*, que M. Crossbie allait joindre ses respectables confrères, et même quelques juges, pour y souper à *six pence* par tête; — sans doute que le liquide n'était pas compris dans ce prix modéré, puisque les bacchanales judiciaires duraient jusqu'au dimanche matin.

Quelques Anglais scrupuleux ont conservé à Londres une habitude jésuitique, pour ne pas être tentés de violer le saint jour du sabbat : c'est le samedi qu'ils aiment à faire de longues séances à table et ailleurs, afin d'être bien fatigués le dimanche, et de le consacrer au repos. Je parie que la Société pour la *suppression du vice* ne trouve rien à dire à un tel expédient. — J'ai cité ailleurs une anecdote à ce sujet.

Le *Driver* de Paulus Pleydell est le portrait d'un clerc également connu, qui, selon l'expression de son patron, « trouvait dans l'ale un supplément à tout ; — l'ale était pour lui le manger, le boire, l'habit, le lit, la table, etc. etc. » (*Guy Mannering*.)

Lord Gardenstone joua à M. Crossbie un de

ces tours qui amusaient le barreau joyeux de ce temps, pendant un mois. Mylord rencontra sur le chemin un paysan qui allait à Édimbourg entendre plaider en sa faveur M. Crossbie son avocat; le facétieux sénateur conseilla au plaideur de se procurer une douzaine ou deux de *farthings* chez un marchand de tabac de Grass-Market, de les plier un à un dans du papier blanc, comme si c'étaient des guinées, et de les remettre à propos comme honoraires à M. Crossbie pour ranimer son zèle. Le cas était aride. M. Crossbie se ralentissait par momens dans sa verve, et l'accent de sa voix annonçait qu'il allait brusquer la discussion du fait, pour arriver à la conclusion sans en avoir assez dit. Chaque fois qu'il était en quelque sorte prêt à perdre haleine, le rusé paysan, qui s'était placé à son côté, lui glissait sans mot dire un *farthing* proprement entouré de papier blanc, et M. Crossbie trouvait une transition nouvelle pour revenir à la charge. Au quatorzième farthing, les juges étaient convaincus, et l'affaire gagnée. Mais ce fut le soir, au *John*

Coffee-House, que l'avocat plaignit sa peine, lorsque après avoir régalé lord Gardenstone lui-même des profits de son éloquence, il s'aperçut que les guinées prétendues n'étaient que des farthings — Lord Gardenstone avait-il réellement joué ce tour à maître Crossbie, ou en avait-il seulement fait l'histoire? On s'en inquiéta peu; toute la basoche en rit de bon cœur.

Le caractère de Paulus Pleydell, lorsque *Guy Mannering* parut, amusa surtout un des juges de la cour des sessions. — Ce juge, c'était lord Hermand, espèce de Cincinnatus jurisconsulte, qui fut ravi de voir si bien décrites les mœurs des avocats de la vieille roche. On raconte même que lors de la nouveauté de *Guy Mannering*, lord Hermand portait toujours avec lui ce roman comme un manuel, et ne se lassait pas de demander aux uns et aux autres : « L'avez-vous lu? » — Un matin, déjà gravement assis avec ses collègues sur le banc des juges, et discutant quelque question ardue, lord Hermand saisit avidement un mot de transition pour citer *Guy Mannering*, et en fit valoir avec tant de chaleur l'incontestable mérite, qu'il tira enfin un volume de sa poche pour mieux prouver encore que son enthousiasme était bien légitime. En vain ses collègues lui adressèrent des remontrances; il voulut avoir gain de cause, et déclama tout un chapitre avec l'accent et les gestes les plus expressifs. Le plaisir de cette lecture fut contagieux : les juges avouèrent, dit-on, par leur attention et leur rire franc, que jamais l'auguste temple de la Thémis calédonienne n'avait entendu de plus amusans récits.... Pendant toute cette scène, le greffier, assis silencieusement aux pieds de lord Hermand, écoutait comme les autres. — Ce greffier, c'était l'anonyme Walter Scott.

J'ai appelé lord Hermand un Cincinnatus jurisconsulte; c'est qu'il a conservé des anciennes mœurs judiciaires le goût le plus vif pour les plaisirs champêtres. Les vacances sont par lui consacrées à la culture de sa chère ferme sabine. Jadis ceux des hommes de loi qui étaient propriétaires de quelque domaine rural, s'y rendaient volontiers dès le samedi soir après l'audience, s'ils n'avaient pas de rendez-vous joyeux dans la taverne : aussi le samedi ne jugeait-on et ne plaidait-on qu'en demi-costume, et quelquefois avec les éperons aux bottes, pour être plus tôt à cheval. La perruque seule et la robe étaient de rigueur. — Les avocats écossais modernes ont un bagage plus léger, et la plupart plaident coiffés *à la Titus* : mais l'augmentation des honoraires est ce qu'ils vantent surtout comme une preuve des améliorations apportées par le temps dans le bien-être de l'état. — Plus d'un plaideur a contribué aux embellissemens de Craig-Crook, jolie résidence de M. Jeffrey, à trois milles d'Édimbourg.[1]

Je risquerai quelque jour de m'engager dans les détours du code d'Écosse. Je dirai du moins quelques mots de la composition toute particulière des tribunaux d'Édimbourg pour

---

[1] Depuis que cette lettre a été écrite, le roman de *Redgauntlet* est venu nous fournir de nouveaux détails sur les procureurs et les avocats écossais de la vieille école. Le Chicaneau d'Édimbourg, le pauvre P. Peebles est un personnage historique.

J'en appelle aussi au roman de *Saint-Ronan* pour justifier mes *médisances* sur les coteries littéraires dirigées par des *bas-bleus*.

servir de commentaire à certaines expressions toutes locales des romans de sir Walter Scott. Nous trouverons à la *cour des sessions* (cour suprême en matières civiles) des juges respectables et des avocats qui, tels que MM. Moncrieff, Forsyth et Cockburn, sont de redoutables antagonistes pour M. Jeffrey, quelque habile rhétoricien et éloquent orateur à la fois que soit le rédacteur de *la Revue d'Édimbourg*. La cour du jury et la cour criminelle (*court of justiciary*) nous occuperont après la cour des sessions; du palais de justice je me propose de faire une excursion dans la *prison*, qui n'est plus la vieille Tolbooth, ai-je déjà dit, mais un édifice moderne, non loin de Calton-Hill, et assez triste dans l'uniformité de son architecture.

J'indiquerai aussi en quoi consiste l'enseignement pour les étudians en droit; mais ce sera quand je passerai en revue les cours de l'université, et peut-être, avant de faire connaître le résultat de mes recherches sur ce sujet sérieux, attendrai-je d'avoir vu Glascow pour comparer l'université de cette seconde ville d'Écosse à celle de la capitale.

LETTRE LXXXI.

A M. Ad. LESOURD.

>Cet homme apparemment n'aime pas la musique.
>>MOLIÈRE.
>
>*As melancoly as the drone of a.... bag-pipe.*
>>SHAKSPEARE.
>
>**Aussi triste que le bourdon d'une cornemuse....**
>
>*Una nuova musica lamentevole, meste, differente di tutte le altre.*
>>TASSONI.

La philosophie, les sciences, la poésie et la critique ont fait en Écosse plus de progrès que les beaux-arts en général. Le ministre Williams, par ses admirables aquarelles, Namysth, par ses paysages, Raeburn par ses portraits, Wilkie, Allan, et quelques autres artistes de mérite ont presque fondé une école écossaise en peinture. Mais je ne vois pas encore de sculpteurs écossais : les statues qui ornent Parliament-House sont de Chantry;

peut-être d'Édimbourg à Glascow trouverai-je l'occasion de réformer ce jugement. En architecture, un M. Adams affiche ici de hautes prétentions : j'aime à croire que ce n'est pas à lui qu'est due la lourde tourelle du mausolée de Hume, la colonne écourtée de Nelson, la chapelle en *marmite renversée*, le théâtre et vingt autres monumens plus lourds encore d'une cité dont la situation eût inspiré un véritable architecte. De loin tout ici est grand et pittoresque; de près tout est mesquin ou de mauvais goût. Les environs d'Édimbourg manquent aussi d'arbres. N'aurait on pas pu rapprocher de la ville quelques uns des sapins qui couvrent le coteau de Costorphine, ou de ces mélèzes, de ces ormeaux et de ces chênes de Dalkeith, dont le feuillage eût entouré d'une verte ceinture la base des coteaux arides sur lesquels s'élève l'Athènes calédonienne ? Il y a un peu plus de fraîcheur dans la jolie vallée située au couchant de la nouvelle ville, et j'y ai suivi quelquefois avec charme le cours irrégulier du ruisseau (*Water of Leith*) qui, sorti des monts de Pentland, vient se jeter dans le golfe du Forth au milieu de Leith. Cette eau vagabonde semble tantôt s'être ouvert un pénible passage à travers des rochers qui la cachent sous leurs saillies, tantôt elle les franchit légèrement en cascades, et puis courant sur une surface plus égale, elle arrose des arbres touffus ou des prairies. Vers le milieu du vallon jaillit une autre source, qui se serait mêlée au ruisseau de Leith pour porter avec lui en se jouant son tribut au golfe de Forth; mais on lui a découvert des vertus *thermales*, et elle a été isolée dans un puits entouré d'un petit temple à colonnes élancées. On croirait trouver sous cette rotonde (appelée *Bernards wells*) l'élégante statue d'une naïade romantique, qui rappelle par ses formes *la Dame du Lac*, ou du moins une *Hébé* grecque digne de l'autre Athènes.... On recule à la vue d'un colosse grossièrement sculpté, qui représente la déesse Hygie!

On aurait pu tirer aussi meilleur parti du site de Calton-Hill, autour duquel sont tracés des sentiers circulaires conduisant au phare de Nelson. Cette colline attend, il est vrai, un autre monument, fruit d'une souscription nationale; ce sera la copie exacte du Parthénon d'Athènes.

De Calton-Hill, redescendons vers Prince's-Street : nous trouvons le *Register-Office* (l'hôtel des Archives), cité comme le chef-d'œuvre de M. Adams. Cet édifice, qui ne serait pas sans mérite, est défiguré par un perron dont on vante cependant l'ingénieuse invention. Arrivé au bas de la façade, il faut tourner à droite ou à gauche pour gravir l'escalier qui aboutit à la porte. Aussi a-t-on condamné l'entrée principale; et je ne suis jamais entré que *latéralement* dans cet hôtel, qui ne vaut pas beaucoup de maisons bourgeoises auxquelles nous faisons à peine attention à Paris. Presque en face du *Register-Office* est le théâtre : mais c'est ici qu'Édimbourg est obligée de subir l'épithète désolante pour elle de cité *provinciale*. Pour masquer la pauvreté de la *maison*[1], on a essayé de la faire précéder d'un portique...., mais qui n'est que trop digne du reste de ce temple des muses dramatiques. L'intérieur cependant n'a rien de choquant;

[1] En anglais *house*, *play-house*, maison de comédie. Ces mots s'appliquent à toutes les salles de théâtre en Angleterre. Ici c'est le terme de rigueur.

c'est même une assez jolie salle de province. La première fois que j'y suis entré, c'était pour entendre la grande lutte musicale des joueurs de cornemuse. J'avais témoigné à M. le consul Hugo le désir de jouir de ce spectacle; j'eus besoin de toute ma curiosité pour résister à ses sollications de n'en rien faire. « — Défiez-vous de tout ce qui ressemble à de la musique tant que vous serez en Écosse, me disait-il; vous n'avez pas un ménétrier en France qui ne fût un Rossini à Édimbourg. Je dois, en ma qualité de consul, protéger contre toute trahison les sujets de sa majesté très chrétienne. A mon arrivée, j'y fus pris; profitez de mon expérience. On m'avait invité à un concert particulier : j'écoutai plusieurs airs avec une résignation exemplaire; mon hôte me demanda si je n'étais pas ravi. — Beaucoup, lui répondis-je; mais j'aimerais un peu plus de variété; ces airs mélancoliques m'agacent les nerfs. — Comment, ces airs mélancoliques! ce sont des airs de mariage. — Jugez combien je fus mortifié, et mon hôte aussi, ajouta M. Hugo. J'avais cru n'entendre que des chants d'enterrement : mais une cornemuse me met au supplice. Vous reviendrez sourd d'un tel concert. »

Cependant je persistai, et j'assistai à la lutte des *pipers*, laissant le philosophe et le consul déplorer mon entêtement de curiosité[1]. Je crus pendant le premier quart d'heure que notre consul avait raison ; mais d'abord, pour que l'orgueil national de l'Écosse puisse apprécier mon jugement à sa juste valeur, je déclare que je suis un *barbare* en musique,

---

[1] Les préventions du consul, homme d'esprit d'ailleurs, mais qui semble se croire en exil à Édimbourg, ont excité en lui une espèce de dépit contre Charles Nodier, qui a peint avec tant de poésie la royale *Édina*. « — M. Ch. Nodier et ses amis, me dit-il, arrivèrent ici un dimanche matin. Ils avaient eu le malheur de perdre presque tous leurs chapeaux. Il ne leur en restait plus qu'un seul pour quatre. L'observation du dimanche est si sévère en Écosse qu'ils ne purent faire ouvrir une boutique de chapelier que fort tard ; pour ne pas perdre de temps, chacun à son tour prenait le chapeau conservé, et allait faire une promenade dans la ville. »

Charles Nodier et Taylor ont beaucoup ri depuis avec moi de cette anecdote, qu'ils m'ont dit n'être pas *sans quelque vraisemblance.*

aussi incapable d'analyser l'air simple qui me charme que l'air *savant* qui m'étonne. Je dois à la musique des émotions vives ; Paësiello, Cimarosa, Mozart, Rossini, etc., sont pour moi des demi-dieux, quand l'orchestre de Louvois et les accens de Mainvielle ou de Pasta leur servent d'interprètes ; ils m'émeuvent, me transportent, me passionnent ; mais je n'ai pas honte de sourire de plaisir ou de pleurer quand un air sans art, chanté par quelque fille de village, vient interrompre le silence d'un bois où j'erre à l'aventure. Quelquefois même, le soir, seul au coin de mon feu, une plume ou un livre à la main, j'interromps subitement la lettre que j'écris ou l'auteur qui m'occupe, pour me livrer tout entier au charme d'écouter l'orgue de Barbarie arrêté sous ma fenêtre. Je suis un barbare, je le répète : la nature même m'a refusé une voix juste ; et si j'essaie de fredonner un motif qui m'a attendri ou qui a excité ma gaîté, je suis effrayé du son discordant échappé de mes lèvres. Cependant j'aime la musique, et je me comparerais volontiers, comme je ne sais plus quel poète anglais, à un rossignol doué par excellence de l'instinct musical, mais à qui l'oiseleur cruel aurait arraché la langue.

La salle était pleine de spectateurs qui semblaient jouir d'avance d'une fête toute nationale. Les joueurs de cornemuse viennent pour cette solennité de diverses parties des montagnes, portant tous l'antique costume de leur clan ; chacun s'avance à son tour sur le théâtre, avec une fierté qui rappelle que le *piper* était autrefois un des principaux officiers héréditaires de la *queue* (*tail*) ou suite du chef. Le premier exécuta, en marchant, un de ces airs qui font partie en quelque sorte de la tradition historique de certains exploits de chaque clan ou des sites qu'il habite. Un second lui succéda, et joua avec le même feu ; puis un troisième et un quatrième, etc. etc. Il y en eut plusieurs qui accompagnaient les efforts de leurs poumons d'un mouvement presque convulsif de leur corps. Je distinguai que les airs n'étaient pas les mêmes ; mais il y a si peu de variété dans les sons criards de l'instrument, l'étendue du clavier en est si bornée, que je comprends très bien que des voyageurs aient cru qu'un seul et même air était exécuté par tous les compétiteurs. Les émotions exprimées par le visage et les applaudissemens des juges, me servirent autant que mon oreille pour faire la différence des *pibroc*, espèce de *variations* ou de *marches* guerrières, avec les *coronac*, ou airs de tristesse, et les *reel*, ou airs de danse. Il me semblait quelquefois que le cri sauvage de la *bagpipe* se prolongeait au-delà de l'intention du musicien, et que l'écho d'une note contrariait la note suivante, malgré l'intervalle qui les sépare dans la gamme. Mais une semblable musique doit avoir, même pour l'étranger, un autre caractère dans les grottes sombres des montagnes, et sur une côte où mugit une mer houleuse.

La cornemuse gaëlique diffère de la musette de nos provinces par la forme plus que par le son; elle n'a qu'un seul chalumeau, et trois bourdons; le chalumeau est percé de huit trous, sept antérieurs et un derrière. La gamme, imparfaite, ne se compose que de cinq notes. Par l'absence de la *quarte* et de la septième, les airs les plus communs n'ont qu'un seul ton, et sont très pauvres en modulations.[1]

Une cornemuse, une claymore et un costume complet ont été le prix du vainqueur.

Ce concert annuel a lieu sous les auspices de la société highlandaise (highland-society),

[1] Un auteur plus savant que moi, et qui est d'opinion que la musique chinoise ressemble à la musique des gaëls, dit que les cinq notes de la gamme écossaise sont, pour le ton d'*ut* naturel, *ut, re, mi, fa, sol, la.* «—Ces cinq notes et leurs octaves, ajoute-t-il, donnent naissance à plusieurs combinaisons différentes, et servent à former des airs particuliers qui ont tous un fond de ressemblance. Il semble qu'on ait voulu compenser, par la diversité du rhythme, la pauvreté du chant; et en effet il a fallu, pour indiquer les temps de la mesure, employer des signes beaucoup plus variés que ceux de notre musique. » La note quarte et la septième se trouvent cependant dans quelques airs gaëliques, sans doute d'origine plus moderne et déjà moins sauvage. Il semble qu'on évite de s'arrêter sur ces notes, qui ne sont que des espèces de port-de-voix, et presque toujours syncopées, loin d'être une partie nécessaire de la mélodie. (*Voyez* l'ouvrage de M. Necker de Saussure sur la musique écossaise, la Dissertation de Blair, celle d'un anonyme, etc.)

qui donne aussi des bals charmans aux demoiselles d'Édimbourg : comme elles aiment autant la danse que la musique et *la littérature*, la société highlandaise est très populaire ici. Son but sérieux est la recherche des antiquités nationales, en concurrence avec celui de la société des antiquaires. On lui doit de précieux renseignemens sur les poëmes prétendus d'Ossian, dont au reste il est peu question aujourd'hui.

La musique de la basse Écosse s'éloigne tous les jours davantage de celle des Highlands; mais elle conserve dans toutes ses modifications un certain vague qui prête plus à l'expression plaintive du regret qu'aux cadences sautillantes de la joie. En général, dans la musique des trois royaumes, il n'est d'airs vraiment gais que ceux qu'on applique à des paroles folles, à des refrains qui n'ont ni rime ni raison : ce sont les *flon flon*, les *ta la la*, les *landerirette* de nos propres chansons. Aussi les peines de l'amour, ou la mélancolie sublime qu'inspire le deuil de la nature dans un climat sombre, et le deuil de la patrie pleurant son indépendance, ses anciens rois et ses héros, etc., sont peut-être mieux exprimées par Burns dans ses ballades que le langage autrement accentué de la gaîté du buveur. Ceux qui ont entendu au Gymnase Perlet parodier la chanson de Burns,

A highland lad my love was born, etc.

auront peine à croire que Haydn, Mozart, Pleyel, etc., aient fait entrer plusieurs ballades écossaises dans leurs compositions : c'est ce qu'ils ont fait, et avec succès même, comme plus récemment Rossini. Les Écossais en sont très fiers : les uns répètent avec complaisance que David Rizzio, l'ami de Marie Stuart, perfectionna leur musique; d'autres veulent que le créateur de cet art en Écosse ait été Jacques 1er, qui régnait dans le quinzième siècle. Ce prince avait introduit les orgues et les chœurs dans les cathédrales. Il aimait à jouer de la harpe, instrument qui était alors aussi national ici que la cornemuse. Enfin, selon d'autres autorités, la musique écossaise fut de bonne heure adoptée en Italie, et c'est son alliance avec la musique italienne qui donne à celle-ci son incontestable supériorité sur toutes les musiques connues. Ceci est une opinion très sérieuse : je le dis, parce qu'on pourrait croire que je l'emprunte au capitaine Lismahago.

En faisant des recherches sur le caractère et le génie de l'immortel Burns, j'espère acquérir des notions plus précises sur la musique écossaise associée à la poésie. La chanson, ou *poésie chantée*, est une branche importante de la littérature écossaise ; elle est en Écosse, plus qu'ailleurs, l'écho du peuple, parce que les *chansonniers* n'ont point détourné les yeux de leurs montagnes natales pour invoquer l'Olympe et le Parnasse grecs. Chaque site a ici sa tradition, son culte et sa ballade. Le recueil des *chants* des frontières, par Walter Scott, est un commentaire poétique de l'histoire d'Écosse. — Les chants de la Haute-Écosse ont trop d'analogie avec ceux de la plaine pour ne pas embarrasser ceux qui voudraient les rapprocher des prétendus poëmes d'Ossian. Je croirais plus volontiers à l'authenticité de la littérature ossianique telle que Macpherson nous l'a transmise, si l'imprimerie seule l'avait conservée. Les véritables chants de la tradition orale ont une physionomie si différente ! Mais ce n'est pas ici le lieu de réveiller les dissertations occasionnées par le phénomène de trois poëmes épiques peignant des mœurs oubliées ou inventées par un moderne. Les vraies chansons gaëliques, comme celles des Lowlands, les chansons de Burns, comme celles de Walter Scott, n'ont rien d'ossianique. Ces chansons, toutes populaires, ne perdent cependant pas le privilége de le disputer dans les salons d'Édimbourg aux airs de Rossini, qui sont à la mode de ce côté de la Tweed comme de l'autre. J'ai vu des chansons de Burns électriser ici une société à qui des sonates savantes n'avaient inspiré qu'un enthousiasme factice : c'est le privilége de tout ce qui est vraiment national. Je terminerai ces considérations par un passage du docteur Currie sur le même sujet.

« [1] L'impression que la musique écossaise a faite sur le peuple est rendue plus vive encore par son alliance avec les chansons nationales : ces chansons, comme celles des autres nations,

[1] *Currie's Life of Burns.*

traitent la plupart de l'amour, de la guerre
et du plaisir de boire : l'amour est le sujet
qui y revient le plus souvent. Sans emprunter
beaucoup aux images de la haute poésie, nos
ballades prouvent une connaissance parfaite du
cœur humain, et sont animées par des sentimens affectueux, quelquefois même par une
tendresse délicate et romanesque que la poésie moderne ne saurait surpasser, et que l'antiquité plus élégante a exprimée rarement.
L'origine de ce caractère *amoureux* (*amatory*,
erotique) de la muse rustique d'Écosse, et du
plus grand nombre de ces chansons d'amour,
serait difficile à découvrir. Leur influence actuelle sur le caractère de la nation est toutefois
incontestable et frappante : nous devons leur
attribuer en grande partie le sentiment qui
distingue en général les attachemens de la
dernière classe du peuple écossais. L'amour
n'a rien de si romanesque, si je ne me trompe,
dans la même classe chez les autres nations
d'Europe. Les tableaux d'amour et de bonheur que contiennent nos chansons populaires se gravent de bonne heure dans l'âme de
nos paysans, et ont de plus pour eux le charme

de la musique qui les accompagne. Ces tableaux s'associent aux émotions de leur jeunesse, relèvent l'objet de leur attachement et cet attachement lui-même, en donnant aux impressions des sens les brillantes couleurs de l'imagination. De là vient que dans le cours de sa passion, un paysan écossais montre souvent cet esprit romanesque dont un cavalier espagnol rougirait peut-être. Après ses travaux de la journée, il part pour l'habitation de sa maîtresse, située peut-être à plusieurs milles de distance, sans se soucier de la longueur ou de la fatigue de la route; il s'en approche secrètement à la faveur de l'obscurité du soir. Un signal à la porte ou à la fenêtre, convenu peut-être, et qu'elle seule comprend, l'informe de son arrivée : souvent ce signal est répété plus d'une fois avant que la belle capricieuse veuille y répondre; mais si elle le favorise de son aveu, elle s'échappe inaperçue, et reçoit les sermens de celui qui l'aime, à l'ombre du crépuscule ou dans les ténèbres plus profondes de la nuit. Des rendez-vous de ce genre sont les sujets de maintes chansons écossaises, dont Burns a imité ou embelli les mieux faites. Burns était exercé dans les ruses qu'elles célèbrent; il en connaissait par expérience tous les mystères. Des *communications* de ce genre sont, il est vrai, universelles dans les conditions les plus inférieures, chez tous les peuples de la terre; mais il est naturel de supposer qu'elles peuvent être plus fréquentes et plus romanesques dans un pays où l'on suppose que les habitans des campagnes, plus instruits qu'ailleurs, trouvent dans leurs chansons champêtres des expressions poétiques pour leurs premières émotions, et peuvent nourrir sans cesse le feu de l'amour par les inspirations d'une musique pleine de tendresse et de sensibilité. »

Il est une observation que je crois juste, mais qu'un Écosais n'avouera pas : ces chansons d'amour, par leur influence incontestable, servent d'antidote à cet esprit de puritanisme qui tend à répandre un voile funèbre sur toutes les physionomies écossaises. La tyrannie inquisitoriale exercée en Écosse par le clergé presbytérien voudrait condamner tous les Écossais à l'austérité du Davie Deans (de *la Prison d'Édimbourg*). La chanson un peu profane de Burns n'attaque pas cependant les mœurs comme les petits vers de Thomas Moore; mais c'est un auxiliaire puissant de la danse, proscrite comme elle par l'*Assemblée générale.* Pauvre Effie Deans, ton père avait pourtant raison : mais toutes les filles d'Écosse, sans avoir la sagesse de Jeannie, ne sont pas séduites par des George Robertson.

LETTRE LXXXII.

A M. VILLEMAIN.

... I would rather take my wine
With you than aught (save Scott) in your proud city.
     Lord Byron, *Don Juan.*

Il n'est personne (Scott excepté) avec qui je prendrais plus volontiers un verre de vin qu'avec vous.

Quoique peu de poètes aient joui pendant leur vie d'une popularité aussi grande que celle de sir Walter Scott; quoique ses œuvres soient sinon entières, du moins en volumes séparés dans toutes les maisons d'Écosse; quoique son nom, connu de tous, s'associe à tout ce qu'il y a de national dans Édimbourg, sir Walter Scott, à défaut de rivaux, a ses envieux et ses détracteurs. Les whigs lui reprochent, les uns de donner une fausse couleur de poésie à la *tyrannie* des Stuarts, les autres de toujours conclure en faveur du

D'après le buste de Chantrey, par .R.West.

Walter Scott

pouvoir actuel : les ardens et sombres presbytériens lui font un crime d'avoir calomnié, par une affectation d'impartialité, les fondateurs de leur église. Ici Scott est un ministériel anti-libéral, là un indifférent en religion ; on prétend que si la *Revue* n'était pas imprimée sous les auspices de son libraire Constable, les aristarques d'Édimbourg auraient été plus amers dans leurs critiques et moins enthousiastes dans leurs éloges de cet homme qui a remis l'Écosse au rang des peuples, en occupant continuellement l'Europe de *l'Écosse indépendante*. En effet ses poëmes, comme ses romans, sont de poétiques protestations contre l'acte *d'union*, et c'est de toutes les flatteries celle qui caresse le plus agréablement l'orgueil national : aussi le *peuple* reconnaissant aime-t-il la gloire de Scott comme sienne; son apparition dans un lieu public excite autour de lui un murmure approbateur; et au théâtre des applaudissemens unanimes ont accueilli plus d'une fois le poète de l'Écosse. Ce genre de suffrage doit le consoler des bourdonnemens de quelques insectes littéraires et politiques : en bien et en mal, il est l'homme dont le nom est le plus souvent prononcé dans sa patrie, et celui que les étrangers sont surtout curieux d'y rencontrer.

Si on ne m'avait assuré que sir Walter Scott était aussi remarquable par son affabilité que par son talent, je ne sais comment j'aurais pu surmonter ma timidité naturelle pour me présenter à lui. Il est vrai que je croyais avoir quelques titres particuliers à son attention, et qu'une espèce de commerce *intellectuel* existait déjà entre nous ; mais ces titres mêmes étaient par momens ce qui me décourageait. Le proverbe italien me revenait à l'esprit : *tradutore tradittore*. N'était-ce pas à moi une audace coupable d'avoir fait parler en prose Marmion et la Dame du Lac? Cette prose écrite rapidement dans de courts loisirs, méritait-elle de me servir d'*introduction?* — Je n'en avais pas d'autre cependant, en ayant cru mes amis qui m'avaient dit que cela suffisait. Je me décidai à la fin, car revenir sans avoir vu sir Walter Scott..... mon voyage eût été manqué ! J'étais invité à déjeuner le matin à dix heures chez le savant et aimable professeur Thomson. A neuf, je me dirigeai le long des magnifiques trottoirs de la rue de George, bornée à une extrémité par la colonne élégante de lord Melville, et à l'autre par l'église de Saint-George, qui aurait pu être une imitation plus fidèle de Saint-Paul de Londres. A l'approche de ce temple, la rue du château (Castle-street) s'ouvre à droite et à gauche dans George-street ; à gauche, s'élève dans son imposante sévérité la vieille citadelle que l'œil rencontre souvent dans Édimbourg, et à droite on découvre la mer, dont l'azur mobile frappe encore fréquemment la vue, de plusieurs quartiers, malgré les maisons nouvelles qui, tous les jours, viennent prendre rang à la suite de la ville neuve, jusqu'au rivage. C'est dans cette rue éminemment pittoresque (Castle-street), du côté de la mer, que Walter Scott a sa maison. Je gravis les marches de la porte extérieure, un peu ému peut-être, et tirai le cordon de la sonnette en lisant sur le cuivre du marteau le nom du poète et son titre : Sir Walter Scott, *Baronet*. — On ouvre..... sir Walter Scott est visible.

Je pourrais, à la manière de Tristram Shandy, vous retenir dans le corridor, pour vous faire admirer la propreté de la maison, la livrée bleue-jaune des laquais à tête poudrée, annonçant l'aisance; mais je ne remarquai ces choses-là que plus tard; et dans le cabinet où je fus introduit, je ne vis que l'homme en redingote du matin, qui était assis à son bureau. C'était Walter Scott, qui se leva, vint à moi, et avec une grâce simple, reçut et ouvrit le billet que je lui remis, billet dans lequel son ami le libraire Laing lui disait en six lignes, qu'un jeune docteur français (en me nommant) désirait le voir et le connaître pour lui offrir un exemplaire de quelques uns de ses poëmes traduits par lui. Vous pensez bien que, quoiqu'un billet si court fût bientôt lu, j'eus le temps d'étudier tous les traits et tous les mouvemens de la physionomie de sir Walter Scott. Soit que j'imaginasse le voir flatté de mon hommage, soit que la première fois que je l'avais rencontré, la fatigue de la marche, la sueur, la poussière, eussent un peu altéré ses traits, il me sembla cette fois que sa tête calme avait réellement toute la majesté que Chantry a reproduite dans son buste; et quand avec un sourire poli il m'invita à m'asseoir, il y avait dans ce sourire une aménité charmante. «— Il paraît, monsieur, me dit-il, que je vous ai quelque obligation : je tiens à honneur de n'être pas un poète ignoré en France.

« —Vous y êtes connu, aimé et admiré, répondis-je; mais c'est qu'on vous y lit aussi dans votre propre langue. Ma faible traduction a pu aider quelques lecteurs à vous comprendre, et vous faire deviner à quelques autres; mais elle est peu digne de vous : si vous daigniez cependant l'accepter comme un hommage, je serais très heureux de pouvoir vous l'offrir !

Sir W. S. « — Je l'accepterai avec reconnaissance : elle fera aussi plaisir à lady Scott. Vous me permettrez de vous présenter à elle; faites-nous l'honneur de rester à déjeuner avec nous.

« — Je ne le puis, étant engagé chez le professeur Thomson.

Sir W. S. « — Vous reviendrez donc, et nous aurons notre tour? Comptez-vous faire un long séjour en Écosse?

« — De six semaines à deux mois. Un des

buts de mon voyage est rempli, puisque j'ai vu *your own romantic town* [1] et son poète; mais je suis curieux de visiter aussi la plupart des lieux qu'il a chantés :

> *From lone Glenartney's hazel shade*
> *E'en to the path of Bealmaha.*

Sir W. S. « — Vous savez déjà les noms de notre pays.

« — *La Dame du Lac* les a appris à l'Europe. Je me propose de suivre l'itinéraire de ce poëme; mais si vous voulez bien y ajouter quelques instructions, je serai heureux de les recevoir. »

Ici sir Walter Scott me décrivit brièvement les principaux sites du comté de Perth. Un domestique vint l'interrompre, et il sortit pendant cinq minutes en m'invitant à rester. J'en profitai pour jeter un coup d'œil sur l'ameublement de son cabinet, et mes regards furent fixés long-temps sur un *crâne* qui était placé sur la cheminée. Je ne savais d'abord si c'était un crâne naturel ou un moule parfaitement exécuté : j'allais m'en approcher, en

---

[1] **Vers de Marmion; votre cité romantique....**

anatomiste, lorsque le poète rentra, et remarquant l'expression encore muette de ma curiosité, il fut le premier à me dire :

« — C'est la tête moulée de Robert Bruce, un des héros de l'Écosse. » Et en prononçant ces mots devant un étranger, peut-être sir Walter Scott laissa percer dans son regard une émotion d'enthousiasme ; il me le sembla du moins. Il continua :

« — Le nom de Bruce, celui de Wallace sont magiques dans ce pays : ce sont là les demi-dieux de nos âges héroïques ; leur souvenir nous rend l'orgueil de l'Écosse indépendante. Ils ne sont pas seulement les héros de nos salons, mais les héros populaires. Les ballades forment la plus grande partie de la littérature écossaise, et ces ballades chantent Wallace et Bruce. Un poète sorti du peuple, Robert Burns, a encore chanté Wallace et Bruce à la fin du dernier siècle. Vous ne pouvez vous figurer quel événement fut pour nous la découverte du tombeau et les restes mortels de Bruce, il y a quelques années ! c'est à cette découverte que je dois ce *plâtre*. Elle eut lieu en 1818, lorsqu'on creusait des fondations à Dumfermline pour une nouvelle église. On trouva un tombeau dont la situation répondait parfaitement à celle que décrivent nos deux anciens chroniqueurs Barbour et Fordun. Il était fermé par des anneaux de fer presque tous rouillés : le plomb était usé en plusieurs endroits. On reconnut les restes d'un squelette qui avait appartenu à un homme de six pieds deux pouces.....

« — La taille des héros d'Homère !..... »

Sir Walter Scott sourit de mon observation, et ajouta :

« — Le corps avait été enveloppé dans un drap de damas, d'un tissu très fin, mêlé d'or, et dont il reste quelques fragmens. Il y avait sur la tête les traces de quelque chose qui avait dû être une couronne; un cercueil de chêne intérieur recouvrait le corps immédiatement, mais le bois en était vermoulu : on en retira quelques clous; çà et là aux alentours on trouva des fragmens de marbre qui avaient sans doute fait partie du mausolée. J'allai, comme beaucoup d'autres, en pèlerinage à ce tombeau. Chacun contemplait respectueusement ces nobles restes du roi Robert Bruce. »

« — Vous aviez déjà publié le *Lord des îles*.[1]

Sir W. S. « — Oui ; ce poëme date de 1813.

« C'est un de vos poëmes qui m'ont le plus intéressé ; la description des Hébrides est un tableau sauvage, mais sublime.

Sir W. S. « — Pour les événemens historiques de l'ouvrage, j'ai de grandes obligations au vieux poète Barbour.

« — Vous avez rajeuni les chroniques héroïques de votre terre natale ; vous avez rendu au blason des descendans de vos preux tout l'éclat dont il brillait dans les âges chevaleresques. Mais on se plaignait un peu de votre silence. Votre esquisse dramatique d'*Halidon d'Hill*[2] est encore un ouvrage national ; nous l'aurions voulu plus étendu. Vous n'avez pas renoncé à nous donner quelque autre poëme ?

Sir W. S. « — Je ne sais. J'en ai beaucoup publié.

« — Nous aimons aussi *votre prose*. » C'était toucher une corde délicate ; mais je m'étais promis de ne pas parler des romans,

[1] Où Robert Bruce joue le principal rôle.
[2] Qui venait de paraître.

de peur d'être indiscret. J'ajoutai bien vite :
« — J'ai eu l'idée de traduire votre *Vie de Swift*[1]; je suis sûr qu'elle plairait en France.

Sir W. S. « — Je pense que vous feriez mieux de publier d'abord la *Vie de Dryden;* c'est un sujet plus généralement agréable.

« — Je la connais aussi, et je l'ai lue avec plaisir et avec fruit. Vous avez donné dans cet ouvrage l'histoire littéraire d'un demi-siècle. Quand je reçus le livre, j'aperçus en ouvrant la table le nom de Molière, et je cherchai avidement le passage où vous rendez justice à son génie.

Sir W. S. « — Molière et Dryden ont l'un et l'autre imité l'*Amphitryon* de Plaute. Dryden a eu le double avantage d'imiter Molière autant que Plaute. Soit dit en passant, c'est le poète latin qui des trois est le moins fidèle à l'unité de lieu. Hercule naît dans la pièce latine : les deux modernes se sont contentés de préparer sa naissance neuf mois d'avance.

« — Nos Aristotes français trouvent Plaute

[1] J'apprends que je suis devancé, ainsi que pour celle de Dryden; mais aussi depuis deux ans.... il est vrai que j'ai renoncé à traduire.

un barbare. C'est de lui que Boileau voulait parler :

> Le latin dans les mots brave l'honnêteté.

Sir W. S. « — Dryden la brave assez volontiers : il cite quelque part, au sujet de la délicatesse française, un passage de Montaigne[1]... : mais Dryden et ses contemporains allaient trop loin. De son temps, la décence du théâtre français aurait dû faire honte au nôtre. L'*Amphitryon* de Molière est un modèle du vrai comique. Dryden est en général trivial et grossier, quand Molière est spirituel. Si Molière hasarde un mot à double sens, Dryden dit la chose toute crue.

« — Dryden est poète dans le rôle de Jupiter.

Sir W. S. « — Oui, et il a enrichi son *Amphitryon* d'une intrigue secondaire que Mo-

---

[1] « Nous ne sommes que cérémonie ; la cérémonie nous emporte, et laissons la substance des choses. Nous avons appris aux dames à rougir, oyant seulement nommer ce qu'elles craignent aucunement à faire. Nous n'osons appeler à droit nos membres, et ne craignons pas de les employer à toutes sortes de débauches, etc. »

lière n'eût pas désavouée, l'intrigue entre Mercure et Phédra, femme de Sosie. Mais il reconnaît Molière pour son maître.

« — Il fut moins juste pour Racine; et vous penchez pour son opinion lorsqu'il se moque de l'extrême scrupule de *monsieur Hippolyte*[1] n'osant accuser sa marâtre.[2]

Sir W. S. « — Je n'ai pas prononcé sur cette situation, que j'ai appelée épineuse, embarrassante (*knotty*); mais j'ai cité les vers de Racine pour que mes lecteurs puissent juger par eux-mêmes.

« — Mais ailleurs vous attribuez les rodomontades des héros de Dryden à l'imitation des tragédies françaises.

Sir W. S. « — Les tragédies rimées, ou pièces héroïques de Dryden, furent des im-

---

[1] Expression de Dryden.

[2] ARICIE.
. . . . Pourquoi? par quel caprice
Laissez-vous le champ libre à votre accusatrice?
Éclaircissez Thésée.

HIPPOLYTE.
Hé! que n'ai-je point dit?
Ai-je dû mettre au jour l'opprobre de son lit? etc.

portations du théâtre parisien. Dans la France de Louis xiv, contradictoirement aux mœurs générales du peuple, une espèce de cérémonial pompeux prit possession du théâtre ; les poètes s'embarrassaient moins de faire parler leurs personnages selon la nature que de ne point violer la loi du décorum imposée par la présence du *grand monarque*. Les sentimens étaient empruntés à La Calprenède et à Scudéry. L'étiquette de la cour présidait au dialogue. Le grand talent de Corneille et de Racine corrigea beaucoup d'absurdités dans ce système ; mais le plan était faux, et leur poésie malheureusement accoutuma leurs compatriotes à un style qui sans eux serait tombé dans le mépris....

« — Nous avons en France nos préjugés littéraires comme les Anglais ont les leurs ; cependant nous accordons tous les jours davantage aux nouvelles idées. L'art dramatique est encore en arrière pour les innovations ; mais il fera aussi ses concessions.... Une grande révolution a eu lieu dans notre littérature ; vous y avez contribué : mais nous avons aussi notre grand homme dans les lettres, qui est à Londres aujourd'hui.

Sir W. S. « — M. le vicomte de Châteaubriand ?

« — Il représente et la France politique et la France littéraire. »

J'aurais voulu que sir Walter Scott ajoutât quelque chose de plus à ce nom du plus illustre de nos écrivains ; mais ce nom ne lui servit que de transition pour en citer un autre : celui d'une femme plus connue et plus louée en Angleterre, parce qu'elle s'est associée davantage aux opinions des Anglais en politique comme en littérature. Il me dit :

« — Nous avons ici M. le baron de Staël : il m'a fait l'honneur de venir me voir. Le connaissez-vous ?

« — Je l'ai vu quelquefois chez M. Guizot, un de nos publicistes les plus profonds, et très versé dans les littératures modernes.

Sir W. S. « — Et avez-vous connu madame de Staël ?

« — J'étais fort jeune lorsqu'on me la montra dans un salon ; mais il y avait beaucoup de monde autour d'elle : à peine si j'entendis et compris deux de ses phrases.

Sir W. S. « — On dit qu'elle était étonnante dans la conversation, plus étonnante que dans ses ouvrages, où elle pense et écrit souvent en homme.

« — J'ai entendu vanter le prestige de ses improvisations de salon par madame Guizot.

Sir W. S. « — C'était une puissance dans le monde littéraire. Son fils me paraît un homme remarquable : il parle l'anglais avec une espèce de perfection pour un étranger. Madame de Staël n'a-t-elle pas laissé aussi une fille ?

« — Oui, et une fille de beaucoup d'esprit, qui a épousé le duc de Broglie, un des chefs de notre opposition dans la Chambre des Pairs.

Sir W. S. « — La politique vous occupe beaucoup en France, et elle absorbe tous vos talens.

« — Elle en a distrait quelques uns de la litrature proprement dite, mais elle donne à leur pensée un but plus sérieux et plus noble. Vous avez fait un voyage à Paris ?

Sir W. S. « — Oui, en 1815 ; mais j'ai

peu vu la France. Je n'aurais pas voulu la voir à travers les armes étrangères qui la couvraient. Tout étranger devait lui sembler un ennemi : chaque famille s'isolait. Je fréquentai à Paris plus d'Anglais et d'Allemands que de Français.

« — Vous proposez-vous d'y retourner?

Sir W. S. « — Je ne l'espère pas.

« — Votre nom n'était pas connu de cent personnes à cette époque; aujourd'hui c'est un nom aussi connu et aussi aimé que ceux de nos auteurs favoris. On vous verrait avec plaisir et admiration. »

Sir Walter Scott sourit avec modestie. J'ajoutai :

« — Vos *Lettres de Paul* ne nous suffisent pas. Vos observations sur la France ont cependant été jugées assez impartiales par les Français impartiaux; mais nous tiendrions à être mieux connus de vous et mieux jugés. »

J'ai entendu plusieurs fois citer les *Lettres de Paul*, par sir W. Scott, comme un tissu de calomnies contre la France. Quelques journaux se sont hâtés de les flétrir ainsi, et bien des personnes se sont contentées de cette opi-

nion toute faite, sans lire par elles-mêmes.
Dire que cet ouvrage est vrai dans tous ses
détails n'est pas mon intention : beaucoup de
choses vues superficiellement ont inspiré à
l'auteur des conclusions erronées ; il y a aussi
des préjugés d'*Anglais* et de *tory* dont il n'a
pu s'affranchir dans un court séjour parmi
nous. Mais il rend justice à plus d'une vertu
française ; tandis que tant de ses compatriotes
ne nous en reconnaissent aucune. Les peuples
sont de grands enfans qui veulent être flat-
tés. Les voyageurs anglais ne nous ont pas
gâtés de ce côté-là ; et, comparativement,
Paul nous a fait une assez belle part dans
son estime. N'oublions pas qu'il appartient
à une nation rivale et ennemie ; nous ne le
trouverons pas si sévère. On a aussi confondu
souvent les *Lettres de Paul* avec une *Visite
à Paris en* 1815, par un certain John Scott,
impudent calomniateur, qui a été tué depuis
dans un duel, à la suite d'une querelle entre
lui et M. Lockart, le gendre de sir Walter Scott.

Je reviens à *notre conversation*.

Sir Walter me répéta qu'il ne prévoyait
pas pouvoir faire un prochain voyage en

France; — il ajouta quelques questions polies à mon sujet. — Je ne prolongeai pas davantage ma première visite, et je me rendis chez le professeur Thomson.

En rapportant cette conversation et les suivantes, je dois prévenir avec franchise que je fais usage de mes notes, prises le jour même de mes visites, et que je supprime plus que je n'ajoute. Mais en les rédigeant, j'ai volontiers eu recours aux opinions imprimées de sir Walter pour être plus sûr de ma mémoire, et ne rien lui faire dire qui pût être désavoué. Partout où mes notes trop abrégées sont incomplètes, je préfère les omettre pour rester vrai. J'aurai peut-être arrondi quelque phrase, mais sans l'altérer, et pour suppléer à l'absence de l'accent de la conversation, qui ne peut souvent se rendre que par une épithète additionnelle ou une seconde phrase explicative.

P. S. J'ajouterai ici, quant à la tête de Robert Bruce, qu'elle a occupé très sérieusement les sociétés phrénologiques de l'Écosse [1]. Un

---

[1] Le docteur Spurzheim et son système ont fait fortune en Écosse. J'aurai occasion d'en parler dans mon ou-

M. William Scott a publié dans les *Transactions* d'une de ces sociétés un mémoire sur les rapports qui existaient entre le caractère du fameux roi Robert et le développement de ses organes cérébraux. Il a retrouvé toutes les bosses explicatives de sa vie et de chacun de ses exploits.

Voici l'ode composée par Robert Burns, dans un élan d'enthousiasme, en mémoire de la bataille de Bannockburn. Cette ode est devenue un chant national. C'est Bruce qui est censé haranguer ses troupes.

Scots wha hae with Wallace bled, etc.

« — Écossais, qui avez versé votre sang avec Wallace; Écossais, que Bruce a souvent conduits à une couche sanglante ou à une glorieuse victoire, salut !

« Voici le jour et voici l'heure ! voyez les premiers rangs de l'armée ennemie se presser; voyez approcher les soldats de l'orgueilleux Édouard. — Édouard, des fers et l'esclavage !

« Qui voudra être un traître sans honneur?

---

vrage sur la médecine, les médecins, les sociétés médicales, etc., de la Grande-Bretagne.

Qui pourra remplir un tombeau de lâche ? Qui est assez vil pour être esclave ? Traîtres, lâches, tournez la tête et fuyez !

« Vous qui tirerez avec vigueur du fourreau le glaive de la liberté pour l'Écosse et pour son roi, combattez libres, ou tombez libres. — Calédoniens, en avant avec moi !

« Par les maux et les douleurs des opprimés, par les chaînes de vos fils, nous épuiserons le sang de nos veines. — Mais vos fils seront.... — Seront libres.

« Abaissez l'orgueilleux usurpateur ; chaque ennemi de moins sera un tyran de moins. Que la liberté soit le prix de chaque coup. — En avant ! triomphons ou périssons ! »

On comprend que la rapidité du rhythme doit aider à l'effet de ce chant de liberté.

LETTRE LXXXIII.

A M. F̅ʳᴇ́ᴅ. LAB....

Our brethren have from Thames to Tweed departed.
To Edinburgh gone, or coached or carted;
With bonny blue cap there they act all night
For Scotch half-crowns, in English three pence hight.
One nymph, to whom fat Sir Falstaff's lean,
There with her single person fills the scene.
Another with long use and age decayed
Died here old woman, and there rose a maid.
Our trusty door-keeper, of former time
There struts and swaggers in heroic rhyme.
Tack but a copper-lace to drugget suit,
And there is a hero made without dispute:
And that which was a capon's tail before.
Becomes a plume for indian emperor
But all his subjects to express the care
Of imitation go, like Indian bare,
   Dʀʏᴅᴇɴ, *Épilogue sur des* déserteurs
   de la troupe comique d'Oxford.

Dᴇᴘᴜɪs que j'avais vu sir Walter Scott, il me semblait qu'on ne pouvait s'occuper que de lui dans sa ville natale ; mais vainement je prononçais son nom aux diverses personnes que j'abordais dans la rue ou que j'allais visiter; à peine me répondait-on quelques mots. Il s'agissait depuis quelques jours d'un plus grand personnage ! — Le bon libraire, M. Laing lui-même, après m'avoir demandé ce qu'il me demanda le lendemain et le surlendemain encore : « — *Avez-vous vu M. le chevalier ?* — » se hâtait de passer au sujet qui occupait toutes les imaginations écossaises : la prochaine arrivée du roi. Notre hôte du *Black Bull* nous prévint que notre chambre, vu l'affluence des étrangers, allait désormais nous coûter deux guinées par jour : mais, sans rien dire, nous cherchâmes et trouvâmes un appartement en ville, qu'une bonne dame, s'obstinant à ne pas profiter de la circonstance, nous loua presque malgré nous pour deux guinées par semaine. Avant d'être conduits de maison en maison à celle de cette hôtesse sans pareille, nous avions parcouru une grande partie de la ville. Après le dîner, nous allâmes nous reposer sur les banquettes du théâtre. Nous y trouverons quelque chose de Walter Scott, pensais-je ; — l'affiche annonçait *Rob-Roy*.

J'ai dit que le théâtre était celui d'une ville de province; mais il ne faudrait pas appliquer littéralement aux acteurs les vers de Dryden cités en tête de cette lettre. Dryden se moquait du détachement d'une troupe ambulante dont la meilleure partie était à Oxford.[1]

L'actrice principale d'Édimbourg, mistress Siddons, porte un nom difficile à soutenir; mais elle le soutient quelquefois bien : elle a de la grâce, de la dignité et beaucoup de sensibilité. M. Murray joue bien l'officier

[1] « Nos camarades ont quitté les bords de la Tamise pour ceux de la Tweed. Ils sont allés à Édimbourg, les uns en voiture, les autres en charrette. Là ils jouent toute la soirée, en joli bonnet bleu, pour gagner des *demi-couronnes* écossaises, qui sont en anglais des pièces de trois sous. Une nymphe, auprès de qui le gros sir Falstaff serait maigre, remplit la scène de sa seule personne. Une autre, flétrie par l'âge et une longue pratique, mourut ici vieille femme, et ressuscite là-bas une jeune amoureuse. Notre fidèle portier d'autrefois se démène, et déclame en vers héroïques. Attachez un vieux galon à un habit de droguette, et vous avez sur ce théâtre un héros brillant. Ce qui n'était naguère qu'une plume de chapon devient le panache d'un empereur indien; mais tous ses sujets fidèles au costume sont nus comme de vrais Indiens, etc. »

anglais dans *Rob-Roy* : mais l'illusion est complète quand l'acteur Mackay est en scène ; cet acteur est le bailli Jarvie lui-même, avec sa défiance et sa bonhomie, sa générosité bourgeoise, et tous ses *provincialismes* d'accent et de manières. Après le bailli, la *créature* Dougal, personnage essentiellement local, est presque aussi comique sur la scène que dans le roman ; mais le Rob-Roy d'Édimbourg ne vaut pas Macready, à qui j'ai vu exprimer avec tant d'énergie, à Covent-Garden, les divers sentimens qui agitent tour à tour ce chef de proscrits, dans la prison de Glascow et sur les bords du Loch-Katrine.

Les décorations de *Rob-Roy* ne peuvent être que des tableaux exacts, sur un théâtre si voisin du *petit royaume* de Mac-Gregor : elles sont belles, mais je ne les décrirai pas. — Dans quinze jours nous pourrons, des hauteurs du Ben-Lomond, dominer tous ces sites que *la Dame du Lac* et *Rob-Roy* ont rendu classiques comme les montagnes et les vallées de la Suisse. Ces sites nous ont apparu ici comme par magie, car au moment où l'on levait le rideau, le gaz, qui illumine d'ailleurs parfaitement le théâtre, et permet aux spectateurs les plus éloignés de se parler de l'œil et du simple mouvement des lèvres, le gaz, dis-je, manquant dans les réservoirs, nous a privés tout à coup de sa brillante lumière. Un murmure général de surprise s'est élevé; mais les ténèbres où nous restions plongés étaient heureusement les *ténèbres visibles* de Milton; et pour que le public ne s'impatientât pas pendant une demi-heure, l'orchestre a joué de ces airs appelés *shathpeys*, qui excitent en Écosse de vrais transports. Sous le voile du *crépuscule* de la salle, déjà plusieurs chœurs des loges et du parterre se mêlaient joyeusement aux accords de la musique nationale, lorsque enfin le lustre et les quinquets ont éclairé de nouveau la salle de leurs clartés soudaines.

J'ai déjà dit avec quelle maladresse étaient *arrangés* les drames empruntés aux romans-histoires de l'auteur de *Rob-Roy*; malgré tout ce qu'on a dit de vrai sur la difficulté de tirer une bonne pièce de théâtre d'un bon roman, il me semble, en relisant sur les lieux ces romans si dramatiques, qu'ils contiennent tous les élémens des véritables tragédies et comédies destinées à régénérer le théâtre en Angleterre comme en France. Je veux indiquer à un de mes amis qui me demandait un sujet, celui d'une pièce qui ferait à merveille le pendant de *Pinto* et de *Guillaume Tell*. Ce sera un drame généralement plus sérieux, mais qui n'aura pas moins de mouvement et de variété : — *les Puritains d'Écosse*. Il faudra s'écarter peut-être un peu de la loi d'unité de lieu pour l'exposition ; mais quelle exposition ! Les premières scènes se passeront dans l'auberge de Niel, le joueur de cornemuse. Niel donnera ses instructions à sa fille. Le dialogue est tout fait.... Molière n'y eût presque rien changé. On pourrait y ajouter en récit les événemens du Wappen-Shaw, et le narrateur y caractériserait déjà quelques uns des personnages que nous verrons bientôt paraître : le jeune Morton avec ses joyeux rivaux dans l'exercice du perroquet ; le brigadier Bothwell avec son escouade, et le sombre Burley se plaçant seul dans un coin.

L'insolence des dragons interrompt la fête. — Burley boit d'un air sinistre et prophétique à la santé de l'archevêque de Saint-Andrews. Morton se prononce généreusement en faveur des opprimés. La lutte corps à corps a lieu entre Bothwell et le fanatique puritain, — prélude de cette lutte à mort qui doit laisser un jour sans vie le soldat descendant des rois, sur lequel on trouvera ces lettres d'amour et ces vers qui le rendent si intéressant. Mais déjà Morton et Burley s'éloignent; l'officier des dragons entre et annonce le meurtre du primat. Les soupçons se portent aussitôt sur le farouche inconnu qui a si bien répondu au défi du dragon.... C'est le signal des grands événemens qui se préparent. Nous allons voir les partis et les opinions prendre une attitude menaçante. La toile baisse, et quand elle se lève, nous sommes au château du vieil avare Milnwood. Nous allons faire connaissance avec cet Harpagon, que notre Molière encore avouerait être digne du sien. Qui ne rirait des airs de servante-maîtresse de la bonne Alison? En plaignant la dépendance et les humiliations du neveu de M. Milnwood, estimons-le de respecter son oncle dans ses ridicules comme dans ses torts, bien qu'il ne lui doive rien. Le fils d'Harpagon se moque de son père;

cela était vrai dans les mœurs de l'époque : nous trouvons avec d'autres mœurs une autre *vérité* relative.... Cuddy et se mère sont déjà établis dans la famille Milnwood ; car nous sommes impatiens de faire arriver la scène où les dragons viennent faire leur perquisition, et emmènent prisonniers Morton et ses protégés. — Ici, nouvelle violation de l'unité de lieu; mais on nous l'aura facilement pardonnée, quand nous ferons paraître des personnages aussi vrais et aussi originaux que ceux qui nous attendent à Tillietudlem. Lady Bellenden va nous parler de son dévouement à la cause royale, et du fameux jour où sa majesté le roi Charles daigna accepter à déjeuner chez elle. Le major Bellenden nous entretient de ses campagnes, et lord Évandale se conduit en rival généreux. — Claverhouse, brave comme un ancien chevalier, poli comme un courtisan de l'époque, cruel comme un chef de parti, nous en imposera par son caractère vraiment épique. — Mon ami s'enthousiasme pour ces caractères, les uns nobles et grands, les autres comiques.... Il se dispose à nous transporter dans le camp des révoltés, sous les murs de Tillietudlem ; il se promet un grand effet, pour son dernier acte, de la scène où, après la malheureuse affaire de Bothwell-Bridge, Morton va être immolé comme traître. — Il n'oubliera pas de reproduire le discours du prédicateur fanatique qui s'élance vers la pendule pour avancer l'heure du supplice, en se comparant à Josué suspendant le cours du soleil.... Mais, hélas ! cruelle réflexion !.... avant le troisième acte, peut-être dès les premières scènes, la peur des allusions politiques lui fait fermer le livre, et il me reproche de lui avoir indiqué un sujet qui lui serait rendu tout couvert des ratures d'un censeur.... Et puis mon ami a des vues sur un fauteuil académique. — Patience ; quelque jour Timothée reviendra de son exil, — et sa cithare, enrichie de nouvelles cordes, sera amnistiée....

Nous nous plaignons en France, et avec raison, des entraves que la censure impose à l'art dramatique, et des entraves plus sérieuses par lesquelles les jésuites voudraient arrêter les progrès de la civilisation et des lumières. Le clergé presbytérien d'Écosse a, de tout temps, voulu soumettre également les consciences à son intolérance. L'histoire du théâtre d'Édimbourg pourrait venir à l'appui de cette assertion.

La salle actuelle ne date que de 1768. Jusque là, les enfans de Thespis avaient eu de la peine à éluder les décrets des synodes et de l'assemblée générale, dans les jeux de paume, les granges, etc., lorsqu'en 1735, un simple poète, Allan Ramsay, fit construire un théâtre à ses frais; mais au bout de deux ans, une proclamation des magistrats, sollicitée par le clergé, déclara que les représentations scéniques étaient une récréation illégale, et là-dessus les ministres intentèrent un procès aux *serviteurs de Satan (servants of Satan)*, comme ils appelaient ceux qui prennent à Londres le titre de *serviteurs du roi*. Telle est la force de l'opinion que peu à peu une nouvelle salle fut ouverte malgré *la loi*, et en 1756, par un scandale *sans exemple*, un ecclésiastique, M. Home, osa faire jouer son *Douglas*. Les foudres de l'excommunication grondèrent sur l'auteur, sur ses amis et sur tous les partisans des pompes de Satan. Douglas fut accueilli avec l'enthousiasme d'opposition qui accueille parmi nous *Tartufe*, quand quelque président ou ministre ne veut pas qu'on *le joue*. Enfin aujourd'hui maint ecclésiastique presbytérien se permet l'entrée du théâtre, sous prétexte d'y venir chercher des leçons de déclamation pour ses propres sermons. En compensation, l'influence du sceptique Hume est effacée parmi les laïques, et jamais les églises n'ont été si pleines, tandis qu'il y a trente ou quarante ans qu'il était de mauvais ton d'assister aux offices. Nous verrons s'il faut attribuer cette *révolution* religieuse à la seule éloquence de MM. Alison et Chalmers. Ces espèces de concessions mutuelles sont tout-à-fait singulières !

La politique a trouvé quelquefois une voix au théâtre d'Édimbourg. Pendant le procès de la reine, les *allusions* y étaient avidement saisies ; on demandait même des chansons de circonstance. De même en 1715, les jacobites avaient exigé que l'orchestre leur jouât l'air de

May the king enjoy his ain again!
Puisse le roi recouvrer sa couronne !

Dans la grande *affaire* de 1745, les airs jacobistes eurent un moment le dessus; mais en 1749, après la pacification des montagnes, les whigs ayant voulu insulter les vaincus en faisant exécuter l'air de Culloden, le jour anniversaire de cette fatale bataille, les Stuartistes se trouvèrent en majorité et firent retentir les voûtes de la salle de l'air de

You, are welcome Charles Stuart!
Charles Stuart, soyez le bien-venu!

Il s'ensuivit une de ces rixes où les pommes et autres armes *toutes locales* font tous les frais du combat. Aujourd'hui la prochaine visite de George iv nous procure le *God save the king*, le *Rule Britannia*, etc. La pauvre Écosse s'oublie soi-même avec ses anciennes ballades; tout au plus si un *strathpey* ou un *reel* lui rappelle par momens ses anciennes opinions.

Un des plus singuliers épisodes de *l'histoire dramatique* d'Édimbourg, c'est la dispute qu'y occasionna la pièce de Garrick, *high life below stair* (les grands seigneurs dans l'an-

tichambre). Les valets sont immolés au ridicule dans cette farce. Ils se rendirent tous au théâtre et troublèrent la représentation à un tel point, que leurs maîtres furent obligés de les chasser de la salle. . . . .
. . . .

P. S. Voici depuis que cette lettre a été écrite un trait qui ferait dire volontiers :

<blockquote>Où la vertu va-t-elle se nicher !</blockquote>

Le fameux Kean a eu cet hiver une explication fort vive en justice, avec la femme d'un alderman : on l'a hué, sifflé, conspué à Londres. C'est-à-dire l'alderman a des amis à Londres qui recrutent des *moralistes* pour troubler les triomphes de Kean au nom des bonnes mœurs : — c'est la loi du talion. Mais le directeur d'Édimbourg, ayant annoncé dernièrement que Kean était engagé pour vingt représentations, les spectateurs d'Édimbourg ont fait les singes de ceux de Londres ; le plus curieux de tous a été un *gentilhomme* qui a pris la parole de sa place à la première galerie, en menaçant le directeur de ne plus mener sa *famille* au spectacle, s'il laissait jouer un acteur aussi *libertin* que M. Kean.

Tant de fiel entre-t-il dans l'âme des dévots !

LETTRE LXXXIV.

A M. LE COMTE D'HAUTERIVE.

*Come listen, then! for you hast known
And loved the minstrel's varying tone!*
Sir W. Scott, *Marmion.*

Écoutez; car vous connaissez et vous aimez les chants faciles et variés du ménestrel.

Le climat d'Édimbourg serait-il calomnié? A peine une légère pluie a-t-elle rafraîchi l'atmosphère, que le soleil séchant les trottoirs de la ville et les sentiers de ses environs, nous invite à de pittoresques promenades. C'est bien là sans doute ce ciel de brumes et de frimas, où ont régné les divinités mélancoliques d'Ossian; mais c'est aussi celui où quelques beaux jours comme ceux dont nous y jouissons, ont inspiré à Buchanan son *Ode au mois de mai*, à Ramsay sa *Pastorale*, dans laquelle il nous décrit avec tant de charme le lieu de chaque scène comme un riant paysage, et à Burns quelques unes de ses chansons dont la poésie serait digne des bergers de Sicile et des vallons d'Arcadie. — Ce matin j'ai laissé le philosophe dormir paisiblement, et pour me préparer à déjeuner avec sir Walter Scott, je me suis dirigé solitairement vers le château de Craig Millar, situé sur une éminence, à trois milles d'Édimbourg. Ce beau débris d'architecture militaire qui date du quinzième siècle, est comme protégé par plusieurs groupes de vieux arbres. L'heureuse alliance de ses murs dégradés avec cette verdure, a fourni le sujet d'un paysage gracieux au Turner d'Édimbourg, le révérend J. Thomson.

Mais je me suis moins occupé d'examiner le caractère particulier de ce donjon flanqué de tourelles, de ses murs crénelés, ou des armoiries en *rebus* qui les ornent, que de la reine qui fit jadis sa résidence de cette forteresse devenue le domaine d'une famille de robins. Craig Millar a conservé des traces de cette poétique Marie Stuart, qui, dans ses portraits si multipliés en Écosse, nous apparaît avec ses malheurs et ses fautes, belle et touchante comme une Madeleine du Guide. En 1566, les murs de Craig Millar furent les confidens des perfides suggestions des conseillers de Marie. Ici fut complotée la mort de Darnley, dont la dernière conséquence fut la perte de la reine elle-même. Le village voisin fournissait sans doute des logemens à une partie de la cour; il en a retenu le nom de *Petite France*.

Malgré les charmes d'une matinée, belle comme une matinée de printemps en Provence, malgré les charmes du site où je me trouvais, je ne pouvais oublier le déjeuner qui m'attendait dans Castle-Street. Le souvenir de Marie Stuart ne pouvait d'ailleurs bannir de ma mémoire le romancier qui nous la peint si intéressante dans *l'Abbé;* à neuf heures et demie, j'étais déjà dans le cabinet de sir Walter Scott.

Sir W. S. — « Je suis charmé que vous n'ayez pas oublié votre promesse; lady Scott sera bien aise de vous voir, et vous déjeunerez avec un de nos premiers poètes, M. Crabbe.

« — J'ai lu ses vers avec un vrai plaisir :

c'est un *poète bourgeois*, mais un poète. Vous l'avez surnommé le Juvénal anglais! il me semble piquant de le rencontrer chez le brillant poète de la chevalerie.

« — C'est un grand poète et un excellent homme, un bon et aimable hôte. — Commencez-vous à connaître un peu notre ville?

« — Elle me surprend chaque jour davantage : à chaque pas ce sont des coups de théâtre. Vous avez vous-même choisi une maison dans un des *sites* les plus pittoresques, car on pourrait diviser *your own romantic town* en sites aussi bien qu'en quartiers.

Sir W. S. « — Comme tant d'autres, j'ai déserté la vieille ville. La maison la plus ancienne de la ville neuve n'a pas plus de cinquante ans; c'est depuis 1745 que tout a changé de face dans ce pays. Nous recueillons les fruits de l'abolition des juridictions héréditaires, et surtout de l'extinction des factions domestiques : la génération actuelle est la seule qui n'ait pas été témoin d'une réaction politique. Nos pères virent *l'affaire* de 1745, nos grands-pères avaient vu celles de 1689 et de 1713, et la génération précédente, la grande guerre civile; enfin une génération de plus nous ramènerait à ces époques de troubles où l'épée rentrait si rarement dans le fourreau.

« — Chaque famille occupe maintenant une maison entière à la mode anglaise..... Les familles se subdivisent davantage ; cela ne peut-il pas influer sur la *sociabilité* écossaise, de tout temps vantée comparativement à l'isolement où chaque famille de Londres semble se séquestrer?

Sir W. S. « — La civilisation augmente en proportion; les rangs se confondent davantage, le besoin de se réunir est toujours plus vif : jamais les *assemblées* d'Édimbourg n'ont été si brillantes. Cependant nous avons quelques louangeurs du temps passé qui regrettent ces temps où les familles d'Édimbourg, aussi fières que pauvres, pouvaient former une société sans beaucoup de dépense. Toutes les visites se faisaient alors en chaise à porteurs; les invitations à dîner étaient rares, excepté dans les occasions extraordinaires ; on passait la soirée modestement autour de la table à thé. Aujourd'hui on voit partout une rivalité continuelle de luxe et d'élégance : on accorde autant à la richesse qu'au rang et à l'éducation dans les assemblées du haut ton ; auparavant, dans la classe inférieure, les voisins étant plus dépendans les uns des autres, prenaient plus facilement l'habitude d'une bonne intelligence et d'un agréable échange de politesses.

« — On parle beaucoup de vos *routs* d'hiver : y a-t-il cohue à vos portes et dans vos salons comme dans les *routs* de Londres ?

Sir W. S. « — A peu près. C'est là que les regrets de la société d'autrefois sembleraient assez justes. Après un dîner sans luxe, mais où cependant les flacons de Porto et de *Claret*[1] circulaient long-temps, on allait, au bout de demi-heure, rejoindre les dames au lieu de les délaisser. Après le thé servi, tout était prêt pour la danse ; le tapis était bientôt mis de côté ; le piano était un orchestre suffisant ; il y avait moins de cérémonie, mais plus de gaîté dans ces plaisirs improvisés. Aujourd'hui une invitation vous est faite un mois à l'avance. Grand dîner, mais grande réserve : salon bien illuminé, mais foule et point de place pour la

---

[1] Bordeaux.

danse. Plus d'aimable conversation autour du feu; aussi chacun s'échappe au plus vite, et va jusqu'à trois heures du matin coudoyer ses amis et se faire coudoyer dans huit à dix salons illuminés magnifiquement. »

Une partie de cette conversation fut continuée dans la salle à manger, où sir Walter m'invita à descendre avec lui au bout d'un quart d'heure. Nous y trouvâmes lady Scott et sa plus jeune fille. Je leur fus présenté. Lady Scott a des traits agréables et un sourire prévenant. Miss Scott est une personne fort bien élevée qui a tout ce qu'il faut pour plaire, mais surtout beaucoup de naturel. Sa sœur aînée a épousé M. Lockart, avocat, critique, et auteur de beaucoup d'esprit, qui à un certain penchant de moquerie joint beaucoup d'enthousiasme. M. et mistress Lockart entrèrent à la fin du déjeuné. Mistress Lockart a tous les agrémens d'une jolie femme; elle est musicienne, et chante avec âme les airs écossais.

Sir Walter Scott sortit un moment. M. Crabbe n'était pas encore descendu. Lady Scott m'adressa plusieurs questions : j'amenai naturellement dans mes réponses quelques complimens sur son mari. Elle me parut sentir vivement le prix du beau nom qu'elle porte, et fut très flattée de tout ce que je lui dis de l'enthousiasme avec lequel ses œuvres sont accueillies en France.

Elle me demanda si je connaissais M. Crabbe : je lui citai ses principaux ouvrages ; lady Scott sembla en être un peu surprise. — « M. Crabbe, me dit-elle, croit à peine son nom connu en France : il sera flatté de trouver un Français qui ait lu ce qu'il a écrit. Quelle idée vous faites-vous de M. Crabbe ?

« — Si je cherchais à faire son portrait d'après ses œuvres, je peindrais un petit vieillard chagrin, l'air souffrant, morose ou moqueur ; mais à qui je donnerais aussi, alliance difficile, un peu de sensibilité dans le regard.

« — Vous vous tromperiez, c'est un vieillard aimable, d'une constante égalité d'humeur, l'air prévenant et respectable. Il est venu exprès en Écosse pour voir sir Walter Scott qu'il aime beaucoup. La dernière fois que sir Walter fit le voyage de Londres, ils ne purent se rencontrer. M. Crabbe, malgré son âge, s'est mis en route. Il a dit qu'il ne voulait pas mourir sans voir le poète de l'Écosse.

« — Parmi tant d'hommages que sir Walter Scott reçoit, celui-là doit le flatter encore. »

M. Crabbe entra. C'est en effet un vieillard sans prétention, aimable, mais un peu froid ; portant très bien son âge, car il doit être octogénaire. On aurait pu trouver un peu de coquetterie dans sa personne, tant il était proprement vêtu. Après *l'introduction* d'usage, on s'assit, et je fus placé entre miss Scott et M. Crabbe.

Le déjeuner était copieux. Je me rappelai que sir Walter décrit toujours avec une certaine complaisance les repas de ses héros. Le pauvre Caleb Balderstone, au temps de sa disette, aurait admiré surtout un énorme jambon qui dominait tous les autres plats. Le déjeuner fut le premier texte de la conversation.

Sir Walter Scott s'adressant à moi : — « Nous vous donnons un déjeuner écossais, docteur, vous connaissez le proverbe : — Déjeûner écossais, dîner français, souper anglais. »

(C'est-à-dire, on déjeune bien en Écosse, on dîne bien en France, on soupe mieux en Angleterre.)

« — Oui, répondis-je, les déjeuners d'Écosse obtinrent les éloges autrefois d'un légat du pape ! »

Je souris en prononçant ces mots, pour deux raisons : d'abord je faisais allusion à une citation de *Waverley* : c'était un trait lancé sur l'incognito de l'auteur chez l'auteur lui-même ; ensuite je me rappelais que le premier traducteur de *Waverley* avait traduit *the pope's legate* (le légat du pape) par *le commentateur de Pope.* [1]

[1] Ce traducteur n'est point M. Defauconpret : ce que je dois remarquer pour rendre justice à l'auteur de *Londres en 1819*, dont les traductions sont faites rapidement sans doute, mais qu'il ne faut pas confondre avec celles de quelques écoliers, qui, en répétant qu'elles sont médiocres, s'emparent de son nom pour faire passer leurs bévues sur son compte : ce n'est pas lui, par exemple, qui, trouvant dans Kenilworth, *Winter's, tale* (*le Conte d'hiver*, titre d'une pièce de Shakspeare) l'a appelée *le conte de M. Winter*.

M. Crabbe. — Je crois que Johnson, d'ailleurs très sobre d'éloges sur l'Écosse, vantait aussi les déjeuners écossais.

Lady Scott. — Le Dr Johnson ne fit pas à l'Écosse une visite d'ami. Sa relation n'était pas faite pour dissiper les préventions de ses compatriotes sur les Écossais : c'était un auteur de mauvaise humeur.

Sir Walter. — Ses préjugés venaient de son tempérament maladif. Johnson avait de bonnes qualités; car, malgré sa rudesse, il eut beaucoup d'amis.

Lady Scott. — C'était un homme très exigeant.

Sir Walter Scott. — Sa grande supériorité littéraire lui avait donné des habitudes de despotisme : il se croyait au-dessus des règles communes de la société. Il souffrait difficilement la contradiction. Son *Voyage aux Hébrides* fit du bruit comme tous ses ouvrages en faisaient. Quelles que fussent ses préventions contre l'Écosse, nous devons avouer que plusieurs de ses reproches n'ont pas été perdus pour nous; et plus d'un changement opéré depuis prouve qu'ils étaient presque toujours bien fondés. Les Écossais en voulurent beaucoup à Johnson de ne s'être pas enthousiasmé pour les sites pittoresques de leur pays ; mais c'était la faute de son organisation physique : il ne sentait pas les beautés naturelles d'un paysage; il ne voyait rien de beau hors de Londres, il avait peur du désert. Les Écossais prétendirent qu'il reconnaissait mal leur hospitalité ; mais c'est une dette qui n'oblige pas un *voyageur littéraire* (*a literary traveller*) à n'écrire que des panégyriques. Johnson l'acquitta en recevant toujours avec bienveillance et amitié tous ses hôtes d'Écosse que quelque affaire amenait à Londres. » [1]

Ici je ne sais plus quel incident détourna mon attention de ce qu'ajouta sir Walter : c'était miss Scott qui me parlait ; obligé de l'écouter et de lui répondre, je perdis le fil d'une anecdote que l'auteur d'*Ivanhoé* raconta avec beaucoup de grâce. — J'en saisis seulement que Robin Hood (le Locksley d'*Ivanhoé*)

---

[1] Dans une courte notice sur Johnson, qui a paru depuis, sir Walter Scott s'exprime à peu près dans les mêmes termes sur le *Voyage aux Hébrides*. J'y vois avec plaisir que ma mémoire ne m'a pas mal servi.

y jouait le principal rôle. C'était, je crois, une vieille femme qui refusait de lui ouvrir sa porte : il s'établissait entre eux un dialogue que sir Walter répétait en variant les intonations de sa voix. — Enfin l'un des deux interlocuteurs obtenait ce qu'il voulait par un mot heureux ou quelque saillie originale. En transcrivant cette page de mes notes, noircie de membres de phrases sans suite, j'éprouve un accès d'impatience que j'eus de la peine à contenir en écoutant la fille du poète. Elle m'excusera de l'exprimer franchement. Par bonheur, je ne perdis rien de la suite de l'entretien............
. . . .

Lady Scott. « — Les jugemens hasardés d'un voyageur peuvent long-temps égarer l'opinion : la *chose écrite* fait autorité jusqu'à ce qu'un écrivain arrive enfin pour réfuter celui qui l'a précédé ; mais il se passe quelquefois un quart de siècle d'un livre à l'autre.

M. Crabbe. « — Les voyageurs et les relations se succèdent aujourd'hui très rapidement ; les Français eux-mêmes se font voyageurs. (S'adressant à moi :) Quel cas fait-on en France du journal de M. Simon?

« — On le trouve riche de faits, riche de mots spirituels, et même de médisances piquantes contre la France à propos de l'Angleterre. On s'aperçoit quelquefois que l'auteur pourrait être meilleur Français; mais il est toujours homme d'esprit.

Lady Scott. « — Vous avez nommé tout à l'heure M. Charles Nodier comme votre ami.

« — Je mets un peu d'amour-propre à le dire.

Sir Walter Scott. « — Vous le remercierez, je vous prie, de tout ce qu'il y a d'aimable pour moi dans la *Promenade de Dieppe aux montagnes d'Écosse.*

Lady Scott. « — Il a dit que son *voyage était perdu* puisqu'il n'avait pas vu sir Walter.

« — Je l'ai entendu exprimer vivement ce regret.

Lady Scott. « — Je crains que M. Nodier n'ait voyagé un peu trop vite.

« — Ne trouvant pas sir Walter Scott à

Édimbourg, il lui tardait de voir les sites que sir Walter Scott a peints.

Sir Walter. « — Et M. Nodier les a peints lui-même en poète.

« — Il avait pour s'inspirer et les sites eux-mêmes et votre poésie. On a dû être content de ses tableaux de l'Écosse.

Lady Scott. « — M. Nodier a bien aussi ses médisances à se reprocher.

« — Je cherche à me souvenir....

Lady Scott. — Pour un Français, votre ami n'a pas été très galant envers les dames d'Écosse.

« — Si cela est, il en sera au désespoir; car il aime les dames de tous les pays, mais peut-être davantage celles d'Écosse.

Lady Scott. « — Mais où a-t-il vu qu'elles allaient nu-pieds?

M. Crabbe. « — Mais a-t-il dit cela? »

J'exprimais le même doute par la même question.

Lady Scott. « — Oui, oui, dans sa lettre sur Glascow[1]. Les Parisiennes ont dû bien rire aux dépens des sauvages beautés calédo-

[1] Voici le passage; car il ne faut pas juger mon ami

niennes. Mais la perfidie, c'est d'avoir feint de chercher querelle aux petits pieds des Françaises. M. Nodier ou ses compagnons de Charles sans produire les pièces du procès que lady Scott lui intente :

« —Les femmes du peuple, presque toutes les femmes
« de la classe intermédiaire et un *assez grand nombre*
« des femmes de la classe élevée marchent à pieds nus;
« quelques unes ont adopté les souliers seulement. Les
« dames à la mode, qui ont emprunté les vêtemens des
« Parisiennes, ont aussi emprunté leur chaussure, ou
« plutôt la nôtre; car elles sont chaussées en hommes :
« mais cette partie de leur accoutrement est celle qui les
« incommode le plus, et dont elles se défont le plus vo-
« lontiers quand elles sont libres. A peine une brillante
« Écossaise a épuisé l'admiration des fashionables de
« Glasgow, elle cherche la solitude; et la première pen-
« sée qui l'occupe dans un sentier écarté, dans un jar-
« din solitaire, dans l'ombre mystérieuse de son appar-
« tement, ce n'est pas comme chez nous le souvenir du
« dernier homme qui l'a regardée en soupirant, ou de
« la dernière femme qui a éclipsé sa toilette, c'est l'im-
« patient besoin d'ôter ses souliers et ses bas, et de cou-
« rir pieds nus sur ses tapis, sur la pelouse de ses pièces
« de verdure, ou sur le sable roulant des chemins. L'as-
« pect de ces pieds nus n'a presque jamais rien de re-
« poussant, même dans le peuple. Jamais rien de pénible

voyage ont-ils réellement vu des dames en Écosse courir pieds nus ? L'observation est-elle de M. Nodier lui-même, ou, pendant

« pour la sensibilité quand on les voit se déployer sur
« les dalles polies des larges trottoirs de Glascow. Les
« pieds chaussés ont beaucoup plus de désavantage. La
« forme plate et ample des souliers à boucles ou à cor-
« dons qui les enveloppent ne dissimule pas du tout
« leur grosseur, qui est très conforme sans doute aux
« proportions naturelles, surtout chez un peuple où
« rien n'a gêné, pendant une longue suite de siècles, la
« liberté des développemens, mais qui est choquante
« pour nos yeux accoutumés à l'exiguité forcée du pied
« des Françaises, qui sont, sous ce rapport, une espèce
« d'intermédiaire entre les Écossaises et les Chinoises.
« Le pied des montagnards, destiné à s'appuyer sur des
« espaces étroits, glissans, escarpés, devait être néces-
« sairement large et fort. Les pieds dont la petitesse est
« hors de toute proportion sont une beauté de boudoir,
« dont l'avantage ne peut être apprécié que des per-
« sonnes condamnées à ne voir la terre que par la fe-
« nêtre, et à ne la parcourir qu'en carrosse. »

Maintenant je dois ajouter que Ch. Nodier n'est pas le seul voyageur qui ait fait cette observation. Quant à moi, je n'ai pas vu de femme écossaise, au-dessus de la classe des grisettes, aller pieds nus; mais j'en ai vu peu qui fussent bien chaussées.

qu'il admirait les montagnes, ses amis lui faisaient-ils le roman des villes?

« — De ses compagnons je ne connais particulièrement que M. Taylor, notre ami commun, artiste et homme d'esprit, dont je ne saurais mettre en doute la galanterie....

Lady Scott. « — On n'est pas galant quand on voit les dames d'Écosse courir pieds nus. — Nous ne sommes plus des sauvages. C'est un trait affreux de la part de M. Nodier....»

J'étais un peu embarrassé pour plaider la cause de mon pauvre ami, accusé par une lady qui, soit sérieusement, soit par plaisanterie, semblait vraiment piquée. Sir Walter mit fin à cette petite scène par un trait charmant. Feignant de se fâcher plus encore que lady Scott, et s'emparant de la parole : « — Oui, oui, ajouta-t-il en français [1], c'est affreux; et vous direz de notre part à votre ami M. Nodier, que *s'il revient jamais en Écosse, nos dames lui réservent le supplice de la* SAVATE. »

[1] La conversation était en anglais. Cette saillie prouverait au besoin que sir Walter Scott connaît *assez bien* le français.

Lady Scott rit d'aussi bon cœur que M. Crabbe et moi de ce bon mot, prononcé avec un accent assez pur, mais surtout avec ce sourire plein de finesse qui prête tant de grâce à la tête du poète de l'Écosse moderne.

Je ne sais plus par quelle transition la conversation vint à tomber sur Voltaire; je crois cependant que ce fut à la suite d'une question que j'adressai à sir Walter sur un beau portrait de Charles XII qui orne sa salle à manger. M. Crabbe parla avec modération de l'influence de Voltaire sur l'esprit français, et me demanda si la religion n'avait pas perdu de son éclat et de son influence depuis 1789.

. . . .

M. Crabbe parla aussi très favorablement des prêtres catholiques, et la politique de la France nous occupa un moment. . . . . . .

Sir Walter Scott. « — Les mœurs françaises sont l'auxiliaire le plus puissant de la monarchie en France. Mais vous avez aussi des princes élevés à l'école du malheur.

M. Crabbe. « — Et que leur exil a dû familiariser avec les idées constitutionnelles.

« — Cette double leçon n'a pu que leur

être profitable : vos Stuarts ne surent pas prolonger leur restauration, parce qu'ils avaient passé le temps de leur exil à la cour ou dans l'empire de notre Louis xiv, grand roi, mais grand despote....

Sir Walter Scott. « — Nous avons vu à Édimbourg son altesse royale le comte d'Artois et les princes ses fils : ils habitaient le palais d'Holyrood, qui, depuis 1745 jusqu'en 1793, avait été à peu près inhabité. »

Je répétai les deux vers de *Marmion* qui font allusion à cette circonstance :

.... *With wonder, grief, and awe*
Great Bourbons reliques, sad she saw. [1]

Sir Walter Scott. « — On ne pouvait en effet que contempler avec tristesse et respect ces nobles débris d'une famille royale, ces princes devenus les hôtes d'un palais où avaient régné des princes avec l'infortune desquels leur infortune avait tant de rapports [2].

[1] « Édimbourg vit avec étonnement, douleur et respect les nobles débris de la famille des Bourbons. »

[2] Un tableau qui représente la famille de Charles 1ᵉʳ après son supplice, était le premier objet qu'apercevait à son réveil le frère de Louis xvi.

L'empreinte d'un sang ineffaçable[1] est une des marques du séjour qu'y fit la reine Marie. L'édifice avait été dégradé en partie par les soldats républicains de Cromwell. Jacques II y avait résidé lorsqu'il n'était que duc d'York, et en 1745 le prétendant Charles-Édouard y avait tenu un moment sa cour.

« — De quelle époque date la destruction de l'abbaye ?

SIR WALTER SCOTT. « — La réformation l'avait laissée intacte, sinon respectée ; ce fut la bigoterie obstinée (*obstinate bigotry*) du duc d'York qui lui devint funeste. Pendant sa vice-royauté, il avait gagné par des égards cérémonieux la fière aristocratie de l'Écosse, qui, certes, lui prouva plus tard sa fidélité ; mais quand il fut monté sur le trône, il indisposa

---

[1] On reconnaît à une forte empreinte de sang l'endroit où Rizzio reçut le coup mortel. « — Je ne sais si cette sensation m'est particulière, dit Charles Nodier au sujet de cette ineffaçable empreinte ; mais je n'ai rien vu de pareil à ce théâtre d'une des sanglantes tragédies de l'histoire moderne, avec toutes ses décorations, jusqu'à celle du sang qui est resté là sans s'effacer, comme celui de Duncan sur le doigt de Lady Macbeth. »

le peuple contre lui et contre l'abbaye, en y faisant dire la messe, et en établissant dans le palais une imprimerie et une école catholiques. Quand la grande crise de 1688 approcha, les cris, — à bas le papisme et le roi papiste! se firent entendre autour de l'abbaye; — le prêtre de la chapelle fut insulté. — Le gouvernement fit exécuter un homme pour propos séditieux, et les gardes firent feu sur la foule pour la disperser. Le 10 décembre 1688, l'insurrection se présenta avec un aspect plus formidable. Plusieurs gentilshommes whigs aidèrent au tumulte; les soldats ne résistèrent pas long-temps : la populace se rendit maîtresse du château, et, dans son aveugle fureur, dévasta la chapelle, en insultant même dans leurs tombeaux les cendres des rois ensevelis depuis des siècles.[1]

« — Holyrood-Abbey n'est-elle pas la ruine gothique la plus élégante de l'Écosse?

Sir Walter Scott. « — Ce n'est qu'une chapelle, et nous avons encore celle de Ros-

[1] J'ai pu rectifier ce passage en le comparant à ce que sir Walter Scott a publié depuis sur Holyrood-Abbey dans le *Provincial Antiquities*.

lyn, qui est mieux conservée. Les magistrats d'Édimbourg avaient couvert Holyrood-Abbey d'une nouvelle toiture, qui se trouva trop lourde pour ces murailles vieilles de six siècles; la toiture s'écroula et compléta la ruine de l'abbaye telle qu'elle est aujourd'hui. On a réparé assez bien la grande fenêtre, dont l'élégance est d'un grand effet. Il faut espérer que l'on fera encore davantage pour cette belle ruine.[1]

« — Votre château n'est-il pas situé près d'une autre ruine fameuse? »

Sir Walter Scott. « — L'abbaye de Melrose, la plus belle ruine gothique de l'Écosse. »

« — Il me tarde de la voir *au clair de lune.* » Je faisais allusion au début d'un chant du *Dernier Ménestrel.*

[1] Dans sa notice sur Holyrood-House, sir Walter Scott ajoute ce qu'il ne nous dit pas ce jour-là, que, pendant un temps, c'était l'usage de montrer aux étrangers ce qui restait des ossemens de plusieurs personnages illustres ensevelis dans l'abbaye, tels que les *fémurs* de Henry Darnley, qui indiquaient sa taille gigantesque, le crâne de la reine Marguerite, et une espèce de momie, qu'on disait être une vieille comtesse de Roxburgh.

Sir Walter Scott. « — Elle est admirable le jour comme la nuit.

Lady Scott. « — Ne partez pas sans voir Melrose, et par conséquent Abbotsford. Nous nous y rendrons après la visite du roi. Mais si vous ne voulez pas attendre cette époque, vous pouvez y aller de la part de sir Walter; la femme de charge vous fera tout voir avec plaisir.

« — Je profiterai de cette offre, car je ne voudrais pas quitter l'Écosse sans avoir vu Melrose et Abbot sford.

« — Lady Scott. Vous ferez bien de ne pas oublier non plus l'abbaye de Dryburgh. . . .
. . . .
. . . .

Je remets le reste de cette conversation à un autre jour. J'ai supprimé, comme vous pensez bien, tous les lieux communs que la parole écrite pourrait faire paraître encore plus insignifians; mais tous les petits *riens* de la conversation acquièrent un véritable charme dans la bouche de sir Walter Scott : on ne saurait trouver un conteur plus agréable et un hôte plus poli. Sir Walter réunit au plus

haut degré les inspirations de l'homme de
génie et les dons non moins rares de l'homme
aimable.

P. S. L'ouvrage de Ch. Nodier a été traduit par M. Clifford avec un élégante fidélité. Le Blackwood Mag. qui en a rendu compte, *s'étonne* qu'un Français ait su décrire l'Écosse en grand poète. Il est vrai que M. Blackwood me demandait encore hier si mon ami Charles Nodier n'était pas un petit-maître, et l'auteur de l'*article* dans le *Bl. Mag.* le peint en effet comme un petit-maître parisien. Je ne suis plus surpris de son étonnement. — Je trouve à mon retour en France un nouveau *Voyage en Écosse* par un jeune homme qui se permet de traiter M. Ch. Nodier encore plus cavalièrement. A la bonne heure, M. Nodier ne daignera pas s'en fâcher; mais ce n'est pas M. Nodier qui eût traduit *plumb pudding* par pouding de *plomb; jolly wine* par joli vin; sans parler de la légèreté avec laquelle l'auteur juge tout le théâtre anglais sur un mélodrame joué au théâtre d'été, etc.

LETTRE LXXXV.

A M. BILLING.

> LADY SCOTT OF HARDEN.
> « — *Nae kye are left in Harden glen;*
> *Ye maun be stirring wi' your men;*
> *Gin ye shoud bring me less than ten,*
> *I will no roose your braverie.* »
> J. MANIOT, *the Feast of spurs.*
>
> Il n'est plus de vaches dans le vallon d'Harden; il faut vous mettre en campagne avec vos gens, et si vous m'en ramenez moins de dix, je ne louerai pas votre bravoure.
> (*Le Repas des éperons*, ballade.)

RIEN de plus riant et de plus varié que le cours des deux petites rivières qui, sous le nom d'Esk du sud et d'Esk du nord, vont se jeter ensemble dans le Forth, à Musselburgh. Vous traversez quelquefois des landes arides, cherchant en vain des yeux quelque site intéressant, lorsque soudain un léger murmure vous révèle un de ces deux ruisseaux du Midlothian. Suivez ses detours ; ils vous guideront tantôt à travers des rochers que l'onde, devenue plus rapide, franchit en cascade, ou le long de la lisière d'un taillis dont l'ombrage fixera un moment vos pas. Les deux ruisseaux se joignent déjà au parc de Dalkeith, belle résidence de la famille de Buccleuch, où j'ai fait une halte d'une heure en me rendant à Melrose. Le château actuel est bâti sur l'emplacement de celui qui fut jadis la propriété des Douglas. Sous la minorité de Jacques VI, le régent Morton y séjournait fréquemment : on appelait alors Dalkeith *la caverne du lion*. Ce domaine fut acquis par la famille de Buccleuch à la fin du dix-septième siècle.

Plus on s'éloigne du charmant paysage de Dalkeith, plus la contrée qu'on traverse jusqu'à Borthwick change de physionomie. C'est une succession de hauteurs, de vallons et de petites plaines tour à tour arides et cultivés. Les approches de Borthwick nous préparent à un site plus pittoresque encore et en même temps plus gracieux. C'est une vallée qu'un ruisseau nommé le Gore arrose et fertilise. Des bruyères épaisses en bordent le cours, et quelques vieux arbres, vieux comme le donjon, sont restés fidèles à ses ruines.

Borthwick Castle est un des types les plus curieux de l'architecture féodale de l'Écosse. Le baron qui le fonda, par une permission expresse consignée dans une charte royale de Jacques 1er (1430), eut le soin, nous dit sir Walter Scott, de l'asseoir sur les dernières limites de son domaine, selon l'usage des barons du temps, afin de pouvoir envahir plus facilement les terres voisines. Les lords de Borthwick figurent souvent dans les annales d'Écosse; mais je ne raconterai qu'une anecdote de cette maison, que je choisirai, parce qu'elle a probablement fourni à l'auteur de *l'Abbé* une des scènes les plus curieuses de ce roman.

Vers le milieu du seizième siècle, le lord de Borthwick avait encouru l'excommunication du prélat de Saint-Andrews. Williams Langlands l'appariteur ou massier (*Bacularius*) de l'archevêque, porta les lettres d'excommunication au curé de Borthwick, le requérant de les publier au prône. Dans le même temps, les habitans du château aient occupés de jouer la comédie singulière de l'élection d'un prélat de mascarade qui, sous le titre d'*Abbé de la Déraison*, exerçait tous les pouvoirs ecclésiastiques pour les tourner en ridicule. Le nouvel élu se rendit en grand cortége à l'église, y proclama son autorité souveraine, sans respect pour la mission de l'appariteur, le fit traîner à l'écluse du moulin, et le força de sauter dans l'eau. Non content de cette immersion partielle, il donna l'ordre à ses gens de faire faire le plongeon au pauvre M. Langlands; puis le ramenant à l'église, il déchira les lettres du prélat et les fit infuser dans du vin que l'appariteur fut contraint d'avaler. Le souvenir de cette scène de saturnales ecclésiastiques me rappela naturellement celle dont le respectable prieur de Melrose subit l'humiliation du temps des barons d'Avenel. A douze ou quinze milles de *Kennaqhair*, le *Monastère* et *l'Abbé* ne sont plus des récits fabuleux.

Marie Stuart résida quelque temps à Borthwick avec Bothwell. Elle y écoutait les séductions de l'amour, se croyait heureuse, tranquille du moins, lorsque la nouvelle d'une insurrection vint interrompre une de ses fêtes, et elle fut obligée de s'échapper sous le déguisement d'un page! — Les lords de Borthwick furent constamment attachés à la fortune des Stuarts; Cromwell entra en maître dans ce château; mais ce fut par la brèche que son canon avait faite aux vieux remparts.

A l'ombre, pour ainsi dire, du donjon de Borthwick, était une tour fortifiée qui servit jadis de refuge à un des ancêtres de sir Walter Scott. Cette tour, située à peu de distance de Borthwick, dans un ravin, était appelée le repaire ou la caverne de Scott d'Harden. Ce Scott était un maraudeur déterminé, que sir Walter a introduit dans *le Lai du dernier Ménestrel.*

« — Un vieux chevalier, endurci au dan-
« ger, vint avec une troupe de maraudeurs [1];

[1] *Moss-troopers*, troupiers de marais; sans doute parce qu'ils *s'attroupaient* dans les marécages.

Je cite ce passage pour avoir l'occasion de faire connaître les armes de sir Walter Scott. La *bande* de Murdieston y fut ajoutée depuis l'acquisition de la terre de ce nom. Ces armes sont soutenues par un chien avec

« des étoiles et des croissans brillent en azur
« sur son bouclier, avec un champ d'or dans
« la bande de Murdieston. Ses domaines s'éten-
« dent autour des châteaux d'Oakwood et
« d'Ower. Son manoir est au fond d'un
« bois près des flots rapides du Borthwick :
« c'est là qu'il cache les troupeaux enlevés
« aux Anglais, provision de ses compagnons,
« achetée par mille périls et au prix de leur
« sang. Chef de maraudeurs, son unique plai-
« sir est une excursion au clair de la lune et
« le combat au retour du jour ; les charmes
« mêmes de la Fleur d'Yarrow n'avaient pu
« dompter dans sa jeunesse son amour pour
« les armes. Le repos est encore odieux à
« ses vieux ans, et le heaulme presse son
« front, bien que ses cheveux soient blancs
« comme la neige sans tache du Dinlay. Cinq
« fils robustes marchent le fer à la main à
« la tête des soldats de leur père ; jamais

cette devise, *watch véel* (*fais bonne garde*), et surmontées de l'exergue, *reparabit sua cornua Phœbe* (*la
lune remplira son croissant*); comme pour dire aux
maraudeurs : partez, il fera pleine lune quand vous serez sur ces terres que vous allez piller.

« l'épée ne fut ceinte par un plus brave che-
« valier que le sire de Harden. » (*Le Lai du
dernier Ménestrel,* Chant IV.)

Scott de Harden avait épousé Mary Scott,
fille de Philippe Scott de Dryhope, et célèbre
dans les *Chants des Frontières,* sous le nom de
la Fleur de l'Yarrow. Sir Walter Scott descend
de l'un de leurs cinq fils. Il existe une charte curieuse qui prouve toutes les précautions que
le baron de Harden, comme tant d'autres, in-
spiraient à ses meilleurs amis. « Dans son contrat de mariage, son beau-père s'engageait à
le nourrir et héberger pendant un an et un
jour; mais cinq barons s'engageaient à forcer le
gendre de partir en cas qu'il lui prît fantaisie
de ne plus s'en aller. » Un notaire public signa
cet acte au nom de toutes les parties, aucune
ne sachant lire ni écrire. — Aujourd'hui,
grâces aux écoles paroissiales, il est peu de
paysan écossais qui ne puisse, comme Burns,
envoyer une lettre d'amour à sa maîtresse.

Le cor du redoutable sire de Harden est
encore dans la possession d'un de ses descendans, M. Scott de Harden. Quand les pro-
visions étaient sur le point de manquer, sa

femme, la Fleur de l'Yarrow, servait dans le dernier plat du souper une *paire d'éperons*. Les maraudeurs n'avaient besoin d'aucune explication ; le cor retentissait, les chevaux étaient sellés et bridés ; la troupe se mettait en campagne et allait faire une expédition en Angleterre ou sur les domaines de quelque ennemi qui avait donné un prétexte de vengeance. Au retour d'une de ces excursions, Scott de Harden amena à sa dame un orphelin qu'elle éleva et prit en affection. Ce jeune captif grandit au milieu des récits de la guerre, sans aimer ses cruels plaisirs. La nature et le malheur l'avaient fait poète : il chantait les exploits des maraudeurs, mais pour introduire dans ses chants les sujets qu'il préférait : — la description de la montagne et du vallon où il aimait à rêver, les jeux des bergers, leurs amours, etc. La tradition a conservé les ballades pastorales de ce poète, mais son nom et sa naissance sont restés inconnus. Il a fourni un épisode plein de grâce au docteur Leyden, ami de sir Walter Scott, dans son poëme intitulé *les Scènes de l'enfance. Le Lai du dernier Ménestrel* est, comme on voit, un tableau fidèle des mœurs féodales de l'Écosse.

Après Borthwick, la route serpente entre des collines plus rapprochées jusqu'à Galashiels, petit village où existe une manufacture de drap commun, qui ne coûtait autrefois que deux shellings et six pence l'aune, mais qui, perfectionné, coûte aujourd'hui trois fois plus.

Ce village tire son nom du ruisseau de Gala, célèbre dans les chansons écossaises, et qui va grossir de son onde celle de la Tweed, plus célèbre encore. On commence à reconnaître les lieux si bien décrits dans *le Monastère;* les collines se dessinent en gracieux contours à l'horizon; la couleur des bruyères, qui en couvrent les hauteurs, contraste avec celle des bouquets de chênes, de bouleaux, de saules, etc., de leur base, et avec la verdure plus vive des vallons. Dans l'aspect général du paysage, il n'est rien de sublime; ce ne sont pas encore les *highlands* du Nord; ici tout est calme et pastoral. Rien n'est enchanteur comme les bords de la Tweed; je suivis pédestrement son cours, jusqu'à ce que je reconnusse les blanches tourelles du château d'Abbotsford, situé sur la rive opposée, et tirant son nom de sa situation. (*Abbot's-Ford*, le Gué de l'Abbé). Ce château frappe d'abord l'imagination par sa construction bizarre, dont l'irrégularité serait difficile à décrire : il consiste en une tour principale qui en domine plusieurs autres d'une moindre élévation; c'est un mélange de l'architecture des vieux châteaux-forts avec celle des abbayes gothiques; les croisées inégales de forme, sont distribuées à des distances plus ou moins grandes de l'une à l'autre sur la façade et les côtés. Dans les intervalles qui les séparent, des niches semblent attendre la statue d'un saint, et déjà une d'elles est occupée par une sainte Vierge : des cottes d'armes en décorent aussi çà et là les entablemens; la toiture n'est pas moins curieuse par la singularité des cheminées antiques, des créneaux ou des tourelles qui la surmontent. L'édifice n'est pas complétement achevé; des ouvriers y travaillent encore. Je fus tenté de me hasarder dans le gué de la Tweed, dont le miroir réfléchit ce manoir fantastique, et le bois de jeunes melèses plantés par sir Walter Scott lui-même sur ses bords; mais je songeais en souriant à la mésaventure du père sacristain [1]; et quoique je ne craignisse point qu'une fée capricieuse me jouât le même tour, je cherchai un peu plus loin le passage plus sûr d'un pont : ce n'est plus celui dont le gardien resta sourd aux prières du pauvre moine. Je cherchai vainement aussi le moulin de Mysie; mais heureusement les imposantes ruines de Melrose-abbey attestent encore la magnificence du grand monastère de Kennaquhair. — Je me dirigeai vers le village de Melrose pour m'y reposer un moment avant de revenir visiter Abbotsford. Je retins un lit pour la nuit et commandai mon souper. Quoique mon philosophe ne m'ait pas accompagné dans cette excursion, je n'oublierai pas toutes les réalités de la vie ordinaire pour les souvenirs romanesques, ni pour les charmes champêtres du Teviotdale, ni pour les ruines de ses abbayes et de ses châteaux.

[1] *Monastery*, vol. 1st, ch. v.

LETTRE LXXXVI.

A M. Victor HUGO.

It was a wide and stately square,
Around were lodgings fit and fair,
And towers of various form, etc.
. . . .
Here was square keep, there turret high
Or pinnacle that sought the sky, etc.
Sir W. Scott, Marmion.

C'était un vaste et noble édifice, avec des appartemens riches et commodes et des tours de diverses formes. . . . . . Ici un donjon carré, là une haute tourelle, ou un pinacle perdu dans les nuages, etc.

Il était trois heures de l'après-midi lorsque je partis de l'auberge de *Georges*, à Melrose, pour me rendre à Abbotsford. L'horizon avait été pur depuis le matin, et l'air doux, comme au mois de mai en France, quoique éclairé par le soleil du mois d'août. Depuis midi, un vent léger soufflait par intervalles, poursuivant quelques nuages diaphanes dans l'azur du ciel. Les montagnes du Roxburgh-shire, élégamment découpées, étaient dorées par une vive lumière, depuis leurs extrêmes sommets jusqu'à la plaine ; puis, tout à coup, de grandes ombres en descendaient rapidement, et semblaient aller se perdre dans les eaux de la Tweed. Ces couleurs changeantes du paysage ajoutaient à sa variété; du reste, les champs étaient calmes et silencieux : je ne voyais aucuns travaux champêtres ; la rivière coulait solitaire et paisible, et son murmure ne venait pas jusqu'au sentier que je suivais sur sa rive droite.

Au bout d'une demi-heure de marche dans un paysage toujours plus riant dans sa solitude, je me trouvai aux limites des domaines de sir W. Scott, ou du moins à la haie de clôture qui entoure sa maison de plaisance. Il y avait ici plus de vie et de mouvement; on y entendait le bruit des ouvriers, ou le chant qui égayait leurs travaux; puis le hennissement d'un coursier errant librement dans un pâturage, et la voix d'un pâtre appelant ses vaches, dont l'une s'était hasardée dans les eaux de la Tweed, et s'éloignait un peu trop au gré du courant. Toutes ces choses qu'on remarque à peine me rendaient attentif et curieux. Enfin, lorsque je franchis la barrière, j'excitai les aboiemens de plusieurs chiens qui accoururent à ma rencontre : une chienne de chasse entre autres, d'une belle taille, appelée, je crois, Maida[1], et la favorite de son maître, à qui ses chiens sont aussi chers que l'étaient à D. Dinmont ceux qui jouent un rôle dans *Guy Mannering*, ou à Douglas la fidèle Luffra[2]. Ces aboiemens, par bonheur, n'avaient rien de bien hostile, et ils avertirent mistress ***[3], la femme de charge (housekeeper), qui les apaisa par sa présence. Ayant nommé sir Walter Scott, et dit que je venais de sa part, je fus admis sans difficulté à visiter tout le château, dont je décrirai très brièvement la distribution intérieure et l'ameublement. N'oublions pas d'abord un petit par-

[1] La pauvre Maida est morte depuis, et son effigie en pierre orne la principale porte d'entrée d'Abbotsford avec une épitaphe latine.

[2] Dame du Lac.

[3] Ma mémoire a laissé échapper son nom.

terre avec un bassin au milieu, qui précède la porte, et qu'on trouve sous la fenêtre de la serre (green-house). Ce bassin est orné de figures bizarres en pierre, véritables magots fantastiques, qui me rappelèrent les images grotesques des *pantagruelines*. Des figures non moins bizarres, mais toutes modelées sur celles des bas-reliefs, des piédestaux, des corniches et des entablemens de Melrose, sont entrées dans la sculpture des appartemens intérieurs. Ce sont surtout des cariatides burlesques, représentant des moines, les uns accablés sous le fardeau qu'ils soutiennent, et exprimant leur fatigue par de pénibles grimaces; les autres jouant d'un instrument de musique, ou faisant un signe moqueur [1]. La salle à manger est vaste, belle et décorée de tableaux et de gravures comme les pièces contiguës. Je remarquai parmi ces objets d'art une magnifique gravure de la fameuse ballade de *Chevy chace*. Percy et Douglas immolés le même jour : deux illustres guerriers victimes d'une bra-

[1] On sait que dans leurs sculptures les architectes des couvens immolaient volontiers à la risée, par ces grotesques images, les moines d'un ordre rival.

vade irréfléchie, ou plutôt des habitudes de déprédations qui composaient toute leur existence. J'admirai un beau portrait de Fairfax le général républicain; Falstaff avec son ventre arrondi; un portrait du docteur Rutherford, oncle maternel de sir Walter; Shakspeare en goguettes, et souriant, un verre à la main; quelques scènes de l'Ecole flamande, un beau portrait du duc de Monmouth, et surtout un portrait de Claverhouse, calme, noble, et digne de ce que nous a dit de lui l'auteur d'*Old mortality*. Cette figure est si belle, qu'elle pourrait expliquer l'espèce de prévention avec laquelle le vicomte de Dundee a été mis en scène par un poète qui l'avait souvent sous les yeux. — Un quart d'heure après, je pus avoir recours au roman, et j'y cherchai ce qui suit :

« Graham de Claverhouse était au printemps de la vie d'une taille moyenne; mince, mais bien proportionné; ses gestes, son langage et ses manières indiquaient un homme élevé parmi la noblesse et les heureux du monde. Ses traits étaient d'une régularité presque féminine. Son visage d'un ovale parfait, son nez droit et bien fait, des yeux noirs, un teint tout juste assez bruni pour ne pas mériter l'épithète d'efféminé, la lèvre supérieure un peu raccourcie, et relevée comme celle d'une statue grecque; de petites moustaches de couleur châtain, et une profusion de longs cheveux bouclés, de la même nuance, qui descendaient sur ses épaules, — tout contribuait à prêter à sa tête cette physionomie que les artistes aiment à peindre, et les dames à regarder. » (*Les Puritains*, tome 1er.)

Continuons à faire connaissance avec ce héros; car si un portrait peut produire illusion, et rappeler même à la vie pour quelques momens celui qu'il représente, ce miracle de l'art semble surtout probable devant le portrait de Claverhouse dans le château de Walter Scott.

« Il fallait deviner la sévérité de son caractère (c'est toujours Walter Scott qui parle), comme les attributs de cette valeur indomptable et entreprenante que ses ennemis même ne pouvaient lui refuser, sous un extérieur qui semblait plutôt fait pour la cour ou les salons que pour le champ de bataille. La même douceur, la même gaîté d'expression qui régnaient sur ses traits paraissaient inspirer ses actions et ses manières. Généralement, au premier abord, on le croyait plus propre à écouter la voix du plaisir que celle de l'ambition; mais sous cet extérieur prévenant était caché un esprit dont l'audace et les désirs ne connaissaient point de bornes, prudent et réservé toutefois comme celui de Machiavel même. Profond politique, pénétré naturellement de ce mépris des droits individuels que fait naître l'habitude de l'intrigue, ce chef était froid et composé dans le péril, fier et ardent à la poursuite du succès, se souciant peu de la mort pour lui-même, la donnant aux autres sans pitié. Tels sont les caractères formés dans les discordes civiles, alors que les plus belles qualités, perverties par une opposition continuelle, sont trop souvent alliées à des vices et à des excès qui les privent de leur mérite et de leur éclat. » (*Les Puritains*, tome 1er.)

Un autre portrait, sur le mur opposé, me causa une émotion non moins vive : c'était la

tête de Marie Stuart, mais la tête de Marie Stuart sanglante, et placée dans un bassin au moment où elle vient d'être séparée du tronc. Ce visage si séduisant, qui inspire partout où on le rencontre une douce mélancolie, me fit frémir pour la première fois [1]. . . . .
. . . . [1].

[1] Voici la traduction d'un épilogue, par sir Walter Scott, encore inédit en Angleterre et en France.

ÉPILOGUE D'UNE TRAGÉDIE INTITULÉE *MARIE STUART*.

« Les sages — je vous renvoie pour mes auteurs à la *Morale* de Sénèque ou au *Livre d'exemples*—, les sages, pour déprécier le pouvoir de la femme, disent que la beauté est une jolie fleur, mais une fleur qui se flétrit. Je ne sais trop — il est vrai que je ne suis pas très philosophe; — cependant si la beauté se flétrit, assurément elle ne meurt pas, mais elle est semblable à la violette, qui, lorsqu'elle se fane, survit encore long-temps dans son parfum. J'en appelle à notre sujet de ce soir— plus de deux siècles se sont écoulés depuis que Marie occupa le trône d'Écosse. Son éclat fut bien rapide — à peine eut-elle un beau jour depuis la bataille de Pinkie jusqu'à son entrée fatale à Fotheringay. Mais quand les infortunes de Marie cesseront-elles d'exciter votre sympathie, tant que vous serez fiers du sang écossais qui bat dans vos cœurs? Les savans discutent sur la mé-

Entrons maintenant dans le cabinet du poète, on plutôt dans son arsenal (armoury). C'est en effet un petit musée d'armes. En-

moire de Marie; le poète plante son laurier près du tombeau de Marie. La vieille Tradition, écho du Temps, nous entretient constamment de ce nom; ses hérauts en cheveux blancs nous montrent dans les antiques châteaux le portrait de Marie, l'appartement de Marie et même — la pensée seule m'en émeut — les tissus de tapisserie auxquels cette pauvre reine travaillait. En vain le sort lui prodigua une double part des maux qui poursuivent la puissance et le rang, et de ceux que doit craindre la beauté, tels que perfides ministres*, perfides amans, perfides amis; — malgré trois hyménées si funestes que chacun lui apportait de nouveaux malheurs; — malgré des fautes—je n'ose pas en dire davantage; car Duncan Targe met la main sur sa claymore,—malgré la diversité des opinions—il est un talisman dans ce nom de Marie. Dans l'histoire, les ballades, la poésie ou les romans, ce nom charme également le château et la chaumière. Vous mêmes— pardonnez, Écossais réservés et froids, qui ne vous laissez pas prendre au premier leurre, il faut que ce sujet vous émeuve — ou la rose d'Écosse aura survécu en vain dans son antique royaume. »

* . . . . Présent le plus funeste
Que puisse faire aux rois la colère céleste.
Racine.

trons avec précaution, et promettons d'être discret dans ce *sanctum sanctorum*, qui va nous rappeler peut-être celui du laird de Monkbarns.

Le jour n'y pénètre qu'à travers des vitraux gothiques, peints de diverses couleurs. Sur une large table placée au milieu de l'appartement, il y avait trois de ces anciens boucliers écossais ou targes (*targets*), qui font encore partie de l'armure des Highlanders. Cette armure consiste, pour ce qui est des armes défensives, en une longue épée ou claymore pendue à gauche, en un poignard ou dague (dirk) placé dans la ceinture à droite, et destiné à ces combats corps à corps, où deux ennemis se serrent de si près que l'épée ne serait plus une arme utile; un fusil et une paire de pistolets complètent cet appareil de guerre. Autrefois les montagnards portaient aussi une espèce de hache courte; et, avant qu'ils eussent des fusils, ou quand ils manquaient de munitions, ils y suppléaient par la *hache du Lochaber*, espèce de longue pique terminée par un fer terrible, également propre à pourfendre et à percer un ennemi. Tous ces instrumens de guerre figurent dans le cabinet de Walter Scott, ainsi qu'une cotte de mailles, addition au costume écossais que les chefs adoptaient quelquefois. Parmi les fusils, il en est un qui a appartenu à Rob Roy Macgregor. Des armures antiques, cuirasses, cuissards, casques, etc., sont dressés dans les angles de cet arsenal, et semblent être, au premier coup d'œil, les images immobiles d'autant de vieux chevaliers qui attendent que le magicien leur rende la vie et leurs noms illustres.

J'ai cru reconnaître au moins une de ces cuirasses que sir Walter Scott nous dit avoir achetées à Waterloo; et ceux qui ont critiqué amèrement en France les *Lettres de Paul*, lui feront un crime de ces trophées acquis à vil prix. Je ne partagerai pas leur opinion, même en cessant ici de voir un antiquaire dans Walter Scott, et par la raison que je ne voudrais pas priver un antiquaire français de meubler son cabinet d'armes anglaises et d'en tirer une vanité nationale. Les Écossais aiment le souvenir de Waterloo, parce qu'ils prétendent que Buonaparte y applaudit à haute voix à la bravoure du régiment des *Scots-Grey*.

Un monument particulier me fit reporter bientôt ma pensée vers des temps plus reculés ; c'était une chaise ou fauteuil fait avec le bois qui restait de la maison où

> William Wallace was put to death by felon hand
> For guarding weel his father-land,

dit l'inscription ; c'est-à-dire : — de la maison « où W. Wallace fut mis à mort par de perfides mains, pour le punir d'avoir bien défendu sa patrie. »

De l'arsenal je passai à la bibliothéque, en traversant de nouveau les salles que j'avais déjà visitées. Ici, je l'avoue, si je n'avais craint d'être indiscret, j'aurais demandé à la femme de charge la permission de consacrer au moins une bonne heure à feuilleter les livres du poète, dont au reste une grande partie est à Édimbourg : avec quelle avidité j'aurais ouvert ceux que j'aurais soupçonnés d'être le plus souvent relus ! Qu'une heure de solitude eût été bien employée auprès de tous ces trésors ! Les rayons d'une armoire étaient occupés par les livres allemands et danois ; ceux d'une autre par des livres italiens et espagnols. J'admirai, dans les tablettes consacrées aux livres français, une belle collection de nos fabliaux et de nos chroniques, un *Montaigne,* un *Corneille,* édition magnifique, etc. etc. J'aurais voulu y voir *Racine,* qui n'y était pas, ou que je ne sus pas trouver. Parmi les livres anglais, j'aperçus un exemplaire du *Monastery,* et sur une table étaient plusieurs volumes des *Novels and Tales by the author of Waverley.* J'ouvris *the Antiquary,* et j'en lus une page pour le plaisir de la relire un jour, en me rappelant le lieu où je l'avais lue. — Je vais la traduire ici, d'autant plus que l'auteur ayant peint dans ce passage ses propres jouissances de bibliomane, j'espère ne pas faire plaisir seulement aux initiés, tels que M. Dibdin [1] par exemple.

C'est le respectable M. Oldbuck qui parle à Lovel, après lui avoir vanté le savoir-faire du fameux Davie Wilson : « — Et moi aussi,

---

[1] Fameux bibliomane anglais, que j'ai surnommé quelque part le Don Quichotte des bouquinistes. M. Crapelet se propose de publier une traduction de son *Voyage bibliographique,* livre d'un luxe extraordinaire, et bizarre mélange de notes savantes, de boutades sentimentales ou burlesques, etc.

monsieur, quoique bien inférieur à ce grand homme en discernement et en présence d'esprit, je puis vous montrer un petit nombre, un très petit nombre d'objets que je me suis procurés, non par beaucoup d'argent, comme pourrait le faire tout homme riche, — quoique, comme l'a dit mon ami Lucien, il serait très possible qu'il ne prodiguât son argent que pour démontrer son ignorance, — mais je les acquis d'une manière qui prouve que je sais un peu le métier. Voyez ce recueil de ballades ; la moins ancienne est de 1700, et quelques unes datent d'un siècle plus loin. Il me fallut, pour les avoir, cajoler une vieille femme qui y tenait plus qu'à son psautier. Il m'en coûta, monsieur, du tabac à priser, du tabac à fumer, et la *Complète Syrène*. Pour obtenir un exemplaire endommagé de la *Complainte de l'Écosse*, je vidai vingt-quatre bouteilles d'ale forte avec le propriétaire, homme savant qui, par reconnaissance, me la légua dans son testament. Ces petits Elzevirs sont les trophées de mainte promenade continuée du matin au soir dans les rues de Cowgate, de Canongate, du Bow, et le *wynd* de Sainte-Marie, partout enfin où l'on trouve des brocanteurs et autres marchands de choses curieuses et rares. Combien de fois ai-je lésiné sur un demi-sou, de peur qu'en accordant trop vite le prix demandé par le vendeur, je ne lui fisse soupçonner l'estime que je faisais de l'article ! — Combien de fois j'ai tremblé de peur qu'un passant ne vînt offrir tout à coup un prix plus haut que celui que je donnais ! Je regardais chaque pauvre étudiant en théologie qui s'arrêtait pour manier les livres de l'étalage comme un amateur rival, ou un avide libraire déguisé. — Et puis, M. Lovel, avec quelle satisfaction rusée on paie la différence contestée pour mettre l'article en poche, affectant une froideur inaltérable, tandis que la main tremble de plaisir ! — Et puis quel bonheur d'éblouir les yeux de nos riches rivaux en leur montrant un trésor comme celui-ci ! (montrant à Lovel un petit volume enfumé, et imprimé en petit-romain.) Comme on jouit de leur surprise et de leur envie, en dissimulant sous un air de contentement mystérieux sa supériorité en connaissances et en savoir-faire ! — Voilà, mon jeune ami, voilà les momens de la vie qu'il faut marquer d'une pierre blanche, et qui nous dédommagent des travaux, des fatigues et des soucis que notre profession exige plus qu'aucune autre, etc. » (*L'Antiquaire*, tome Ier, chap. III.)

Après la bibliothéque, je visitai les appartemens du premier étage ; j'y remarquai plusieurs portraits en aquarelles, dont l'un représente mistress Lockart et sa sœur, avec Maida auprès d'elles, et un autre, le critique Jeffrey, d'une ressemblance parfaite.

Une terrasse extérieure me conduisit à une tour carrée qui fait partie du château, et qu'une vieille porte en fer décore, porte immobile, et comme incrustée dans la muraille. J'en demandai l'usage. — C'est la porte de l'ancienne prison d'Édimbourg, de la Tolbooth, la porte qui remplace celle que la populace brûla pour aller chercher Porteous, la porte qui se ferma sur Effie Deans. Lorsque la Tolbooth fut abattue, cette porte fut donnée en présent par les magistrats d'Édimbourg au châtelain d'Abbotsford. Je montai au faîte de la tour, et de là je jouis d'une perspective enchantée.... La musique d'une cornemuse retentit tout à coup dans les montagnes voisines : soit que la distance en modifiât et adoucît les aigres accens, soit que la poésie des lieux que je dominais se communiquât à l'instrument, pour la première fois je trouvai un charme dans cette musique. Je m'imaginai aussi que c'était peut-être la cornemuse de Roderic de Skye, vieux musicien des montagnes, qui trouva, avais-je ouï dire, un *chef* hospitalier et bienfaisant dans le châtelain d'Abbotsford....

En descendant de la tour, je pris congé de la complaisante femme de charge, n'oubliant pas de lui faire un petit cadeau, qu'elle accepta de fort bonne grâce. Elle me laissa seul me promener dans le jardin et le petit bois planté sur les bords de la Tweed, après m'avoir indiqué un cabinet, ou berceau, construit en bois de pin, et meublé de chaises, de bancs et d'une table d'écorce. Les chiens avaient déjà fait la paix avec moi, et se laissaient caresser familièrement. Je passai une heure délicieuse sous les arbres du bosquet et le long des bords de la Tweed. Au moment de partir, avec l'intention de renouveler ma visite, je commis un larcin dont je dois m'avouer coupable. Une dernière rose de l'été décorait encore de sa corolle purpurine le feuillage déjà jauni d'un rosier; je la cueillis, en souriant du souvenir qui me vint du palais d'Azor dans le jardin du magicien écossais. Je cachai ce trophée de mon excursion à Abbotsford, entre les feuillets d'un volume que j'avais avec moi, et j'emportai aussi quelques feuilles de chêne.[1]

[1] Notre ami Charles Nodier est devenu mon complice du larcin de la rose, en l'acceptant avec reconnaissance.

J'ai donné les feuilles de chêne au libraire Ch. Gosselin, qui est aussi heureux de lire un roman de Scott que d'en vendre dix mille exemplaires.

LETTRE LXXXVII.

M. Jules SALADIN.

> « *Here view the ruins of a barbarous age,*
> *Frantic with zeal, and mad with party rage;*
> *Not all thy beauties, Melrose, could prevent*
> *The impious deed, which all must now lament.* »
> (Vers copiés sur une vitre de l'auberge de Melrose.)
>
> « Contemple ici les ruines d'un siècle barbare, rendu furieux par le fanatisme et la rage de l'esprit de parti. Ta beauté, ô Melrose! ne put te sauver de cet attentat impie et à jamais déplorable. »

Si jamais je fais un roman, je prêterai sans doute à mon héros quelques uns de mes goûts; mais je me garderai bien d'en faire un de ces personnages imaginaires qui ne vivent que d'enthousiasme, et que le romancier ne met en scène que dans un monde idéal, craignant de le déshonorer sur le *terrain prosaïque* des réalités de la vie commune. Je le ferai quelquefois asseoir à table, et je décrirai même, comme Walter Scott n'y manque pas, les

bons ou mauvais dîners qui lui seront servis.
S'il voyage en Écosse, par exemple, et passe
par Melrose, je veux qu'à son retour du château d'Abbotsford, et avant d'aller admirer
les ruines de l'abbaye, il trouve dans sa chambre, à l'auberge, un riche hoche-pot[1], un excellent poulet rôti, un beefsteak succulent, un
pudding onctueux, une crême, une tarte aux
groseilles; le tout arrosé d'ale ou bière, qui
est presque toujours exquise en Écosse; enfin
du fromage de Chester, accompagné d'une
bouteille de Porto, dont, sur son invitation,
l'hôte viendra prendre sa bonne part. Cet
hôte sera d'une humeur joyeuse, causant volontiers, et oubliant toute sa réserve nationale pour rire, pour chanter même, ne serait-ce qu'afin de prouver que son vin fut
réellement exprimé des raisins savoureux de
Portugal. Quand la bouteille sera vide, et
l'histoire du canton racontée, l'hôte descendra auprès de quelque autre voyageur, et une
servante leste, accorte, et assez proprette
pour paraître la fille du maître, répondra

[1] Soupe de bœuf, de mouton et autres viandes qu'on vous sert avec le bouillon.

au bruit de la sonnette, desservira la table, garantira que le lit est bien fait[1], sourira du coup d'œil d'incrédulité qui accueille cette assurance, sourira encore mieux du compliment que toutes les filles d'Écosse recevront en sa personne, et peu à peu fera le commentaire des histoires de son père. Alors mon héros ira visiter Melrose au clair de la lune, reviendra dormir d'un excellent somme jusqu'au lendemain, déjeunera fort bien le matin, et sera tout surpris de ne payer pour cette bonne chère, ce bon lit, ces entretiens *instructifs*, etc., que la modique somme de 7 shellings (8 fr. 15 c.). Le meilleur de tout cela, c'est que je pourrai mettre à la fin du chapitre : — *historique*.

Je regrettai, en me rendant à l'abbaye, la compagnie du capitaine Clutterbuck[2]. J'avais pensé, en son absence, à réclamer celle du sacristain, lorsque l'aubergiste m'indiqua le

[1] C'est la partie faible des auberges, non seulement en Écosse, mais dans la Grande-Bretagne; mais on y dort fort bien quand on a bien employé sa journée.

[2] C'est le capitaine en retraite O....n de Melrose. (Voyez l'*Introduction to the Monastery*.)

cicérone qui les supplée tous deux, un nommé
M. John Bower, dont la maison est attenante
au monastère même. Mais d'abord j'errai seul
et livré à mes propres réflexions dans le cimetière, au milieu duquel s'élèvent les augustes restes de Melrose. Ces restes sont si
grands et si beaux, qu'on se surprend à les
admirer, tels qu'ils sont, comme un monument complet, sans aucun regret du passé.
Tout à coup une voix solennelle retentit, la
voix de l'horloge, dont je n'avais pas encore remarqué l'aiguille silencieuse. Rien de solennel
comme cette voix du temps qui semble ne
compter les heures que pour la solitude des
ruines et pour les morts que vous foulez aux
pieds. Les enfans du village viennent cependant jouer sur le gazon du cimetière de Melrose. Il y en avait encore quelques uns lorsque
j'étais venu; mais ils s'étaient bientôt éloignés,
excepté un seul, que je n'avais pas aperçu, à
quelques pas de moi, endormi contre la pierre
d'une tombe, et qui, se levant tout à coup,
s'enfuit en courant, de peur sans doute d'être
grondé par sa mère. — Bientôt l'imagination
voudrait demander compte au temps de tout

ce qu'il a détruit, et cherche à y suppléer en devinant la magnificence de tout ce qui n'est plus par ce qui est encore debout; l'église seule, dans son état de dégradation, couvre un espace de deux cent cinquante-huit pieds de long, sur une largeur de cent trente-sept, et embrasse dans son ensemble une circonférence de neuf cent quarante-trois pieds. La grande tour ou le clocher peut bien avoir encore quatre-vingt-huit pieds de haut; mais il est difficile de calculer quelle fut sa hauteur primitive.

« — Détruisez les nids, s'écriait John Knox, et les corbeaux n'existeront plus. — » A chaque pas qu'un voyageur fait en Écosse, il trouve une ruine qui atteste cette prédication du réformateur; à quelque religion qu'il appartienne, il est tenté de maudire celui qui prêcha le vandalisme au nom du Christ.

L'église de Melrose-Abbey figurait une croix de saint Jean. On distingue encore sur les pierres les armoiries mutilées des rois d'Écosse et des abbés. Huit croisées de la plus longue nef existent encore, ornées latéralement de têtes de moines ou de religieuses, et surmontées de pinacles d'une sculpture parfaite. Dans une niche est la Vierge, que sir Walter Scott a fait copier pour son château. La tête de l'Enfant-Jésus manque. Selon une tradition qui s'est perpétuée, malgré le protestantisme, celui des Érostrates calvinistes qui osa mutiler cette sculpture eut le bras frappé d'une paralysie [1]. Cette partie extérieure de l'édifice est curieuse par une bizarre décoration de sculptures gothiques, toutes d'une belle exécution. Ce sont des rosaces, des couronnes, des fleurs de lis, des têtes de chérubins et de syrènes, une truie jouant de la cornemuse, un renard tenant deux colombes dans sa gueule, un vieux moine jouant de la guitare, et encore accablé sous le poids d'une autre image qui a disparu; un estropié sur les épaules d'un aveugle, des têtes de dragons, et je ne sais combien d'autres figures grotesques ou gracieuses, que je ne puis mieux comparer qu'à un chant héroï-comique de l'Arioste ou de Pulci. Une ces figures, du côté de la grande croisée du sud, représente un homme dont la tête sort d'une touffe de lierre, et

[1] Il se nommait Thomson.

faisant le geste de se couper la gorge avec un couteau. Une autre en dessous tient un bassin comme pour recevoir le sang. Plus bas sont des musiciens; puis un moine qui applique à son oreille sa main en guise de cornet, et un autre enfin à qui les yeux sortent de la tête par l'effort qu'il fait pour se relever, tout chargé qu'il est d'un lourd fardeau. Tous ces jeux de l'imagination du sculpteur attestent une singulière facilité. Chaque visage vous parle. Le Suicide a un air triste qui vous afflige pour lui; celui qui est dans l'attitude de prêter une oreille attentive, semble réellement écouter une confession; les musiciens exécutent leurs airs avec gaîté; vous iriez aider ces pauvres moines qui semblent vous dire que leurs épaules sont trop chargées, etc. —Il y a de la vie et du mouvement dans cette galerie de sculptures.

Mais il faut réserver une partie de son admiration pour les croisées, qui, dans leurs vastes proportions, sont d'une légèreté, d'une richesse et d'une élégance rares. La grande croisée de l'occident a trente-six pieds de haut sur seize de large. Chaque fragment de moulure paraît avoir été taillé avec le soin qu'un lapidaire consacre à un diamant. Ayant été arrêté par une porte fermée quand je voulus pénétrer dans le cloître, je me souvins de M. Bower, et me rendis à sa demeure. Il m'accompagna dans l'intérieur de l'abbaye, où je vis avec plaisir que des échafaudages avaient été récemment dressés par ordre de la famille Buccleuch, dans l'intention de réparer cet imposant édifice.

Je renonce à décrire le spectacle qui s'offre aux regards surpris sous ces voûtes.

The pillared arches were over their head,
And beneath their feet were the bones of the dead. [1]
(The Lay of the last Minstrel.)

Par la délicatesse de ses nombreux détails, ce vaisseau magnifique pourrait être comparé à une corbeille de fleurs artistement arrangée. Des chapiteaux de chaque faisceau de colonnes s'élancent avec une inconcevable hardiesse les rameaux en gerbes ou en guirlandes qui forment les arcades. Quelle élégance, et à la

[1] Les piliers s'élançaient en arcades au-dessus de leurs têtes, et sous leurs pieds étaient les caveaux des morts.

fois quelle variété dans les figures des fleurs de la voûte !

The darken'd roof rose high aloof, etc.
(*The Lay of the last Minstrel, ch.* 11.)

Le long des murs de la nef sont des chapelles qui servent encore à la sépulture des Pringle, des Kerr, des Scott et autres familles descendues des *Chefs* des frontières. A côté du marbre qui indique leurs caveaux par des épitaphes, d'autres pierres tumulaires conservent les noms de quelques moines qui ne s'attendaient guère qu'à leur cendre se mêleraient un jour des cendres *hérétiques*. On croit aussi posséder dans une de ces chapelles les restes mortels d'Alexandre II, roi d'Écosse, et M. J. Bower m'y montra un monument plus illustre encore, celui du sorcier Michel Scott. Sa tête est sculptée sur une table de pierre dressée contre la muraille : grâces au vin de Porto, sans doute, je me sentais capable de faire bonne contenance, si le magicien lui-même nous était apparu comme à W. Deloraine.

« — Le magicien se présenta à leurs yeux comme s'il n'avait jamais cessé de vivre. Les flots d'argent de sa barbe blanche attestaient qu'il avait vu plus de soixante-dix hivers. Il était couvert d'une aumusse et d'un baudrier de Tolède, comme un pèlerin arrivant d'outre-mer. De la main gauche il tenait son livre de magie, de la droite une croix. Il avait encore cet air fier et majestueux qui avait fait trembler les esprits les plus redoutables, et son visage était si serein qu'ils espérèrent que son âme avait trouvé grâce. » — Il faut bien croire que Michel était sorcier en tout bien et tout honneur, puisqu'il mérita d'être enseveli dans la même abbaye où reposaient tant de saints abbés, dont chaque miracle était un bienfait pour le pays. Tel fut le moine Waldeve, qui, dans une disette, multiplia le blé dans les greniers de Melrose, au point de nourrir quatre mille pauvres pendant trois mois. Peut-être John Knox serait parvenu à convaincre Waldeve de fraude pieuse; mais, si les moines n'en avaient jamais commis d'autres, John Knox n'eût peut-être jamais élevé la voix contre eux. Melrose-Abbey se vantait aussi autrefois de posséder le cœur de Robert.Bruce.

Le cloître de l'abbaye était digne du reste de l'édifice. La sculpture qui le décore, parfaitement conservée, y représente en bas-relief des fleurs de toute espèce :

Spreading herbs, and flow'rets bright, etc.

« La rosée du soir brille sur des fleurs et
« des arbustes sans nombre; il n'est aucune
« de ces fleurs, aucun de ces arbustes qui ne
« soit reproduit avec la même fraîcheur le
« long des arceaux du cloître. » (*Le Lai du dernier Ménestrel.*)

Le poète n'a eu besoin que de décrire : la prose est obligée, pour peindre ce qu'il a peint, de traduire ses vers.

Avant de quitter l'abbaye, je pus jouir du spectacle auquel sir Walter Scott nous invite dans le début de son 11e chant du même poëme. La lune vint prêter la magie de sa lumière à ces nobles ruines, dont les grandes ombres se dessinèrent sur le gazon du cimetierre; mais ici il faut traduire encore, et convenir que le poète n'a rien exagéré.

« Veux-tu bien voir ces belles ruines? va les
« visiter à la lueur pâle de la lune; car le jour

« semble ne dorer leurs débris antiques de ses
« joyeux rayons que par moquerie. Quand la
« nuit règne sur les arches brisées, et que la
« lune argente la sculpture de chaque croisée
« en ogive ; quand sa clarté incertaine et froide
« se répand sur les restes de la grande tour
« centrale ; quand chaque arcade et chaque
« faisceau de colonnes paraissent être alterna-
« tivement d'ivoire ou d'ébène ; quand un
« cadre d'argent entoure les figures en relief
« et les pieux versets qui vous exhortent
« à bien vivre et à bien mourir[1] ; quand la
« Tweed gémit au loin, et que le hibou chante
« sur les pierres des morts, alors va ! — mais
« va seul admirer le temple ruiné de Saint-
« David, et conviens, au retour, qu'il n'existe
« nulle part de spectacle à la fois plus mélan-
« colique et plus beau. » (*Le Lai du dernier
Ménestrel.*)

Melrose-Abbey appartient au style gothique
fleuri. Ce superbe couvent fut fondé par le
roi David, en 1136, et dédié à la Vierge. Mais

---

[1] Textes de l'Écriture en lettres gothiques, qui servent de devises aux emblèmes et aux statues des saints.

il existait depuis des siècles, sur le même emplacement, un monastère plus ancien auquel se rattachaient des traditions fabuleuses. Le roi David appela dans ce nouvel édifice des moines de l'ordre de Citeaux, qui y restèrent jusqu'à la réforme. Peu de rois ont fondé plus d'établissemens religieux que le roi David, qui ayant été, comme de raison, canonisé par les moines, est appelé par les historiens un saint *funeste à la couronne;* mais il faut faire des concessions à l'esprit de chaque siècle, et reconnaître que David considérait les couvens comme des moyens de civilisation. Il garantissait aussi les terrains qu'il leur donnait des invasions continuelles des Anglais, alors ennemis de l'Écosse; et ses sujets y trouvaient une protection assurée. David était un monarque éclairé, qui a laissé un corps d'ordonnances et de lois, monument de sagesse et de haute politique. Il est très facile de déclamer contre les moines; mais, autant ils sont contraires à la civilisation actuelle, autant ils furent les bienfaiteurs du peuple dans des temps d'ignorance et de barbarie. Les moines de Melrose n'étaient pas seulement des *savans,* mais ils excellaient dans les arts mécaniques et industriels. Je préfère aujourd'hui une vaste manufacture à un couvent; mais il serait facile de faire remonter à l'institution de quelque monastère aujourd'hui en ruines la découverte de plus d'une machine utile, que le temps a pu seulement perfectionner.

Quant à la dévastation des monumens religieux, la poésie n'est pas la seule à la maudire: l'Écosse et l'Angleterre protestantes osent enfin exprimer leurs regrets. — Croira-t-on que l'anathème des moines de Melrose ait poursuivi jusque dans sa postérité actuelle ce Thomson qui mutila l'Enfant-Jésus dont j'ai parlé? Le surnom de Stumpy[1] est resté à ses descendans, et il est plus d'une famille qui refuserait de s'allier à eux.

Les ruines de Melrose sont précieuses comme objet d'art; mais le génie d'un poète leur a donné une nouvelle consécration. *Le*

---

[1] Le *manchot*, l'*estropié*, allusion à la paralysie dont fut frappé le bras du sacrilége. Je cite ce fait, espérant bien qu'aucun fanatique ne viendra s'en emparer dans mon livre au profit d'une loi de fanatisme dont on dit que nous sommes menacés.

Lai du dernier Ménestrel, le Monastère et *l'Abbé* doivent désormais les protéger contre toute espèce de vandalisme.

Le *Lai* n'est qu'un tableau de mœurs et d'un intérêt local. On aura peine à croire que plus de trente mille exemplaires en aient été imprimés et vendus par Constable. Le *Monastère* reproduit quelques unes des idées et des personnages mêmes du poëme. Par exemple, Julien Avenel et Christie rappellent tous deux W. Deloraine; mais il ne s'agit plus d'une simple querelle de clans. Nous assistons, dans *le Monastère*, à des scènes réelles du grand drame politique et religieux de la réforme. Cette lutte mémorable, qui met en jeu toutes les passions, agite la cour comme l'église; le donjon du chef féodal comme la cabane du dernier de ses vassaux. La fermentation générale amenée par une telle crise exalte toutes les intelligences, et donne une importance réelle aux moindres événemens; car tous se rattachent à la grande question qui est soulevée. Chaque caractère individuel en ressort donc davantage. Le plus petit détail de mœurs ajoute à l'effet général du tableau de toutes les classes de la société d'alors. Combien cet effet est relevé encore par le contraste des caractères! On peut condamner *la Dame Blanche;* le poète s'est trop défié de l'incrédulité de son *public* au dix-neuvième siècle : il fallait qu'il personnifiât d'une manière plus franche et moins indécise une des nombreuses superstitions locales qui lui ont donné l'idée de ce personnage fantastique. Des croisées d'Abbotsford il apercevait l'Eildon Hill, montagne partagée en trois sommets coniques par un coup de baguette de Michel Scott, et le *Goblin-Burn* (ruisseau de l'apparition), où Thomas le rimeur avait ses rendez-vous avec la reine des fées....... Mais la dame blanche bannie du *Monastère,* il y reste encore les personnages si comiques du père Boniface et du sacristain, le bouillant Halbert et le melancolique Édouard, Julien Avenel et Christie, la piquante *Molinara,* et le type des Dandys de l'époque Piercy Shafton, mais surtout le père Eustache et Henry Warden, etc.

L'abbaye de Melrose prend le nom de Kennaquhair dans le roman. Sir Walter a voulu désorienter ses lecteurs par ce changement de nom; mais il a peint chaque site avec une fidélité rigoureuse. J'écris sur les lieux, et il n'y a pas dans le comté de Roxburgh d'autre Kennaquhair que Melrose, avec ses cloîtres riches d'ornemens gothiques [1], — situé sur la Tweed, en un lieu où son onde semble se détourner un moment pour revenir sur elle-même [2], — dominé par des montagnes au sud [3], etc.; enfin, dans une charte de l'abbaye, un Robert Avenel est mentionné comme *familiaris noster*. Ce serait encore ici le lieu de trouver le capitaine Clutterbuck bien peu poli de ne pas citer dans son introduction un voisin aussi connu que le châtelain d'Abbotsford, et de ne pas emprunter même une petite épigraphe à ses poésies.

[1] *Monastery*, vol. 3, ch. ix.
[2] *Ibid*, chap. 1er.
[3] *Ibid.*, vol. 3, chap. iv.

LETTRE LXXXVIII.

A M. Ach. BOUSQUET.

> *Here, have I thought, 'twere sweet to dwell*
> *And rear again the chaplain's cell,*
> *Like that tame peaceful hermitage*
> *Where Milton long'd to spend his age.*
> *'Twere sweet to mark the setting day*
> *On Bourhope's lonely top decay.*
> Sir W. Scott, *Marmion*, ch. II, introd.
>
> Je me disais : Qu'il serait doux de demeurer ici et de relever la cellule du chapelain, semblable à ce paisible ermitage où Milton désirait de passer sa vieillesse ! Il serait doux de voir décliner le soleil couchant sur le sommet solitaire de Bourhope.

Il n'est guère de site dans le comté de Roxburgh, où je me trouve, qui ne méritât d'être décrit : si ce n'est pour le site même, du moins pour quelque tradition ou ballade qu'il rappelle. Ce comté a été surnommé avec raison l'Arcadie de l'Écosse ; les montagnes sont appelées souvent les *highlands* du Sud.

Tout est en général riant à leur approche ; leurs formes n'ont rien de sévère ni rien de heurté ; les vallons sont surtout gracieux et frais ; enfin tout est ici pastoral, l'aspect du pays et les mœurs des habitans. Ce caractère se retrouve dans leurs superstitions et dans leur poésie ; car, sans compter sir Walter Scott, qui appartient à toute l'Écosse, l'Arcadie de l'Écosse a son poète spécial, James Hogg, appelé le berger d'Ettrick. Vous me demanderez ce qu'il y a de pastoral dans les exploits des ancêtres des Scott, vivant en chevaliers maraudeurs. Je vous répondrai que la civilisation a changé les habitudes de ces familles qui, jadis, étaient sans cesse sous les armes ; mais, aperçus dans la perspective du passé, les temps d'anarchie féodale fournissent aux ballades nouvelles des souvenirs qui sauvent de la monotonie une poésie plutôt descriptive et riche d'images que fondée sur les sentimens ou les passions, et qui a perdu d'ailleurs l'originalité des poésies primitives.

J'ai continué ce matin mes courses dans le comté de Roxburgh, et j'ai même exploré une partie du Selkirkshire. L'abbaye de Jedburgh mérite d'être mentionnée même après celle de Melrose. Jedburgh-Abbey n'est pas d'une architecture aussi parfaite; les ruines de Melrose empruntent aussi je ne sais quoi de gracieux au paysage étendu qui leur sert de cadre. Jedburgh est comme voilé d'un jour plus solennel à cause des chênes, des pins et des ormes qui l'entourent. Cette dernière abbaye, située dans une espèce de péninsule formée par la Tweed grossie des eaux du Jed, était une des fondations religieuses du roi David, qui la peupla de chanoines réguliers venus de Beauvais en France. Le propriétaire actuel du monastère se montre jaloux de le conserver. Une des cours est convertie en un verger productif dont le comte de Buchan n'est pas moins jaloux que des ruines. Une enseigne prévient l'étranger de ne pas s'écarter des sentiers tracés, sous peine de tomber dans un piége de fer ou de faire partir un fusil à ressort : je ne crois pas que ces précautions homicides, dont les propriétés anglaises sont couvertes, soient d'invention monacale.

J'ai visité le lac charmant de Sainte-Marie :

« —Ni joncs ni roseaux ne souillent le limpide
« cristal; la colline descend et s'arrête brus-
« quement sur ses bords, et une légère trace
« de sable argenté marque à peine le lieu où
« le dernier flot rencontre la terre. Dans le
« miroir de ces ondes d'un azur brillant,
« viennent se dessiner les larges traits des
« collines : vous ne voyez là ni arbres, ni
« buisson, ni taillis, excepté vers cet endroit
« où sur une étroite lisière, quelques pins
« épars se projettent sur le lac. Cette nudité
« du site produit aussi son effet, et ajoute à
« la mélancolie du moment. . . . .
. . . .

« Rien de vivant ne vient y distraire l'œil ou
« l'oreille; mais je n'oublie pas que l'asile des
« morts n'est pas loin. Dans les désordres des
« âges féodaux, un barbare ennemi détruisit
« la chapelle de Notre-Dame; cependant c'est
« encore sous cette terre sacrée que le pasteur
« va se reposer des travaux de cette vie. Il de-
« mande avant de mourir que ses restes soient
« déposés dans le lieu où priaient ses humbles
« ancêtres, etc., etc. » (*Marmion*, introd. au
chant II.)

C'est avec un intérêt plus vif encore que j'ai reconnu un vieux donjon ruiné, que sa situation particulière offre souvent aux yeux dans l'horizon du comté de Roxburgh. C'est la tour de Smallholm ou Smallhome, jadis propriété de la famille des Pringle, et devenue dans le dix-septième siècle celle de sir William Scott de Harden qui possédait le domaine voisin de Mertown ; c'est là que sir Walter Scott a placé la scène de sa ballade, intitulé *la Veille de Saint-Jean.*« — Le baron « franchit la porte de la cour, ouvrit la grille « en fer du donjon, et monta par l'escalier « étroit jusqu'au parapet où il trouva la belle « châtelaine entourée de ses femmes.

« Elle était assise tristement, promenant « ses regards sur les collines et les vallons, « sur l'onde de la Tweed et le bois de Mer- « town jusqu'aux limites de la vallée du Te- « viot, etc. »

Smallhome est devenu depuis le château d'Avenel dans *le Monastère* et *l'Abbé.*

Vers le milieu du siècle dernier, le grand-père du poète, M. Robert Scott de Sandyknow, agriculteur distingué, et fier du titre d'agriculteur, devint le fermier de son cousin Scott de Harden pour la terre de Smallhome-Craigs. Le père de sir Walter était un habile *writer of the signet* (*procureur royal*) à Édimbourg; mais sir Walter passa une grande partie de son enfance à Smallhome chez son grand-père. Ce fut là que, malgré la chute qu'il fit des bras de sa nourrice, chute qui l'a rendu boiteux pour la vie, il fortifia tellement son tempérament par l'exercice à cheval et à pied, qu'il est à la fois un marcheur infatigable et un cavalier digne des *Scott* et des *Rutherford* ses ancêtres, race dans laquelle l'antiquité eût cru voir ses redoutables centaures. C'est là que sir Walter, enfant, aimait à orner sa mémoire des contes de sa nourrice et de quelques vieilles parentes très versées dans les traditions locales; mais écoutons-le, rappelant lui-même ses premières impressions. Ces souvenirs d'enfance ont un grand charme dans les œuvres d'un poète qui, généralement, évite avec tant de soin l'occasion de se mettre en scène; aussi les introductions de *Marmion* sont des poëmes à part qui tiennent à la fois de l'épître, de l'élégie et de l'ode : c'est tour à tour le style simple et naïf d'une conversation d'ami ; l'expression d'une mélancolie douce ou l'inspiration du grand poète. Voici comment il explique le secret de ses premiers vers :

« —Ainsi, quand j'imite les accords sans art
« qui charmaient mon enfance, ces accords
« tout sauvages qu'ils soient, me rappellent la
« douceur de mes premières pensées. Les
« mêmes sensations que j'éprouvais à l'aurore
« de ma vie, échauffent ma veine et inspirent
« mes chants d'aujourd'hui ; alors m'apparais-
« sent ces rochers et cette tour de la montagne
« qui charmaient l'éveil de mon imagination.
« Il n'y avait près de là ni un de ces larges
« fleuves dignes de la muse héroïque, ni un
« de ces bocages où les soupirs des brises
« d'été invitent aux aveux plus doux de
« l'amour : — un humble ruisseau y méritait
« à peine l'hommage de la flûte d'un berger ;
« cependant un instinct poétique me fut
« donné par la verte colline et l'azur du ciel.
« C'était un site stérile et sauvage, où des ro-
« ches nues semblaient entassées en dés-
« ordre ; mais çà et là on découvrait le tapis

« du plus frais gazon. L'enfant solitaire con-
« naissait les grottes où croissait la giroflée
« jaune, et ces endroits où le chèvrefeuille
« aimait à ramper sur les rochers plus bas et
« sur une vieille muraille. Ces asiles étaient
« à mes yeux l'ombrage le plus doux que le
« soleil apercevait dans sa course circulaire;
« et j'estimais cette tour en ruine l'ouvrage
« le plus grand de la puissance humaine. Que
« j'aimais à écouter le vieux berger, quand il
« enchantait mon esprit par quelque étrange
« histoire de ces maraudeurs qui faisaient fran-
« chir impétueusement à leurs chevaux la porte
« de la citadelle pour aller renouveler leur
« rapine sur les Anglais de l'autre côté des
« monts Cheviot, et revenaient ensuite remplir
« la grande salle du tumulte de leurs joyeux
« festins et de leurs acclamations! Il me sem-
« blait entendre encore les pieds des chevaux
« et le bruit des armes retentissant sous les
« arceaux brisés de la porte; il me semblait
« voir de sombres figures, sillonnées de cica-
« trices, se montrant à travers les barreaux
« rouillés des fenêtres.

« Puis dans l'hiver, autour du foyer, j'en-

« tendais de vieux contes, tristes ou joyeux,
« qui parlaient des stratagèmes des amans,
« des charmes des belles, des sortiléges des
« sorcières, des exploits des guerriers, des
« batailles nationales gagnées jadis par le
« grand Wallace et le vaillant Bruce; ou des
« combats plus modernes, dans lesquels les
« clans d'Écosse, sortis comme un torrent de
« leurs montagnes, avaient balayé devant eux
« les habits rouges [1]. Étendu tout de mon long
« sur le plancher, je recommençais tous ces
« combats, en opposant des rangs de cailloux
« à des rangs de coquillages, — simulacre de
« la guerre réelle. Le lion d'Écosse allait en-
« core en avant, et les bataillons anglais taillés
« en pièces, prenaient la fuite. »

Le poète consacre quelques vers aux respectables témoins de ces jeux : je me laisse aller au plaisir de citer ce passage.

« — Je pourrais, en cherchant une vaine
« illusion, décrire tous ces visages familiers qui
« souriaient le soir autour de notre feu : d'abord
« ce vieillard à cheveux blancs, hôte d'un ma-

[1] Les soldats anglais.

« noir couvert en chaume, sage sans être sa-
« vant, simple, plein de bonhomie et issu d'un
« noble sang d'Écosse. Son œil encore vif et
« perçant attestait ce qu'il avait dû être dans
« sa jeunesse [1] ; ses décisions terminaient les
« différends des voisins, contens d'une justice
« qui ne leur coûtait rien. — Il y avait aussi
« le vénérable prêtre, qui vivait en même
« temps comme un savant et un ministre des
« autels. Hélas ! souvent mes jeux bruyans et
« mes espiégleries interrompaient ses discours,
« car j'étais un petit mutin, volontaire, capri-
« cieux, l'enfant gâté d'une aïeule. Mais tantôt
« fâcheux et tantôt excitant le sourire, j'étais
« toujours souffert, aimé et caressé. » (*Marmion*, chap. III, introduction.)

[1] Ailleurs (*Introd.* au ch. II), sir Walter Scott nous entretient de son bisaïeul. « — Nous célébrons encore, « dit-il, la fête de Noël dans le même lieu où mon bis- « aïeul venait partager les réjouissances de ce saint temps. « Il ne se doutait guère alors qu'un jour il figurerait « dans mes chants. Ce vénérable vieillard ne pouvait se « vanter que de sa probité. Fidèle à la race bannie de « nos rois, il perdit ses terres ; mais il garda sa barbe. » Une note nous apprend que le vieillard avait juré de la laisser croître jusqu'au retour des Stuarts.

Je ne saurais exprimer tout le charme que je trouve dans ce passage, lorsque je date ma lettre de ces mêmes lieux où le poète se complaît à ramener les pensées de son âge mûr. Mais indépendamment de cet *à propos*, indépendamment de la poésie en elle-même, j'y mêle un sentiment personnel, un souvenir du foyer domestique. Moi aussi, malgré le temps et les distances, je crois revoir les petites Alpes de saint Remy [1], le vallon qu'arrose l'Oriol, vallon pastoral comme celui de la Tweed; la ferme de mon aïeul maternel, agriculteur et fier de ce noble titre ; et ma bonne aïeule et ma mère, souriant de mes jeux, et m'imposant doucement silence, quand j'interrompais étourdiment les graves discours de mon grand-oncle le chanoine. Le foyer réunissait aussi des hôtes pleins de bonhomie, dont j'aimerai toujours à retrouver les traits gravés dans ma mémoire.

[1] Petite ville de Provence dont un cardinal qui y avait été exilé par le pape disait : *bello paese, cattiva gente*.

LETTRE LXXXIX.

A M. GUIZOT.

> *The harp of Ettrick rung again,*
> *Her Bard, intent on fairy strain*
> *And fairy freak by moonlight show*
> *Sung, etc.*
> J. Hogg, *the Queen's Wake.*
>
> La harpe d'Ettrick retentit de nouveau; on entendit chanter son Barde amoureux des accords des fées, et témoin de leurs ébats dans les bocages éclairés par la lune.

Le magicien Michel Scott, très embarrassé d'un démon auquel il était forcé de donner une occupation continuelle, lui commanda de construire un pont sur la Tweed : en une nuit ce travail fut achevé. Le comte de Buchan a voulu rivaliser avec l'architecte infernal, par un pont de fer jeté près de Dryburg-Abbey. Ce pont, d'une forme élégante et légère, n'est peut-être pas en harmonie parfaite avec les arceaux gothiques de l'abbaye ; mais il mérite le prix sur le pont *du Diable* à Kelso : le diable prendrait facilement sa revanche s'il voulait élever une statue rivale de celle que le comte a dédiée à W. Wallace sur un rocher des bords de la Tweed ; colosse digne de l'*Hygie* de Bernard's Wels.

La montagne qui domine Melrose s'élevait jadis solitaire au sud du couvent. Michel Scott dit à son démon de la partager en trois, et c'est depuis lors que l'Eildon-Hill forme trois cônes rapprochés.

Du sommet de l'Eildon-Hill, on découvre trente milles de pays ; le berger qui m'accompagnait jusqu'au sommet, me fit remarquer surtout le cours du Leader, et sur ses rives les ruines prétendues d'Ercildoune, manoir de Thomas le Rimeur (ou Thomas Rhymer), que la reine des fées transporta dans son royaume de féerie.

Le roman chevaleresque de *Tristan*, par Thomas le Rimeur, est un monument curieux de la poésie anglaise du treizième siècle, un poëme entier composé par un Écossais dans la langue du vieux Chaucer. Un siècle plus

tard, la harpe de Thomas échut en partage à
l'ecclésiastique Barbour, qui fit du héros écossais, Robert Bruce, le héros d'un roman en
vers, cité souvent comme autorité par les
historiens. Barbour écrivait dans le quatorzième siècle. Le siècle suivant fut riche en
chroniqueurs ou *faiseurs* écossais (*makers*),
parmi lesquels les antiquaires et les poètes
aiment encore à vanter Henry l'aveugle, qui
choisit *Wallace* pour sujet d'une chronique
épique, laquelle peut servir de pendant à celle
de Barbour; l'évêque Gawain Douglas, qui traduisit l'*Énéide;* Jacques Ier, poète couronné,
qu'il faut peut-être regarder comme le créateur de la poésie pastorale écossaise [1]; Dunbar,
à qui sa verve satirique et son imagination
riante ont inspiré des traits qui rappellent à
la fois Chaucer et Butler, l'auteur d'*Hudibras;*
enfin sous Jacques v, David Lyndsay, qui joue
un rôle dans *Marmion*, comme roi d'armes
d'Écosse. Persécuté par le clergé catholique
et envoyé en exil, D. Lindsay revint plus tard
servir la réforme religieuse par ses poëmes

---

[1] J'en ai déjà parlé à Windsor.

burlesques dont le sel n'est pas toujours d'un excellent goût.

Tous ces poètes écossais ont eu les défauts de leur temps, et ils furent même moins délicats que leurs prédécesseurs et leurs contemporains d'Angleterre, qu'ils appellent leurs maîtres. Les deux littératures se confondaient alors dans un même langage, à quelques *scoticismes* près. Ces scoticismes ont augmenté encore jusqu'à Ramsay; ou peut-être c'est l'anglais, qui, plus cultivé, a laissé l'écossais stationnaire : car depuis l'avénement de Jacques VI au trône d'Angleterre, la muse d'Écosse resta long-temps frappée de stérilité.

Déjà, dans sa cour d'Édimbourg, le pédant Jacques avait repoussé, comme trop vulgaire, la langue de son peuple, pour mettre une langue morte à la mode. Buchanan était un homme de génie, qui asservit son imagination et sa science au latin, quand il aurait pu faire pour l'écossais ce que le Dante avait fait pour l'italien. Devenu roi d'Angleterre, Jacques affectait de parler un anglais pur, lui qui ne put jamais perdre l'accent provincial. Pendant les trois quarts d'un siècle, la littérature écossaise fut réduite à ses ballades dédaignées du beau monde et de ses poètes. Quand Thomson, Mallet, etc. se firent Anglais dans leurs vers, l'union des deux royaumes fut consommée. Les dernières tentatives des Stuarts réveillèrent l'orgueil national des montagnards et celui des habitans des villes et des basses-terres. Les vieux refrains des jacobites étaient une protestation en faveur de l'indépendance de l'Écosse et de la langue de leurs pères. Ces vieux refrains émurent même ceux qui tenaient à la maison de Hanovre. Quand tout espoir de *restauration* fut perdu pour Édouard, beaucoup d'Écossais whigs se rallièrent à l'opinion sans résultat des Stuartistes, comme à une sorte de culte poétique. C'est dans cet esprit que Burns chanta les malheurs de Marie Stuart et du Prétendant : tel est aussi le secret du jacobitisme, reproché quelquefois à sir Walter Scott et à son élève J. Hogg, qui sont d'ailleurs si dévoués à la maison de Brunswick.

Le jacobitisme d'Allan Ramsay avait quelque chose de plus réel et de plus sincère. Ce poète, le premier à qui la muse d'Écosse, après quatre-vingts ans de silence, fut redevable enfin du retour de ses antiques honneurs, était né en 1686, et fut témoin des événemens de 1715 et 1745. Il avait été persécuté et calomnié par le clergé fanatique du culte presbytérien, pour avoir voulu fonder un théâtre à Édimbourg. Sa rancune contre l'*ultra-presbyterianisme* entra pour quelque chose dans son amour pour les Stuarts. Mais ses poésies n'ont aucun caractère politique. Ce n'est pas sans une intention secrète cependant qu'il a peint dans son *Gentle Shepherd* des bergers du temps de Charles II à l'époque de la restauration des Stuarts.

« Notre bon maître, dit Symons, avait fui
« sagement, et abandonné ses domaines pour
« sauver sa tête, après avoir bravement com-
« battu sous les étendards de Montrose avec
« son suzerain (*his liege*). Maintenant Crom-
« well est allé au diable, et un nommé Monk
« a joué un mauvais tour au Croupion[1] en
« rappelant Charles, etc. » (Scène 1re, acte II.)
Suivent des chansons en l'honneur de la restauration. Le retour d'un laird émigré est

[1] Sobriquet historique du parlement de la république.

peut-être le véritable sujet de ce drame pastoral, dont tout le charme consiste d'ailleurs dans des scènes isolées, qui forment une série d'églogues faiblement liées entre elles. Le portrait que le noble [1] berger fait de sa maîtresse a toute la grâce du *malo me Galatea petit* de Virgile ; le *plaid* et la flûte que les deux bergers échangent rappellent aussi les dons réciproques des *Bucoliques* grecques et latines. Une scène charmante encore est celle où les deux bergères discutent sur l'amour et le mariage : il y a toute la naïveté antique dans ce dialogue fondé sur des idées toutes modernes. Mais les Écossais aiment surtout dans cette pastorale l'emploi de leur dialecte et les couplets, qui, composés sur des airs nationaux, sont devenus populaires comme les stances du Tasse en Italie. Ils vantent beaucoup, comme une excellence de la langue ennoblie par Ramsay, par Fergusson et Burns, ces diminutifs presque inconnus en anglais,

[1] *Gentle*, *noble*; c'est un des mots que le capitaine Lismahago prétend avoir été dénaturé par les Anglais, qui l'emploient dans le sens presque exclusif de *doux*, *gentil*, etc.

et qui adoucissent la terminaison d'une foule de mots qu'une consonne pénultième rendait très peu harmonieux [1]. Du reste, A. Ramsay n'avait ni l'esprit, ni l'énergie, ni la chaleur de Burns; il a peint plutôt des mœurs que des passions et des caractères. Il avait publié avant son *Noble Berger* un recueil précieux d'anciennes poésies écossaises, parmi lesquelles il glissa quelques unes de ses productions, qui ne sont pas les moins estimées. C'est le Théocrite de l'Écosse; nous retrouverons ses traces sur les bords de la Clyde.

On a dit de Fergusson, venu après lui, qu'il a fait des églogues de ville (*town-eclogues*). Il vécut moins à la campagne qu'à Edimbourg, et il se plaisait avec les citadins plus qu'avec les bergers. Son *Farmer's ingle* est cependant une vraie pastorale; mais Fergusson, par son genre d'esprit, se rapproche plus de Burns que de Ramsay ou de Hogg, dont il est temps de parler puisque je suis sur ses do-

[1] Tels sont *bit*, morceau, *bittie*, petit morceau, *bairn*, enfant, *bairnie*, enfantelet, *lass*, fille, *lassie*, fillette, etc.; d'un autre côté la langue gaëlique a prêté quelques mots fort durs à la langue des Lowlands.

maines et sur ceux de son maître, Walter Scott. — Burns et Fergusson auront leur tour.

Les Écossais vantent beaucoup l'esprit grave de leurs paysans, leurs mœurs sévères et leur enthousiasme religieux, résultat de la lecture journalière de la Bible, qui prête aussi quelquefois à leur langage une couleur orientale. Ce caractère, reste de l'austérité puritaine, n'est pas pour peu de chose dans l'ennuyeuse dignité ou réserve de quelques salons d'Édimbourg. Je n'ai pu encore étudier aussi bien la physionomie qu'il donne aux familles des cultivateurs et des petits ménages des hameaux ; mais il est singulier que les poètes sortis de la classe des paysans écossais aient été plus volontiers l'expression de mœurs et d'idées bien opposées. Burns ne chercha pas dans la religion un asile contre ses malheurs. Les derniers jours de sa vie nous le montrent s'efforçant de s'étourdir dans les orgies qui lui devinrent si fatales; et James Hogg est cité comme le plus hardi buveur de wiskey de l'Écosse actuelle. Les dévots presbytériens traitent Burns d'impie; et je les ai entendus murmurer que

M. Hogg est quelquefois un poète tant soit peu profane. Leur lauréat de prédilection était Graham, l'auteur pieux du *Sabath* dont je m'occuperai plus tard. Il est juste d'ajouter que M. Hogg n'est devenu *sensuel* que depuis que la réputation de ses premiers poëmes l'a attiré à Édimbourg. Sa jeunesse a été celle d'un berger, vivant solitaire et rêveur, avec son troupeau et ses muses, c'est-à-dire avec les fées, qu'aucun poète d'Écosse, depuis Thomas d'Erceldoune, n'avait peintes avec tant d'attraits. C'est cette vie de berger passée sur ses montagnes natales, vie de calme et de contemplation, loin du commerce des hommes, qui a familiarisé de bonne heure James Hogg avec toutes les images de la nature matérielle, dont les accidens du paysage, suivant les heures du jour et de la nuit et la différence des saisons, variaient la forme mobile à ses yeux. Les sites où il devint poète étaient pour lui comme les amis de sa solitude, et le souvenir des contes faits à sa première enfance l'aidaient à la peupler des êtres invisibles de la tradition populaire. Il ignorait peut-être alors jusqu'au nom de Cambridge et d'Oxford, encore plus la mythologie d'Athènes et de Rome, professée dans ces universités. C'est enfin cette vie contemplative qui nous explique pourquoi J. Hogg, ignorant long-temps les hommes, réussit mieux à peindre les affections simples et douces que les passions, et les êtres imaginaires que les personnages historiques. Quand il a voulu imiter sir Walter Scott dans le roman, il a échoué. Une allusion à quelque fait réel, à un héros d'histoire n'est pas déplacée dans ses vers; mais il n'a pu deviner le cœur de Claverhouse et celui de Burley.

Le berger d'Ettrick publia ses premiers essais en 1805; c'était un volume de ballades. Sir Walter Scott avait alors publié entr'autres ouvrages son recueil des *Ballades des frontières*[1], dont il devait quelques unes à la mémoire du jeune poète qui l'avait pris pour modèle. Les ballades originales de James Hogg eurent peu de succès. Burns avait rendu ses compatriotes difficiles, même pour ce genre qui différait beaucoup du sien. On trouva

---

[1] *Minstrelsy of the Scottish Border.*

surtout les poésies de James Hogg diffuses, timides, prosaïques et même triviales. Hogg, désireux de plaire dans les salons, abandonna son *troupeau* pour se fixer à Édimbourg et *s'y polir*. Sa muse ne s'y est pas énervée; elle est restée originale, en acquérant les grâces qu'elle n'avait pas. Il lui reste toujours quelques traces de sa rudesse primitive, comme aussi le poète rappelle quelquefois, par son extérieur, l'air agreste du *Paysan du Danube*.

J. Hogg travailla d'abord à un journal périodique, *l'Espion* (*the Spy*), et depuis il est devenu un des collaborateurs du *Blackwood magaz*. Ses meilleurs articles sont des descriptions en prose et de petits tableaux de mœurs pastorales. Il a décrit avec une grande vérité un orage sur les bords de la Tweed et une chute de neige; il joue aussi quelquefois, dans cette feuille comico-sérieuse, le rôle d'une espèce de *paysan bouffon*. Il y laisse graver même son portrait en grotesque, avec des sonnets au bas à sa louange, tel que celui qui est intitulé : *Sonnet sur une étincelle tombée de la pipe du berger d'Ettrick*.

Mais la renommée de J. Hogg est fondée

sur un poëme de longue haleine que sir Walter Scott ne désavouerait pas : *the Queen's Wake*, la *Veillée de la Reine*.

On appelait *wake*, autrefois en Angleterre, une réunion qui avait lieu la veille du jour où une église devait être consacrée. Cette réunion était une fête, et ceux qui en faisaient partie passaient la nuit à diverses sortes de jeux et d'amusemens. En Écosse, qui fut toujours un pays de musique et de chant (dit M. Hogg [1]), le chant et la musique étaient le principal divertissement d'un *wake*, et souvent le seul. Ces chants étaient en général des poésies religieuses ou sérieuses et adaptées aux simples mélodies de l'Écosse. (Telle est à peu près l'origine de nos vieux noëls en France.) Les différentes applications du mot en Angleterre et en Écosse, expliquent suffisamment quelles étaient les conséquences du *wake* dans les deux pays. En Angleterre, les *wakes* ont fait établir des foires et des fêtes de longue durée, d'où le mot *wake* y veut dire foire ou fête. En Écosse,

---

[1] Première note du poëme.

le même terme ne s'applique plus qu'à ces sérénades jouées par des *ménestrels* ambulans et sans nom, qui parcourent les quartiers riches d'Édimbourg après minuit, à l'époque des fêtes de Noël. Voilà à peu près tout ce qui reste des anciens *wakes* en Écosse.

« — L'effet de ces sérénades, dit encore J. Hogg, est d'une douceur inimaginable pour quiconque n'est pas insensible à l'harmonie, lorsque éveillé peu à peu par ce concert imprévu, on ne saurait dire, pendant quelques instans d'incertitude, dans quel état, dans quels lieux, dans quel monde on se trouve. » Après avoir avoué ma barbare reconnaissance pour les orgues de Barbarie, je ne saurais être d'un avis contraire à celui du berger d'Ettrick sur ces musiciens ambulans qui, en Écosse comme ailleurs, procurent de si douces jouissances aux *dilettanti* de toutes les classes. Combien de fois, ravi par un de ces concerts en plein air, j'ai rêvé qu'un Mozart ou un Rossini, trahis par leur étoile, étaient condamnés à y faire leur partie! Dans *le Lai du dernier Ménestrel*, quel est le personnage le plus intéressant? selon moi, c'est celui qui est en dehors du poëme, ce vieux barde qui, pauvre, humilié, errant, mendiait son pain de porte en porte, et accordait pour l'oreille des villageois, la harpe qu'un roi avait jadis aimé à entendre. Ce matin encore, j'ai vu avec émotion, sur les bords de l'Yarrow, cette tour de Newark où la bonne duchesse de Buccleuch lui donna l'hospitalité et de si doux encouragemens![1]

[1] Sir Walter Scott a rendu très pathétiques tous les débuts et les épilogues de chaque chant de son poëme en y mettant en action le vieillard qui est censé l'improviser.

« — Le ménestrel reprit haleine : tous ceux qui l'avaient écouté donnèrent des éloges à ses chants. On regrettait qu'à un âge si avancé, quand il aurait eu besoin d'un appui, il eût à faire un pèlerinage si pénible. N'avait-il pas d'ami, pas de fille chérie pour partager et adoucir ses travaux, pas de fils pour être le soutien de son père, et le guider dans les sentiers épineux de la vie? — Il en avait eu un, mais qui n'existait plus. Le vieillard pencha la tête sur sa harpe, sa main en parcourut tour à tour les cordes pour arrêter la larme qui voulait s'échapper de ses yeux, et sa douleur paternelle se trahit par un prélude lent et solennel, etc.

(Chant III.).

« *Then list, ye maidens, to my lay,*
Though old the tale and past the day;
Those wakes, now played by minstrels poor
At midnight, darkest, chillest hour
Those humble wakes now scorned by all
Were first begun in courtly hall.
When royal Mary, blithe of mood
Kept holyday at Holyrood. » [1]

(Queen's Wake.)

C'est l'histoire d'une de ces *veillées* royales qui fait le sujet du poëme de *Queen's Wake*; mais d'abord le berger d'Ettrick adresse une touchante invocation à sa harpe : les invocations de sir Walter Scott n'ont pas plus d'élégance que celles du berger qui l'imite.

« — Viens près de mon cœur, ô toi, mon seul soutien! compagne d'un temps plus heureux! Présent du ciel, harpe de la montagne et de la forêt, lorsque, pour la première fois,

[1] « Écoutez donc mes chants, jeunes filles, quoique mon histoire soit bien vieille, et parle d'un temps qui n'est plus. Ces *veillées*, jouées aujourd'hui par de pauvres ménestrels à l'heure la plus noire et la plus froide de la nuit; — ces humbles veillées, aujourd'hui méprisées de tous, — commencèrent dans un palais lorsque la reine Marie, alors heureuse et gaie, les fit célébrer à Holyrood. »

je fis vibrer tes cordes d'airain [1], sur les rives solitaires du lac de Sainte-Marie,—lorsque je te trouvai dans une grotte profonde, cachée par les taillis du ravin, je ne pensais guère que ce vain jouet deviendrait ma seule joie. Les sourires d'une jeune fille avaient attiré mon cœur dans les piéges de l'amour; lorsque, pour la première fois, je mêlai tes accords magiques aux soupirs de la brise, une larme brûlante brilla dans mes yeux; je frémis, je pleurai, surpris de la douceur jusqu'alors inconnue de mon émotion : je ne sais encore qui la causait de l'amour ou de toi.

« Mon cœur aurait-il eu le pressentiment que lorsque la jeunesse m'aurait quitté, l'amitié me quitterait aussi et que la fortune me retirerait ses faveurs? devinait-il que lorsque le plaisir, l'amour et la gaîté se seraient évanouis, tu serais mon unique bien? — Égaré par la vanité et l'orgueil, je négligeai ma douce harpe, je voulus jouer avec la capricieuse fortune, et fis naufrage dans un monde d'égoïsme et d'artifice. Je cherchai alors de

[1] L'ancienne harpe d'Écosse avait des cordes de laiton.

nouveau la colline boisée, je revins m'asseoir et rêver au bord du ruisseau; la fraîcheur de mes sensations n'était plus, et tu me restais seule! O toi long-temps abandonnée dans la bruyère, reviens auprès de mon cœur. La ronce des montagnes ne rampera plus autour de tes cordes; les plantes sauvages accumulées sur toi n'étoufferont plus tes accens. Harpe de la forêt, tu seras belle comme une jeune palme, tes accords auront la douceur des sons qui réjouissent la verdure enchantée de l'Ettrick, ou celle de la brise mourante du soir, et tu seras pure comme la rosée du ciel! »

Cet amour du poète pour sa harpe retrouvée est touchant : c'est un retour naturel aux plaisirs simples de la campagne et au commerce mystérieux de la muse. On lui pardonne *son petit grain d'ambition*, comme au berger de La Fontaine, parce qu'il n'a jamais cessé d'aimer au fond du cœur : —

et

L'habit d'un gardeur de troupeau,
Petit chapeau, jupon, panetière, houlette, etc.
. . . .
Doux trésors, se dit-il, chers gages qui jamais

N'attirâtes sur vous l'envie et le mensonge,
Je vous reprends : sortons de ces riches palais
Comme l'on sortirait d'un songe.

(*Le Roi et le Berger.*)

Le berger va chanter maintenant l'ambition des autres et leurs efforts pour mériter les royales faveurs ; mais c'est la belle Marie Stuart qui tient le sceptre et distribue les prix aux plus habiles. Elle vient d'arriver à Leith et se rend au palais d'Holyrood. Tous les cœurs volent sur son passage ; on s'entretient avec intérêt de sa beauté, de sa jeunesse et de ses malheurs. Elle a erré dans l'exil ; elle a perdu dans une année un père, un époux, un royaume, et n'a pas encore atteint son dix-huitième printemps. Qui ne donnerait sa vie pour une princesse si jeune, si belle et si aimable !

« — Elle se plaça légèrement sur son agile palefroi, tout caparaçonné de crépines d'or. Aucun des seigneurs du cortége ne maniait un coursier avec autant d'aisance et de grâce. On admirait les boucles de ses blonds cheveux flottant au gré des haleines de l'air qui semblaient sortir des fleurs embaumées des genets, pour venir rafraîchir ses joues de rose; et chaque fois qu'elles soulevaient la gaze de son sein, on entrevoyait les trésors de sa taille élégante; et quand son palefroi secouait sa crinière, il agitait mille sonnettes d'argent.

« Marie promena des regards étonnés sur les rochers d'Édimbourg, qui semblent des colonnes chargées de soutenir la voûte des cieux, sur le palais, le parc, le château crénelé, le lac, la rivière, la mer parsemée d'îles, et sur les cimes bleuâtres des monts plus lointains, dont la base était entourée d'arbres ou de fraîches prairies. A ce spectacle, elle pensa que sa terre natale était le plus doux et le plus pittoresque pays du monde. »

Elle s'avance avec un cortége nombreux jusqu'au palais d'Holyrood : quoique émue et charmée des hommages universels qu'elle reçoit et des acclamations du peuple, on remarque parfois une sorte de distraction dans son visage.

« — Était-ce une juste inquiétude, causée par la réflexion que son faible bras devait seul soutenir un trône chancelant? était-ce la crainte de voir l'austère Calédonie mépriser ses ordres, et son lion [1] farouche s'indigner de rester prosterné aux pieds d'une femme timide?

« Cette distraction était causée par les accords de la musique écossaise, qui, adoucis par la distance, venaient ravir son oreille, et lui semblaient en ce moment bien préférables à toutes les savantes mélopées du Sud : »—ce sentiment, prêté à Marie Stuart par M. Hogg, est d'une délicatesse parfaite. Hélas! il nous apprendra bientôt que l'italien Rizzio fait partie de la cour d'Holyrood! Le duc d'Argyle, instruit du sujet de l'émotion de la reine, lui vante comme bien supérieure à la musique qu'elle entend celle des clans montagnards. — A peine Marie est-elle établie dans son palais, une proclamation annonce qu'aux prochaines fêtes de Noël, la souveraine invite à une *veillée* solennelle tous les ménestrels et tous les harpistes de son royaume. Cette *veillée* durera trois nuits de suite, et une harpe richement ornée est destinée à celui qui vaincra ses émules.

[1] Le lion des armes d'Écosse.

M. Hogg nous peint le caractère et nous transmet le chant de chaque concurrent : Rizzio est du nombre; mais c'est Gardyne, le fils des Bardes, qui obtiendra la palme. Un tel cadre donne au berger d'Ettrick l'occasion d'exercer la facilité avec laquelle il se plie à tous les styles, facilité si grande, qu'il a publié depuis, sous le titre de *Miroir des poëtes,* un recueil de poëmes attribués par lui à Byron, Scott, Campbell, Southey, Crabbe, Wordsworth, etc., dont il a souvent imité à s'y méprendre le génie particulier. Quant au *Queen's Wake,* les critiques ont généralement préféré, à la *pièce couronnée du concours,* celle du treizième compétiteur, intitulée *Kilmeny.* C'est un de ces sujets merveilleux dans lesquels J. Hogg excelle, et qui l'ont fait surnommer *le Lauréat* du royaume de féerie. Burns, quand il traitait une histoire surnaturelle, y introduisait toujours quelques images comiques et même grotesques. *Il ne croyait pas.* Hogg écrit avec la foi. Rien de simple comme le poëme de Kilmeny.

— Kilmeny est une jeune fille remplie

d'innocence et de beauté, qui a disparu et a été enlevée par les fées. Le portrait qu'en trace M. Hogg lui prête toute la grâce et la candeur de *la jeune fille au puits* (*the Girl at the well*), dessinée par Westall et gravée par Ch. Heath. Elle revient mystérieusement, et le grand art du poète est de nous persuader en quelque sorte de son séjour dans le royaume de féerie, par la description animée de sa personne et de l'étonnement mêlé de respect que son retour et son aspect inspirent.

« — Kilmeny, Kilmeny, où donc étiez-vous allée? Nous vous avons cherchée long-temps sur les collines et dans les ravins, dans les bruyères et dans les bois : comme vous êtes belle! où avez-vous trouvé cette robe qui a la blancheur du lis, ce snoud d'un vert si frais, ces roses les plus vermeilles qu'on ait jamais vues? Kilmeny, Kilmeny, où étiez-vous ? — Kilmeny leva les yeux avec une grâce charmante; mais le sourire n'effleurait même pas les lèvres de Kilmeny. Son regard était calme comme la verte pelouse du valon, ou comme la vapeur qui dort sur une mer sans vagues. Kilmeny était allée en un lieu qu'elle ne connaissait pas, et Kilmeny avait vu ce qu'elle ne pouvait dire : c'était un séjour où le coq ne chanta jamais, « où jamais ne tomba de pluie, où jamais ne souffla de vent; mais il semblait qu'une harpe divine avait retenti et joué des airs célestes autour de ses lèvres, lorsqu'elle parlait des formes ravissantes qu'elle avait vues dans un pays où le péché était ignoré, pays d'amour, pays de lumière, sans soleil, sans lune et sans nuit, où coulait une onde vivante et qu'éclairait une pure émanation de la lumière des cieux, etc. »

Après avoir décrit le bocage où Kilmeny s'était endormie avant de se réveiller dans le royaume des enchantemens, le poète nous la représente ravie par des hymnes mystérieux. — Elle s'éveille sur une couche de soie toute brillante des couleurs de l'arc-en-ciel; autour d'elle se balancent des êtres d'une beauté céleste et qui s'entretiennent d'elle en souriant. Il en est un qui apprend aux autres que Kilmeny a été transportée dans ces régions enchantées pour prouver qu'une vierge mortelle pure comme Kilmeny, était de la nature des esprits célestes. Elle est comblée de caresses et reçoit une espèce de consécration, gage de son immortalité. On lui révèle l'avenir, et il lui est permis de retourner sur la terre passagèrement, quand elle exprime le désir de rassurer ses amies sur son sort. Ce souvenir des lieux où elle naquit est touchant au milieu des délices dont on l'enivre. La même idée dans un sujet à peu près semblable a été rendue avec plus de sensibilité encore par un des poètes des Lacs, aujourd'hui professeur de philosophie à Édimbourg, M. John Wilson. Une jeune fille, enlevée, comme Kilmeny, dans le pays des fées, vante la mélodie qu'elle a entendue. — « Elle me rappela, dit-elle, ces ballades si douces et la musique plus douce encore, que ma sœur, qui n'est plus, me chantait le soir sur la colline, lorsque j'étais trop petite pour garder les agneaux, et que, ravie de plaisir, je m'endormais en appuyant ma tête sur ses genoux. » (*A lay of fairyland*, by J. Wilson.)

Kilmeny est de retour parmi ses compagnes ; mais elle y vit comme une fée ou comme un ange, à l'abri des passions et des vains désirs, toujours digné de la céleste patrie qui l'attend, et où elle va se réunir enfin au chœur des esprits purs comme elle, au bout de sept années. Toute cette vision est d'un grand effet; mais on conçoit qu'un sujet si simple avait besoin, pour intéresser, du charme des vers : M. Hogg a trouvé le secret de l'harmonie de Thomas Moore, pour peindre comme pour faire parler sa Kilmeny.

Il y a quelque chose de plus solennel dans la ballade de Mackinnon, qui nous met en présence des pompeuses merveilles de la grotte de Staffa. C'est l'histoire d'un abbé d'Iona qui a introduit mystérieusement une *amie* dans son cloître, sous les habits d'un novice. Ses jeunes moines vivent dans une familiarité coupable avec les religieuses d'un monastère voisin, pendant que les vieillards scandalisés semblent craindre que le ciel ne les punisse tous de la violation des règles monastiques. En effet, une apparition de saint Colomba ordonne au prieur d'aller en pèlerinage avec ses jeunes moines à Staffa, pour offrir certaines oblations à l'esprit invisible de l'Océan; et l'abbé superstitieux obéit à cet ordre, qui semble en contradiction avec la croyance de saint Colomba et la sienne. Il s'embarque, et pour répondre à son invocation, une syrène lui révèle, dans un chant harmonieux, que les flots le réclament. Le prieur et sa suite s'éloignent, frappés d'un triste effroi. Ils aperçoivent sur le tillac de leur navire un vieillard dont l'aspect leur semble surnaturel.

« — On lui demande sa mission, on lui demande son nom, d'où il vient, où il va; mais il garde un sombre silence, tourne son visage vers la mer, et pleure. Un moine lui adresse un regard d'amitié; d'autres se moquent de lui; mais l'abbé pâlit, accablé de terreur; il s'efforce de paraître rassuré et n'en tremble que davantage, car il se figure avoir déjà vu cet homme... » enfin le vaisseau s'éloigne de l'île fatale. « — Alors le vieillard se lève, se « tient debout à la proue, fixe les yeux sur « les flots, et on l'entend dire : — Malheur, « malheur ! car le sacrifice doit égaler le pé- « ché. » — O que son regard était calme et son geste sublime, lorsque, levant les yeux au ciel, il ajouta : « C'est l'heure ! » Il regarde la mer, il regarde le côté opposé au vent; il lui semble distinguer quelque chose dont il redoute la vue, puis il étend le bras, et montre un point qui brille à l'occident. Les moines aperçoivent bientôt sur la cime du Ben-More comme une espèce de spectre, avec une ceinture d'éclair bleuâtre et un casque lumineux; c'est un héraut qui s'écrie : — « Préparez les voies pour l'abbé d'Iona ! » Un orage s'élève, et le navire est englouti, etc.

Ce vieillard mystérieux, que le poète ne nomme point, frappe vivement l'imagination. Ce poëme rappelle plusieurs fois l'énergie de Byron, et le genre fantastique de Coleridge.

La ballade de *Marie Scott* mériterait aussi d'être citée. Marie est une autre *Juliette*; condamnée à la mort par son père, elle a avalé au lieu de poison une potion narcotique, qui donne à son amant le temps de venir la délivrer. Son amant, qui la croit morte, lui adresse de touchans adieux dans son cercueil, lorsqu'elle renaît à la vie. Ce moment est décrit avec bonheur par M. Hogg. — Il faudrait peut-être citer aussi un voyage qu'il fait faire sur mer à une magicienne du comté de Fyfe. Mais il y a beaucoup à citer dans M. Hogg. J'en ai dit assez, je crois, pour qu'on devine qu'il préfère à tout les sujets merveilleux et les traditions superstitieuses. *Le berger d'Ettrick* n'est pas précisément un poète bucolique; ou du moins, s'il connaissait Virgile, il l'aimerait surtout dans sa description des prodiges qui annoncent la mort de César, dans les métamorphoses de Protée, et la descente d'Orphée aux enfers. Même dans la partie purement descriptive de ses poëmes, *le berger d'Ettrick* relève volontiers, par quelque allusion étrangère, la simplicité d'un paysage. Il y a chez lui une tendance à l'*orientalisme* de Thomas Moore. S'il avait fait les études de Thomson et de Cowper, il eût imité le premier dans sa pompe.

Un poète anglais qui vient de mourir, et que la Muse avait trouvé dans l'échoppe d'un artisan, Robert Bloomfield, a été plus extraordinaire peut-être comme cordonnier que comme poète. Cependant plusieurs passages de ses pastorales révèlent un vrai poète dans le genre naïf. Il dessine assez bien un troupeau de moutons, un petit berger, les humbles détails de la ferme, etc.; mais il reste enfermé dans un cercle rétréci; son imagination va terre à terre, et s'élève rarement à une idée neuve. Il ne suffit pas à un peintre d'être exact dans son esquisse; la vivacité des couleurs entre aussi dans la vérité du tableau. Il existe une poésie descriptive qui ne parle qu'aux sens, si je puis m'exprimer ainsi; c'est trop souvent celle de Bloomfield : il en est une autre qui associe à la peinture d'un site ou de la vie des champs, les émotions du cœur; c'est celle des poètes plus contemplatifs que descriptifs. On peut rapporter à cette dernière certains ouvrages d'un autre poète du peuple, nommé John Clare, devenu depuis peu le rival de Bloomfield en Angleterre. — La véritable source de notre amour pour la campagne est dans une association d'idées. La pervenche n'est pas la plus belle des fleurs; mais elle nous rappelle madame de Warens; elle excite notre enthousiasme plus que la rose, et nous nous écrions avec transport : *Voilà la pervenche!*

LETTRE XC.

A M. Casimir DELAVIGNE.

> On ne peut trop louer trois sortes de personnes :
> Les dieux, sa maîtresse et son roi.
> La Fontaine.
>
> *King Arthur's grown a common crier;*
> *He is heard in Fife and far Cantire: —*
> *« Fie, lads, behold my crest of fire! »*
> *Carle now the king's come!*
> Sir Walter Scott.
>
> Le roi Arthur[1] est devenu crieur public; on l'entend, jusque dans le comté de Fife et jusqu'à Cantire, s'écrier : « — Holà ! mes enfans, voyez ma crête de feu ![2] » Mon vieux ! le roi arrive !

Je n'ai pas voulu rentrer à Édimbourg sans m'être détourné de ma route, pour passer quelques heures à Roslyn, situé à sept milles de la capitale. Il est du bon ton d'y faire au

---

[1] *Le roi Arthur*, personnification d'Arthur's seat.
[2] Allusion au feu de joie préparé sur Arthur's seat.

moins une excursion chaque année à la belle
saison, pour manger des fraises et admirer
la chapelle saxo-gothique, où les anciens
Saint-Clairs reposent dans leur armure au
lieu de cercueil. Pendant leur vie ils habitaient le vieux château qui tombe en ruines,
édifice moins durable que leur sépulcre, où
leurs corps sont encore entiers, assure-t-on, et
vous étonnent par leur taille gigantesque. L'é-
numération de leurs titres, dit Walter Scott,
épuiserait l'haleine d'un héraut ; ils étaient
entr'autres, — princes des Orcades, ducs d'Ol-
denbourg, lords amiraux des mers d'Écosse,
grands justiciers du royaume, gardiens des
frontières, comtes de Caithness, titulaires de
plus de cinquante baronies, etc. Fondée par
William Saint-Clair, en 1446, la chapelle est
remarquable à l'extérieur par les aiguilles de
ses pinacles réunies avec des arcs-boutans,
et intérieurement par ses élégans piliers di-
versement sculptés, dont celui de *l'apprenti,*
en spirale, fixe surtout l'attention.¹

¹ L'architecte avait parcouru l'Europe pour chercher
un modèle pour ce pilier qui lui restait à faire. En son
absence son apprenti l'exécuta, et à son retour le

La vallée de Roslyn est digne de la chapelle : c'est une oasis qui est comme encadrée dans des rochers à angles escarpés. On dirait qu'ébranlés, et violemment *déchirés* par une commotion violente, ils vous menacent de la chute simultanée de leurs fragmens, faiblement liés entr'eux par les racines des arbrisseaux, dont le feuillage cache une partie de leurs fissures nombreuses.

En suivant le cours de l'Esk, je suis arrivé en herborisant jusqu'à *Hawthornden,* ou vallon des aubépines. Le gazon est agréablement varié par la violette, la primevère, la pervenche, et cette jolie paquerette, qui a inspiré à Burns une si touchante *méditation*. J'ai cueilli quelques fraises parfumées, et de ces baies d'arbousier, appelées raisins d'ours, mais surtout le *vaccinium* de Virgile, que j'ai si souvent trouvé sous le nom populaire de *mauret* ou *pétavin,* le long des bords du Rhône. Le vallon

maître tua son élève de jalousie. La même histoire est racontée de la belle croisée de Melrose.

MM. Bouton et Daguerre viennent d'exposer leur tableau de *Roslyn*. Un Écossais pourrait croire qu'ils ont transporté la chapelle elle-même à Paris.

des aubépines est célèbre en Écosse, comme l'asile où le poète Drummond d'Hawthornden [1] vivait solitaire, et donna l'hospitalité au rival de Shakspeare, Ben Jonson. Ce souvenir me ramène à Édimbourg, auprès de sir Walter Scott et de M. Crabbe, son hôte.

Il paraît que deux jours d'absence ont opéré de grands changemens dans l'Athènes d'Écosse. On y a enfin reçu l'annonce positive du prochain départ du roi; il n'est plus question que de le recevoir, et surtout d'en être bien reçu. Déjà deux cent mille étrangers ont triplé la population. Glascow, Aberdeen, Perth, Dundee, sont arrivés, c'est-à-dire les prevôts, les baillis, les magistrats et autres principaux personnages de ces cités un peu humiliées de la préférence qu'Édimbourg obtient sur elles. Ce n'est plus seulement les bourgeois, membres de la *société Highlandaise*, qui se pavanent sous le costume celte; mais les chefs

---

[1] Poète philosophe, qui a laissé quelques sonnets estimés par Milton, et une histoire médiocre des Jacques d'Écosse. Il mourut en 1648, de la douleur, dit-on, que lui causa la condamnation de Charles 1er.

eux-mêmes, avec leur *queues*[1], sont descendus des montagnes : des groupes de ces enfans du désert s'arrêtent étonnés devant les boutiques, ou les monumens de la nouvelle ville. A la couleur particulière des carreaux de leur tartan, on les reconnaît pour des Campbells, qui portent aussi une branche de myrte à leur toque, ou pour des Drummond, qui décorent la leur avec le houx, etc. (Les chefs seuls ajoutent à cette *cocarde* végétale, qu'on me pardonne cette expression, deux plumes d'aigle, qui forment un panache élégant). J'ai été saluer hier un whig, qui m'avait exprimé tout son mépris pour George il y a quelques jours. « — Le roi est le premier gentilhomme de son royaume, m'a-t-il dit ; on le peint comme très affable. » La dame de M. Mac.... lui a tant répété cette phrase, que le mari a promis de la laisser aller au lever du roi, et d'y aller lui-même. J'entrai de là chez le docteur Rob...n, qui devait me conduire ce jour même à la Société médicale :

[1] On appelle la queue d'un chef les officiers de sa maison : le *henchman*, ou écuyer-secrétaire, le *piper*, ou joueur de cornemuse, etc.

la partie a été remise à demain ; le docteur, très *loyal* d'ailleurs, était obligé d'aller joindre la *compagnie des archers* dont il fait partie, et qui a le privilége de servir de garde du corps au monarque dans Édimbourg. Il me montra son arc, revêtit sa veste et ses *trowsers* (large pantalon) de tartan vert, roula son *plaid* en sautoir, mania son arc avec grâce, et me demanda si ce costume n'était pas charmant. Je répondis qu'il lui allait à merveille; je disais vrai, d'autant plus que le docteur Rob...n est d'une belle taille.

Tout ce mouvement, ces préparatifs de fête, ces métamorphoses de costumes, ces nouvelles physionomies m'ont amusé d'abord; mais mon philosophe, qui en jouit depuis trois jours, en est déjà las, et me témoigne un vif désir de faire notre excursion projetée aux *Highlands*, pour ne revenir à Édimbourg qu'après le voyage du roi. — Il m'avait presque amené à être de son avis. Je n'aime pas les provinces trop long-temps *endimanchées*, c'est-à-dire une population hors de ses habitudes journalières: Nous lirons, pensai-je, la relation des fêtes dans les gazettes; la

police ne leur dicte pas ici ses procès-verbaux.
J'allais donc rendre visite à sir Walter Scott,
avec l'intention de prendre congé de lui : ma
visite fut assez longue; car je fus obligé de
céder à l'invitation qu'il me fit de me mettre
à table : je vais rapporter une partie de notre
conversation avant et après le repas, sans
autre infidélité que celle de rapprocher des
phrases que je ne pourrais redire isolées
qu'en les faisant précéder de trop longues
explications, ou de transitions inutiles et in-
signifiantes . . . .
. . . .

Sir Walter Scott. « — Eh bien, docteur,
comment avez-vous trouvé les bords de la
Tweed et l'abbaye de Melrose?

— Dignes du poète qui les a chantés. J'ai
visité aussi Abbotsford, et remarqué avec intérêt vos sculptures gothiques, votre arsenal
et vos tableaux, dont quelques uns sont chez
vous des figures parlantes. Je relirai avec un
double plaisir maintenant *le Lai du dernier
Ménestrel*, et certains autres ouvrages.

Sir Walter Scott. « — Connaissez-vous
aussi *the Minstrelsy of the Scottish border?*

«—Une grande partie, mais surtout vos propres imitations des anciennes ballades des frontières. Ce fut, je crois, votre première publication.

Sir Walter Scott. «—Pas précisément; je débutai en 1799 [1], par l'imitation de quelques ballades de Burger, et par la traduction du drame chevaleresque de Goëthe: *Gotz von Berlichengen*. Ces essais me procurèrent la connaissance du fameux Lewis, auteur du *Moine*, surnommé Monk Lewis. C'était un homme aimable, dont l'imagination était amoureuse du *surnaturel* et des superstitions populaires. Je lui lus ma *Veille de Saint-Jean*, et *Glenfinglas*; il me demanda ces deux poëmes pour les insérer dans son recueil des *Tales of wonder* (Contes merveilleux).

«—Il me semble que *le Moine* de Lewis est un peu passé de mode.

Sir Walter Scott.«—C'est un ouvrage écrit de verve. Il fit effet, quoiqu'il vint après les ouvrages de mistress Radcliffe. Comme cette dame, Lewis a choisi le Midi pour y placer

[1] Sir W. Scott avait alors vingt-huit ans, étant né en 1771.

son action; sous les climats du sud, les passions, comme les plantes, ont plus d'énergie; il faut des passions dans ces sortes d'ouvrages. Le merveilleux tout seul ne suffirait pas dans un siècle incrédule comme le nôtre. J'aimerais mieux que mistress Radcliffe eût moins cherché à expliquer ses mystères. Lewis écrivait comme s'il croyait.

« — Comme femme, mistress Radcliffe aurait-elle craint de passer pour superstitieuse?

Sir Walter Scott. « — C'est possible : ses ouvrages sont au roman ordinaire ce que les mélodrames sont aux tragédies et aux comédies. La *terreur* en est le principal ressort. Mais il y a de bons mélodrames. Walpole a créé le roman mélodramatique; mistress Radcliffe a fait mieux que Walpole; Lewis et Maturin ont seuls approché de mistress Radcliffe. *La famille Montorio* est un ouvrage très étonnant.[1]

« — Est-ce à Édimbourg que fut publié votre *Gotz von Berlichengen?*

Sir Walter Scott. « — Non, je le publiai à

[1] Sir Walter Scott a été un patron utile du révérend M. Maturin.

Londres, où j'étais. C'est de la même époque que date ma connaissance avec M. Canning et M. Frere. [1]

« — Vous avez contribué à appeler à Édimbourg une partie du commerce de la librairie anglaise ?

Sir Walter Scott. « — Les auteurs font les éditeurs, sans doute ; mais M. Arch. Constable a fait beaucoup pour les auteurs écossais.

« — L'Écosse a toujours fourni de grands hommes à la république des lettres.

Sir Walter Scott. « — Le doyen de nos auteurs est M. Henry Mackenzie, qui a connu Hume et Robertson familièrement. C'est l'Addison d'Écosse. Dans une *Vie de John Home*, récemment publiée, il a décrit avec charme la société littéraire d'Édimbourg, pendant la seconde moitié du dernier siècle. Il est poète et romancier ; poète en vers, mais poète aussi dans ses fictions en prose ; du reste il est difficile qu'un bon romancier ne le soit pas un peu. M. H. Mackenzie est un critique ingénieux dans ses Essais périodiques (*le Miroir* et *le*

Sir Walter Scott fut le collaborateur de Canning et de Frere pour le journal de *l'Anti-Jacobin*.

Flaneur), et auteur pathétique dans ses romans. Il y a un peu de la manière de Sterne dans *l'Homme sensible* : le pathétique de *Julia de Roubigné* est plus simple et plus pur.

« — L'Écosse continue à enrichir la littérature anglaise de ses meilleurs ouvrages. Thomas Campbell est Écossais ?

Sir Walter Scott. « — Écossais et grand poète. Lord Byron est aussi un peu d'Écosse.

« — Oserai-je vous demander dans quels termes vous vivez ensemble ?

Sir Walter Scott. « — J'ai reçu hier une lettre de lui. Nous sommes en correspondance, et en correspondance amicale et intime.

« — Il avait un peu boudé l'Écosse.

Sir Walter Scott. « — La *Revue* avait été trop loin. Lord Byron est très irritable.

« — J'ai vu à Abbotsford le portrait de M. Jeffrey ; je suppose que vous êtes amis.

Sir Walter Scott. « — Oui ; c'est une de nos supériorités littéraires, et un avocat distingué.

« — Avez-vous paru vous-même au barreau ?

Sir Walter Scott. « — Comme tous les jeunes avocats, j'ai plaidé dans les affaires criminelles (*criminal trials*). »

J'ajouterai ici, d'après M. Lockart son gendre, que sir Walter Scott, admis à la barre à l'âge de vingt-un ans, n'y donna que peu d'indices de son talent. Il eut cependant un jour l'occasion de parler devant l'*assemblée générale* (assemblée du clergé d'Écosse), et la question qu'il traitait ayant excité tout à coup sa verve, il s'exprima avec *un torrent d'éloquence* (*a flood of eloquence*, je traduis littéralement). Le fameux docteur Blair était présent, et dit tout haut : — Ce jeune avocat *sera un grand homme* (*this will be a great man*).

Je continue l'entretien. « — Vous quittâtes la plaidoirie pour une place de judicature?

Sir Walter Scott. « — Je ne fus nommé *clerk of the court of sessions* qu'après avoir publié *Marmion*. J'étais déjà sheriff du comté de Selkirk. »

C'est un emploi qui vaut à sir Walter Scott 300 livres sterling par an, et qu'il dut au crédit de la famille de Buccleugh. Il a été nommé depuis *deputy lieutenant* du comté de Roxburgh. Sir Walter Scott devait sa nomination de *clerc de la cour des sessions* au ministère Pitt, qui fut remplacé par le ministère Fox, avant que la nomination fût signée et scellée. Quand on la présenta à la signature de Fox, il l'approuva sans hésiter en disant : « C'est placer un *homme de génie;* le *précédent* ne saurait être dangereux pour nous. » Il faut ajouter que sir Walter Scott exerça pendant quelques années ses fonctions gratuitement, en attendant la mort du titulaire son prédécesseur, qui était un vieillard infirme. Ce fait avait été défiguré par M. Simond, dans son *Voyage en Angleterre ;* il l'a rectifié dans la seconde édition anglaise seulement. Si je ne donne pas la phrase de Fox dans les mêmes termes que lui, j'ai pour autorité un membre de la famille de sir Walter Scott. La place de clerc, ou greffier de la cour des sessions, rapporte de douze à quinze cents livres sterling. Sir Walter Scott en remplit assidûment les devoirs. On se rappelle qu'un membre de la Chambre des Communes dénonça un jour cette place comme une sinécure inutile, parce qu'elle était exercée par un homme qui trouvait le temps de publier sept à huit volumes par an, sans compter ses articles de journaux, etc. — En ne comptant que le revenu de ses places et de ses livres, on conçoit que sir Walter Scott ait un château, une maison élégante en ville, un nombreux domestique, une voiture à quatre chevaux, etc.

Lady Scott entra dans le salon, et posa sur la table une boîte qu'elle ouvrit et passa à M. Crabbe, puis à moi : cette boîte contenait une espèce de cocarde ou croix de saint André en perles et en pierres précieuses, recueillies toutes sur les plages d'Écosse.

Lady Scott. « — C'est une croix de saint André que les dames d'Écosse ont chargé sir Walter Scott de remettre en leur nom à Sa Majesté, avant qu'elle mette pied à terre. Cette croix est l'ouvrage d'une dame de haut rang, et d'une grande beauté. »

J'admirai naturellement la croix, les perles et la délicatesse du travail. Deux enfans entrèrent; l'un était le plus jeune fils de sir Walter Scott, et l'autre un frère, je crois, de M. Lockart : — Voilà deux pages de Sa Majesté, me dit lady Scott; et elle m'expliqua qu'ils seraient pages seulement pendant le séjour du roi à Édimbourg. Je demandai à sir Walter Scott s'il n'avait pas un autre fils; il me répondit qu'il avait un fils qui était âgé de vingt ans, et lieutenant dans le 15e régiment de hussards. M. Scott fils est actuellement en Prusse.[1]

Sir Walter Scott. « — Vous nous trouvez dans les fêtes, docteur; vous êtes venu à Édimbourg dans un moment où notre ville va être bien brillante.

« — Je me propose cependant de fuir tout ce bruit, et d'aller faire mon excursion dans le Pertshire pendant le séjour du roi.

Sir Walter Scott. « — Comment! et qui vous presse? vous auriez le plus grand tort. Les montagnes, les lacs, sont toujours là; mais le spectacle que doit bientôt offrir Édimbourg ne se renouvellera pas de long-temps.

Lady Scott. « — M. le baron de Staël ne s'est pas soucié de rester. Il est parti pour le nord de l'Écosse; ne l'imitez pas : nous lui

[1] Il vient d'épouser une riche héritière, la fille de M. Jobson de Dundee, qui lui a apporté une dot considérable.

avons cependant bien dit qu'il perdait un spectacle unique.

Sir Walter Scott. « — Puisque vous aimez la vieille Écosse, vous allez en voir la physionomie vivante, ou du moins le costume : nous ressusciterons nos vieilles devises, nos vieux titres, et quelques uns des usages de l'Écosse indépendante. Pourquoi aller chercher les clans aux montagnes, quand la nouvelle du voyage du roi a retenti jusqu'au fond de l'antique royaume de Bruce, et amène chaque jour de nouveaux représentans de nos noms historiques? Il faut rester; je me charge de vous choisir une place d'où vous verrez tout.

Lady Scott (allant chercher une carte). « — Voilà un billet pour vous placer dans une maison qui fait un coin de Prince's street; c'est une maison appartenant à M. Constable. »

« — Je resterai, puisque vous m'assurez que j'aurais tort de partir.

Sir Walter Scott. « — Il y aura de l'enthousiasme et des fêtes; c'est de la poésie qu'une pompe nationale.

« — Je ne croyais pas les Écossais si royalistes.

Sir Walter Scott. « — Nous avons en Écosse une opposition nombreuse : nous en avons eu même deux ; mais celle des jacobites est morte depuis Culloden, ou ne voit plus dans George IV que l'héritier des Stuarts ; celle des Whigs ne faisait que de la théorie : elle peut honorer la personne du prince sans se compromettre ; car l'opposition whig ne censure que les actes du gouvernement. Mais ne croyez pas trouver dans le torysme d'Écosse l'exaltation méridionale.

« — Faites-vous allusion au midi de la France ?

Sir Walter Scott. « — Non, mais aux imaginations *orientales* de l'Irlande. Nous ne nous jetterons pas à la mer pour aller chercher le roi à son *yacht;* nous ne nous attellerons pas à sa voiture... » [1]

---

[1] Sir Walter Scott est si souvent cité en Angleterre comme un tory *anti-libéral*, que je dois dire que cette conversation est l'expression authentique de ses sentimens : je pourrais le prouver par une brochure publiée par lui sur la visite du roi en Écosse, et qui me

« — Nous avons fait tout cela en France et pis encore à *la honte des lumières;* mais nous avions pour excuse les *miracles* de 1814 : c'était une *restauration.* Le voyage en Irlande n'était qu'une *promenade.*

Sir Walter Scott. « — Le voyage en Écosse me semble un événement heureux, parce qu'il doit rallier les partis qui, depuis plusieurs années, mettaient de l'aigreur dans leurs discussions. La main du whig s'unira à celle du tory dans la main du monarque. En Angleterre, on réserve sa politique pour le Parlement ou les dîners publics. On écrit avec *violence,* on fait des discours violens ; mais les pamphlets et les discours font l'office de soupapes de sûreté ; dans la vie privée, le whig et le tory se voient amicalement. Ici nous sommes plus rancuneux : des hommes très estimables des deux opinions en sont venus insensiblement à se haïr. Il y a eu des torts

---

servirait au besoin de pièce à l'appui. J'en ai même profité pour remplir les lacunes de mes notes. On me pardonnera cet *excès* de fidélité, puisque ces additions feront connaître plus complétement l'opinion politique de sir Walter Scott.

de part et d'autre. Une fois rapprochés par la présence royale, ils reconnaîtront, j'espère, qu'ils n'auraient jamais dû porter les choses si loin.

M. Crabbe. « — Le roi appréciera le dévouement de ses sujets d'Écosse, quoique l'expression n'en soit pas aussi bruyante que celle de ses sujets d'Irlande.

Sir Walter Scott. « — Sans doute. Nous avons toujours passé pour un peuple fier; c'est le cas de montrer notre fierté, en la faisant consister à ne pas sortir de notre caractère habituel. Notre roi nous verra comme la nature et l'éducation nous ont faits, calmes et raisonnables jusque dans nos sentimens les plus exaltés.[1] « D'ailleurs l'Irlande n'était « encore qu'une *seigneurie* (*a lord-ship*) lors- « que l'Écosse avait déjà pris place depuis mille « ans parmi les royaumes de l'Europe. L'Ir-

---

[1] Je marque ce passage avec des guillemets, parce qu'il est presque textuellement emprunté de la brochure citée dans la précédente note. La noble fierté qui y respire sied bien, ce me semble, à celui qui fait parler avec tant de vérité les anciens Douglas, etc., dans ses romans et ses poëmes.

« lande n'avait vu de roi mettre le pied sur
« son sol, qu'armé du glaive comme conqué-
« rant ou comme tyran. Le roi George iv
« vient ici, comme le descendant d'une lon-
« gue suite de rois écossais. Le sang de l'hé-
« roïque Robert Bruce, — le sang du noble,
« du généreux, de l'éclairé Jacques 1er, coule
« dans ses veines; ses ancêtres écossais bril-
« lent de tout l'éclat que la vertu et le génie
« peuvent donner. *Bien plus, il est notre pa-*
« *rent*[1] (*he is our kinsman*). Tant que nos
« Douglas, nos Stewarts, nos Hamiltons,
« nos Bruce, tous nos nobles du premier or-
« dre (*our high nobility*), seront ses parens
« reconnus, — ce n'est pas trop de dire qu'il
« est à peine un gentilhomme des anciennes
« familles d'Écosse qui ne puisse, d'une ma-
« nière ou d'une autre, se dire parent de la
« maison royale dont notre souverain est issu.
« Et même, dans ce royaume peu vaste, le
« sang des familles a été si souvent mêlé, qu'on
« ne peut douter que la majeure partie de nos

[1] Quoique je continue d'avoir recours à la brochure, j'ai entendu cette phrase deux fois, ainsi que tout ce qui suit, de la bouche de sir Walter Scott.

« bourgeois et de nos *yeomen* (agriculteurs
« propriétaires) aient des titres semblables.
« En un mot, nous sommes le *clan*, et notre
« roi est le *chef*. »

Sir Walter Scott entre ici entièrement dans l'idée chérie de George IV, qui veut à toute force *faire compter* sa parenté avec les Stuarts; et cela encore plus volontiers depuis la mort du cardinal d'York. C'est à ce sentiment peu *constitutionnel*, peut-être, qu'il faut attribuer les pensions accordées si facilement aux débris de la famille exilée. On raconte même une singulière concession faite par George III à un partisan opiniâtre de la légitimité des Stuarts.

« Sa Majesté, dit M. J. Hogg (*jacobite relics*), avait entendu citer un riche gentilhomme du comté de Perth, qui non seulement avait refusé de lui prêter serment de fidélité, mais qui encore ne permettait pas qu'on nommât George III *le roi* en sa présence. — « Faites-lui mes complimens, dit le prince; mais... non. — Attendez! — peut-être il ne recevrait pas mes complimens comme roi d'Angleterre. — Portez-lui les complimens de *l'électeur de Hanovre*, en ajoutant : que je respecte la constance et la fermeté de ses principes. » En rapportant cette anecdote, *la Revue d'Édimbourg* se hâte d'ajouter qu'elle est de l'invention de quelque mystificateur, qui a abusé de la crédulité jacobite du berger d'Ettrick. Il est certain qu'elle est presque une insulte envers les enfans de ceux qui se sont faits tuer à Culloden, pour défendre la maison de Brunswick contre *la constance et la fermeté* des jacobites, tels que celui à qui furent envoyés les complimens de George III.

Sir Walter Scott. « — Le spectacle d'un roi est nouveau pour le peuple d'Écosse. Le sceptre, la couronne et le glaive de Bruce, gardés en dépôt au château, ne lui sembleront plus les vains emblèmes d'une monarchie éteinte. L'entrée de George IV à Édimbourg sera une sorte d'avénement au trône d'Écosse. Les deux premiers princes de la maison de Hanovre n'avaient guère pu regarder notre pays que comme une province malintentionnée. George III montra de bonne heure qu'il s'était affranchi des préjugés naturels de sa famille ; mais il ne vint jamais faire sa paix avec nous. Il était réservé à son fils de mettre le sceau à *l'union*.[1]

Lady Scott. « — J'ai vu hier lady *** qui était très occupée de sa présentation.

Sir Walter Scott. « — Il faut qu'elle s'exerce.

« — Ce n'est donc pas une petite affaire?

Lady Scott. « — Les dames ne sont reçues au cercle du roi qu'en robe à longue queue : — quatre aunes de longueur.

« — C'est une queue fort embarrassante, en effet.

[1] Dans la brochure citée ci-dessus, sir W. Scott dit, parlant des Stuarts :
« — Le petit-fils de Jacques, le prince Charles-Edward Stuart, régna ici un moment à la tête d'un parti désespéré, dont le zèle, quoique honorable d'ailleurs, menaçait les grands intérêts de la Grande-Bretagne. Les efforts *héroïques* des jacobites, car on ne peut leur donner une moindre épithète; ne servirent qu'à prouver que la résolution bien fixée d'une nation ne saurait être vaincue par aucune *ébullition* de sentiment, quelque chevaleresque et quelque désintéressé que soit ce sentiment. »

Ce mot *sentiment*, appliqué au stuartisme par sir Walter Scott, fera sourire ceux qui appelèrent la petite émigration de Gand *un voyage sentimental*.

Sir Walter Scott. « — Le gentilhomme de la chambre la porte jusqu'à ce que la dame soit proche de Sa Majesté. Alors la dame fait la révérence en se baissant profondément. Le roi la relève, et la baise sur la joue. [1]

« — Est-ce de rigueur?

Sir Walter Scott. « — De rigueur. Cela fait, la dame se retire sans cesser de regarder le souverain, jusqu'à ce qu'elle soit hors du cercle. La difficulté de se retirer sans assistance, à reculons, est très grande pour celles qui manquent de pratique. Les dames doivent s'exercer à manœuvrer leurs queues

[1] *To salute on the cheek*, saluer sur la joue. Dans ce sens le mot *salute* veut dire *baiser*. C'était un *salut* charmant pour les cavaliers. Le squire Thornill (dans *le Vicaire de Wakefield*) n'oublie pas de saluer de cette manière Olivia et Sophie à sa première entrevue. Il eût été curieux que la tradition de ce salut se conservât au profit des squires chez un peuple où les hommes s'abordent et se disent adieu par un simple serrement de main; ce qui est préférable du reste aux embrassades françaises. Je ne sais plus dans quelle comédie de la rue Richelieu ou de l'Odéon deux Anglais qui se rencontrent s'embrassent cordialement : l'auteur ou les acteurs ont commis un contre-sens contre les mœurs de la Grande-Bretagne.

avec adresse et dignité, pour revenir sur leurs pas sans faire volte-face. Ce doit être une situation pénible que celle de la jeune dame qui est assez malheureuse pour faire un faux pas (*a faux pas*) dans une pareille occasion : c'était une opération plus facile lorsque les dames portaient des paniers sous leurs cotillons : aujourd'hui rien ne soutient la robe. »

Sir Walter Scott étant un des maîtres de cérémonie pour la circonstance, a pris la peine de publier ces instructions avec plus de détails. On sourira comme moi de voir un beau génie tel que le sien occupé de ces minuties : un grand homme ne risque rien d'être peint en pantoufles et en robe de chambre; mais je me croirais indiscret, si je n'avais, en quelque sorte, tout Édimbourg pour témoin de ce que je rapporte ici, et de ce que je rapporterai encore sur le rôle joué par l'auteur d'*Ivanhoé*, pendant le voyage de George iv. Les journaux, les inflexibles journaux en ont dit plus que moi; et je m'estime heureux de faire remarquer celles des paroles de sir Walter Scott qui relèvent sa dignité, et excusent un peu l'*anecdote du verre*.[1]

Sir Walter Scott a réuni à table chez lui plusieurs des chefs de clan, revêtus du costume national. La *circonstance* n'a pas été oubliée; mais non plus la vieille Calédonie, indépendante et fière. Certes, il ne s'agissait pas de George IV et de son bouffon sir Williams Curtis, travestis l'un et l'autre en montagnards, lorsque, après avoir laissé circuler les flacons, ces fils des nobles Écossais, et le représentant de leurs bardes, se tenant par la main en croisant les bras, les coudes sur la table, chantaient en chœur avec enthousiasme l'ode de Burns :

Scots who hae with Wallace bled.

On s'est étonné que le poète n'ait pas produit dans cette occasion quelque chant digne de son nom. Voici une chanson qui ne suffisait pas à sa gloire; elle est dans l'original en dialecte de Burns; mais Burns chantait plus

[1] Voyez plus loin.

noblement les Stuarts. C'est une femme écossaise qui est censée parler :

CARLE NOW THE KING'S COME.

NOUVELLES PAROLES SUR UN VIEUX AIR.

« La nouvelle a volé de bouche en bouche; le nord cette fois l'emporte sur le sud : du diable si un Écossais meurt de soif ! Mon vieux, voilà le roi qui arrive.

CHOEUR.

« Mon vieux, voilà le roi qui arrive (*bis*); tu danseras, je chanterai; mon vieux, voilà le roi qui arrive.

« La vieille Angleterre l'a gardé long-temps; l'Irlande a eu un joyeux coup de dé; mais le tour de l'Écosse est enfin venu.—Mon vieux, le roi arrive, etc.

« La *vieille enfumée*[1], dans sa mante grise, ne pensait pas voir jamais ce jour; il y avait

[1] Je hasarde ici la traduction des mots populaires par laquelle on désigne Edimbourg: *Auld Reekie*, supposant que *Reekie* vient du verbe écossais *reek*, fumer. La noire ville-vieille d'Édimbourg me pardonnera ma supposition.

si long-temps, si long-temps... mais, — mon vieux, le roi arrive, etc.

« Entendez-la crier depuis Castle-Hill ; la voix de la vieille femme est devenue si perçante, qu'on l'entend crier de Canon-Mill : — Mon vieux, le roi arrive.

« Debout, enfans ! crie-t-elle ; grands et petits, préparez-vous pour cette grande revue ! entourez-moi et nous les battrons tous. — Mon vieux, le roi arrive.

« Viens des antiques clochers de Newbattle, fier Lothian, avec tes chevaliers et tes écuyers ; qu'ils rivalisent de zèle avec leurs pères. — Mon vieux, le roi arrive.

« Sois le bienvenu ici, cher Montague ; conduis par la main le jeune Buccleuch ; il en manque quelques uns dont l'absence m'afflige. — Mon vieux, le roi arrive.

« Viens, Haddington, joyeux et brave, tu as embelli mainte fois mon chemin ; je serais désolée si tu ne venais pas. — Mon vieux, le roi arrive.

« Viens, premier duc de l'Écosse [1], descends

---

[1] Le duc d'Hamilton.

de ce rocher son antique couronne; elle a long-temps dormi.—Mais, mon vieux, le roi arrive.

« Viens, Athole, quitte tes bois et tes montagnes, amène-nous ton clan comme un nuage : viens, Morton, fais voir que tu es le sang des Douglas.— Mon vieux, le roi arrive.

« Viens, Tweeddale, fidèle comme l'épée au fourreau; viens, Hopetoun, redouté dans les champs de mort ; viens, Clerk, et fais retentir ton cor de chasse. — Mon vieux, le roi arrive.

« Viens, Wemys, qu'une vertu modeste relève! viens, Rosebery, des bois de Dalmeny! Breadalbane, apporte tes plaids et les baudriers. — Mon vieux, le roi arrive.

« Viens! Niddie à la haute stature, viens avec ce glaive que Minden a connu; laird du vieux temps, nous en avons peu de plus fidèles que toi. — Mon vieux, le roi arrive.

« Le roi Arthur s'est fait crieur public; on l'entend jusque dans le comté de Fife et jusqu'à Cantire : allons donc, mes braves, s'écrie-t-il, voyez ma crête de feu !—Mon vieux, le roi arrive.

« Saint-Abbe crie : Je le vois passer entre Tantallon et Bass. Calton[1], prends ta lunette d'approche; mon vieux, le roi arrive. »

La vieille s'arrêta : et je n'ai pas de peine à le croire, car la joie l'avait mise hors d'haleine; mais Oman[2] lui servit un coup à boire. — Mon écuelle, le roi arrive.

« — Mon écuelle, le roi arrive (*bis*). Emplis-toi, vide-toi! Mon écuelle, voici le roi qui arrive. »

Cette chanson *patoise* a quelque chose d'animé dans le texte : on ne peut nier que la personnification des vallons et des bourgs de l'Écosse, comme Haddington, Lothian, Tweeddale, et l'appel aux noms historiques, lui prêtent une couleur et un intérêt de localité; mais on s'attendait à mieux.

A mon tour, je vais profiter de la *circonstance* pour glisser ici quelques mauvais vers, faits en cheminant sur les bords de l'Esk, au retour de Melrose.

[1] L'Observatoire.
[2] L'hôtel le plus renommé d'Édimbourg.

STANCES

composées le 9 août 1822,

ET ADRESSÉES A SIR WALTER SCOTT.

Nobles enfans de la Calédonie,
 Un étranger, ému de vos transports,
 Ose y mêler la voix de sa patrie
 Pour célébrer les attraits de vos bords.

Unie à nos drapeaux la bannière écossaise
Jadis plus d'une fois a guidé nos soldats;
De maint fils de vos preux fameux dans les combats
 La devise est encor française.

Que j'aime à me placer sur le trône d'Arthur
Pour contempler votre moderne Athène,
Et les vaisseaux que sur ses flots d'azur
Balance avec orgueil la mer calédonienne !

 Oui, je comprends l'ami de Marmion
  Avec transport quand il s'écrie,
 En oubliant qu'il est fils d'Albion :
Ah ! qui ne serait fier d'une telle patrie !

Et de combien de noms l'imposant souvenir
Vient encore ajouter à tout ce que j'admire !
  Pour eux ces bords ont vu périr
Et Wallace et Robert, tant vantés par la lyre.

 De l'Homère calédonien
Ces lieux ont plaint la sublime tristesse.

De l'ancien Barde dernier bien,
La harpe ici charmait sa fille et sa vieillesse.

Elle retrouve enfin ses magiques accens,
    Cette harpe à Morven si chère;
    Sa mélodie accompagne tes chants,
O poète inspiré, dont l'Écosse est si fière!

    Que de ton nom les enfans d'Édina
        Ne cessent de faire leur gloire;
        Le souvenir en survivra
        A celui de mainte victoire.

Fils des vieux ménestrels, pardonne si ma main
    Osa s'égarer sur ta lyre;
    De tes concerts le son divin
Seul a pu m'inspirer cet indiscret délire.

    Hier encor j'errais lentement
Sur la rive enchantée où ton château s'élève.
La Muse m'apparut, — et je crus un moment....
    Hélas! ce n'était qu'un vain rêve.

    Mais je me tais; il n'appartient qu'à toi
De chanter ta patrie et sa noble constance;
    Avec un timide silence
    J'écouterai le Barde ami du roi.

Et vous, Calédoniens, aux accords de sa lyre
    Mêlez les chants de votre loyauté;
Terre heureuse où le peuple en même temps peut dire:
    Vive le roi! vive la liberté!

LETTRE XCI.

A M. LE GÉNÉRAL BEAUVAIS.

« *Great joy, to London now* » *says some great fool,*
When London had a grand illumination, etc.
LORD BYRON, *Don Juan,* ch. VII.
« Grande joie aujourd'hui à Londres (*lisez* Édimbourg), » dit quelque grand sot, lorsqu'on prépare à Londres une belle illumination, qui, pour John Bull, est de toutes les illusions la plus magnifique. Pourvu que les rues soient ornées de quinquets de toutes couleurs, ce Sage (ledit John) abandonne à discrétion sa bourse, son âme, son bon sens, et même son *nonsensa*, pour gratifier le seul sens de la vue, comme un gros papillon.

(Édimbourg, 13 août.) LE roi est en retard. Édimbourg s'agite et s'inquiète; de pesantes vapeurs enveloppent ses rochers et ses tours : cependant la foule se presse vers Calton-Hill, et cherche avec toutes sortes d'instrumens d'optique à découvrir au loin l'escadre royale. Vers le soir, un orage éclate et disperse les curieux.

(14 août.) Ce matin le ciel est sombre encore ; mais les visages s'épanouissent : le yacht de sa majesté a été signalé dans le *Frith du Forth* : il est à l'ancre. Je me rends chez sir Walter Scott.

....Sir Walter Scott était en costume de *députy-lieutenant*, frac bleu, paremens rouges, l'épée au côté ; ce costume élégant qui rajeunit ordinairement, prêtait une grâce militaire à toute sa personne : après le déjeuner, sir Walter Scott est monté en voiture jusqu'à Leith, et s'est embarqué pour aller saluer le roi dans son yacht. Ici disparaît le poète et commence le rôle de courtisan, qui a quelque chose de dégradant ou de ridicule pour le génie [1]. Si George IV ne crée pas sir Walter Scott pair d'Angleterre, il est indigne des hommages qu'il en a reçus. Sir Walter lui a présenté d'abord la croix de saint André, dont le roi s'est paré avec empressement. Jusque-là rien de trop. — Il lui offre à boire le coup de la bienvenue, et verse le vin. Sa majesté y goûte, et passe le verre à l'héritier des muses écos-

---

[1] Voyez les dédicaces des tragédies du grand Corneille, etc.

saises : — Sir Walter Scott ne se croit pas
digne de faire raison à sa majesté, mais s'empare du verre qu'il vide dans la mer avec respect, et il met dans sa poche, comme une
relique, ce cristal qui a touché des lèvres si
augustes. — Hélas! pendant le retour de
Leith, il s'est brisé en mille fragmens,
soit par un effet du hasard, soit par la malice
de la *Dame blanche* ou celle du *Lutin du
dernier Ménestrel*, dépités tous deux de voir
leur poète estimer ce gage fragile plus que les
vrais *talismans* de sa gloire.[1]

   Sir Walter Scott est revenu annoncer à ses

---

[1] J'aurais déchiré cette page de la vie de *mon héros*,
si je ne m'étais pas imposé une stricte impartialité. D'ailleurs d'autres pourront autrement juger le fait; mais
je ne suis pas fâché de l'opposer à MM. Thomas Moore
et autres éditeurs de la *Revue d'Édimbourg*, qui trouvent fort ridicules et surtout fort serviles, de la part de
l'auteur des *Martyrs*, certaines brochures exprimant un
royalisme d'enthousiasme (si mal récompensé). Je
trouve que le *vive le roi quand même* est une flagor-
nerie fort niaise chez un peuple qui a juré la constitu-
tion de 1789, celle de 1792, celle du directoire, celle du
consulat, de l'empire, etc.; mais les Bourbons se sont
offerts à nous avec cette espèce de consécration donnée

concitoyens que leur très gracieux souverain daignait, à cause du mauvais temps, remettre à demain son entrée dans sa capitale d'Écosse. Chacun s'est récrié sur tant de complaisance[1] : une autre crainte agitait ces loyaux sujets. Ce matin même, le roi a appris le suicide du marquis de Londonderry, son premier ministre, ou plutôt son grand vizir. Il était question de savoir si sa majesté daignerait consentir à dissimuler sa douleur, pour se prêter à la joie générale. On s'est récrié encore sur le courage du monarque, lorsque le bruit s'est répandu qu'il voulait bien ne pas être ou ne pas paraître trop affecté. Quelle leçon dans cette facile résignation, pour les Mazarins qui croient *régner* sur les cœurs des rois ![2]

par le malheur, qui doit faire excuser, même dans notre siècle, quelques adulations dont la mode passera bien vite, grâce aux mœurs constitutionnelles.

[1] Voyez les journaux de l'époque : je n'exagère rien.

[2] L'année dernière, au moment où George IV posait le pied en Irlande, il avait appris une autre mort importante, celle de sa royale moitié : il l'avait supportée avec la même magnanimité.

(Jeudi 15 août.) Le roi n'est débarqué
qu'à midi. Le soleil s'est enfin dépouillé de
son voile de nuages, et a été salué avec acclamation par toute la ville, comme un hôte
dont l'absence eût été funeste à la splendeur
de la fête. Il faut convenir que le soleil n'é-
claira jamais de spectacle plus brillant. J'ai
trouvé dans la maison de M. Constable, pour
laquelle j'avais une carte d'entrée, M. Constable lui-même qui m'a présenté au professeur
Leslie et à quelques membres de la *Revue,*
que je n'avais pas encore rencontrés. Après
une heure d'attente et de conversation avec
ces redoutables critiques, je me suis échappé
pour redescendre dans les rues et y rejoindre
mon philosophe. Il s'était placé avec M. Hugo
sur un amphithéâtre, où je ne voulus pas
plus m'emprisonner que chez M. Constable;
ce qui m'a privé d'entendre tous les commentaires piquans de notre caustique consul.
— J'allai et revins deux fois d'une extrémité
de l'avenue de Leith à l'autre, entre les rangs
des constables armés de leurs longues verges
peintes, des hérauts d'armes, des archers,
des montagnards, etc., et à travers les flots

d'une foule de peuple ou de curieux qui portaient presque tous des croix de saint André à leurs chapeaux. Aux façades des maisons étaient adossés des échafauds en gradins et déjà garnis, où le constructeur vous invitait à vous asseoir pour trois shellings par place. Mais les amphithéâtres les plus curieux étaient le mont Arthur, Calton-Hill et le château, couverts d'une population si pressée, qu'on n'y apercevait de loin qu'une multitude de têtes que la moindre acclamation mettait en mouvement. Sans être taxé d'une recherche emphatique, on aurait pu comparer ces hauteurs dominant la ville, à des montagnes vivantes ou à ces géants aux mille têtes de la mythologie classique. — A midi, le canon retentit; une barge se détacha du yacht, et glissant entre les nombreuses barques qui couvraient la rade, amena le monarque à terre. Il fut reçu avec des acclamations qui redoublèrent, quand on s'aperçut qu'il avait ajouté à sa cocarde le chardon et la bruyère d'Écosse. Après les discours obligés des magistrats de Leith, et de quelques dignitaires d'Édimbourg, le cortége se mit en marche : à la tête s'avançait, avec ses hérauts, le lord Lion, roi d'armes, avec le costume décrit dans *Marmion* : sa couronne, son manteau écarlate, traînant jusqu'à terre, ses bottes brodées, ses éperons d'or, etc.; puis venaient, non moins brillans, le chevalier maréchal, avec ses six écuyers. A la suite de ces splendides représentans de l'Écosse du moyen âge, on remarquait moins les détachemens d'infanterie en uniformes modernes, et même ceux du régiment des *scots-grey*, ces *terribles chevaux gris*, comme on veut que Buonaparte les ait surnommés à Waterloo; mais dans cette pompe, le costume bariolé des montagnards semblait encore plus pittoresque. Le roi était dans un carrosse découvert, entouré des archers et de *la queue* de Glengarry, qui avait fièrement réclamé le partage de cet honneur. Les ducs, les comtes, les barons, à cheval, et les carrosses remplis de nobles et de magistrats, contribuaient à l'éclat du cortége. Parmi les voitures, il y en eut une qui excita un moment d'hilarité, lorsqu'elle passa devant le groupe où j'étais : c'était celle du bailli de Glascow : c'est le bailli Nicol Jarvie, dit quelqu'un, et ce nom populaire fut répété avec des applaudissemens ironiques; il se mêlait au souvenir du cousin de Rob-Roy un sentiment moqueur qu'excite souvent dans la noble Édimbourg le nom seul de Glascow, *la manufacturière.*

La musique militaire, les airs écossais de la cornemuse, et les acclamations couvrirent bientôt le bruit de cette scène épisodique. Après avoir vu présenter les clefs de la ville au roi, sous l'arc triomphal de Picardy-Place, j'eus le temps d'aller choisir un nouveau poste d'observation sur Calton-Hill, et d'admirer l'effet de cette magnifique procession, défilant depuis la grande terrasse de Prince's-Street jusqu'au palais d'Holyrood, où le roi descendit. En ce moment les canons, placés sur la cime des différentes collines, firent entendre leurs détonations, répétées par une multitude d'échos : on eût dit des volcans qui se défiaient et se déclaraient la guerre. Cependant la mer du golfe de Forth, dorée par un beau soleil, formait un admirable contraste avec la ville tumultueuse, en laissant sillonner paisiblement son sein par un nombre infini de barques qui s'étaient groupées le matin autour de la flottille royale.

Reportait-on les yeux sur le palais qui recevait le prince dans son enceinte, on était frappé de tout ce qu'ont de triste ses vieilles murailles gothiques, flanquées de quatre tourelles crénelées sans élégance, et que les ruines de la chapelle rendent encore plus sombres. J'aurais aimé à suivre le triomphe de George iv dans ces appartemens dont la solitude m'avait paru si solennelle. Dans la longue série des portraits des rois d'Écosse, qui peuplaient seuls il y a quinze jours ce palais *tragique*, a-t-on caché d'un voile ceux qui pourraient, un jour de fête, éveiller d'importunes et funestes idées, tels que les tableaux qui représentent la famille de Charles 1er [1] ou l'infortunée Marie Stuart? Est-on parvenu à effacer du plancher le sang du favori italien de cette reine, David Rizzio? — Le roi ne fera qu'une espèce de halte à Holyrood : c'est au château de Dalkeith qu'il ira coucher.

[1] Charles 1er et la reine avec le fameux nain de *Peveril du Pic*, sir Geoffrey Hudson tenant un épagneul en laisse.

J'ai contemplé quelque temps, du haut de Calton-Hill, le peuple qui revenait joyeux sur ses pas; et puis je suis moi-même descendu dans Prince's-Street, me mêlant à la foule moins nombreuse, et écoutant les expressions spontanées de sa joie. Chaque Écossais me semblait fier d'un si beau spectacle dont il avait fait partie. Je m'arrêtai encore sur les dalles d'un trottoir, à quelques pas du tombeau de Hume; et là bientôt arriva jusqu'à moi un malheureux qui fixa toute mon attention : ce n'était qu'un vieux joueur de cornemuse, aveugle, en costume montagnard; mais le *tartan* de son philibeg et de sa veste était déchiré en plusieurs endroits; une de ses mains flétries, pressait par momens le sac de sa cornemuse, les doigts de l'autre parcouraient tour à tour les diverses ouvertures du chalumeau; mais les rubans des banderolles qui ornaient jadis son instrument étaient en lambeaux et fanés. En vain faisait-il succéder à l'air interrompu d'un *lament* (*air mélancolique*), le motif moins lent et les variations compliquées d'un *pibroc* (*air guerrier*), ou l'air vif et sautillant d'un *reel* (*air de danse*); aucun passant ne s'arrêtait pour prêter l'oreille à ces airs nationaux, joués par un ménestrel à l'aumone : les moins pressés l'évitaient comme pour préserver leurs habits de fête du contact de ses vêtemens usés; d'autres, dans leur marche plus tumultueuse, le coudoyaient sans le voir : le pauvre aveugle avait un chien aux poils sales et hérissés, tenant entre ses dents la tasse de son maître; mais honteux, comme s'il comprenait les dédains dont il était l'objet, il marchait la tête basse, et semblait vouloir l'entraîner par la ficelle qui l'attachait à son bras. Cette scène m'attendrit, et je me disais que le musicien aveugle avait peut-être, comme *le dernier Ménestrel* de sir Walter Scott, connu « des jours plus heureux. » Puis me reprochant à moi-même une pitié stérile, je glissai dans la tasse vide le *denier* du voyageur, un shelling à l'effigie de George.

(16 août.) On s'est contenté hier de célébrer l'entrée du roi par un feu d'artifice, que je ne décrirai point, parce que j'en ai vu de plus beaux à Tivoli. Le feu de joie allumé sur Arthur's-Seat a produit une impression

bien autre sur mon imagination : j'ai déjà comparé les collines d'Édimbourg à des volcans. Arthur's-Seat rappelait encore mieux, au milieu de la nuit, une éruption du Vésuve; ou pour citer encore une fois la chanson de circonstance du poète de *Marmion* : *King Arthur's grown a common crier*, etc. « Le roi « Arthur est devenu un crieur public, on l'en- « tend dire : Voyez mon cimier de feu, etc. » Mais c'est ce soir qu'a lieu la grande illumination générale; il est près de minuit, et je viens de rentrer ébloui. Dans une ville située comme Édimbourg, une illumination est, on le pense bien, un spectacle unique : chacun s'y est prêté, le pauvre comme le riche : on place en Écosse et en Angleterre, les lampions ou les bougies en dedans des croisées : la lumière sort ainsi plus pure à travers les vitres, et n'est pas obscurcie par sa propre fumée. — Les transparens et les verres colorés n'étaient pas oubliés; je me suis amusé à recueillir quelques devises et emblèmes allégoriques, expressions naïves ou burlesques, nobles ou triviales de l'enthousiasme du moment. Ayant rencontré sir

Walter Scott et sa famille, je les ai suivis pendant une heure dans la foule, en observant que partout où sir Walter était reconnu, on s'écartait volontiers pour lui ouvrir un passage. Je l'ai quitté pour aller me placer sur Calton-Hill, et y jouir de tout ce qu'a de grand le spectacle d'un vaste incendie, mais sans éprouver aucune des terreurs qu'il inspire. La ville vieille, comme la ville neuve, les édifices publics, les colonnes, les dômes et les clochers étincelaient également des plus vives clartés. Qu'on se représente enfin Édimbourg enveloppé d'un manteau de flammes ! Dans les angles un peu moins éclairés, l'entre-croisement des reflets lumineux figurait assez bien les plis flottans de cette nouvelle espèce de pourpre impériale dont était revêtue la plus pittoresque des cités.

Je pars après demain pour aller rejoindre M. Charles F....e, qui est allé m'attendre depuis ce matin à Stirling. Un ami m'a promis de m'envoyer le récit des nouvelles fêtes qui seront données au roi. Ce récit nous parviendra sans doute dans quelque site solitaire d'Écosse où la civilisation n'a pas encore porté ses feux d'artifice et ses transparens.

P. S. Si vous n'êtes pas fatigué de mes descriptions de fêtes, vous en lirez le résumé dans la lettre suivante qui sera insérée dans le *Blackwood Magazine.* Je dois avouer qu'elle est de moi, quoique je ne l'aie pas signée.

A M. CHARLES NODIER.

« J'avais promis de vous écrire au moins une lettre sur l'Écosse, et je voudrais vous esquisser quelques traits du tableau qu'offre Édimbourg depuis que cette magnifique capitale se prépare à recevoir son roi. J'aurais besoin pour cela d'emprunter quelque chose de cette imagination qui nous a plus d'une fois révélé en vous un rival des poètes romantiques dont la Grande-Bretagne est si fière.

On vous accuse ici d'avoir flatté dans votre livre l'antique Calédonie; excepté les dames de Glascow, qui, m'assure-t-on, ne peuvent vous pardonner d'avoir écrit et laissé imprimer qu'elles marchaient sans souliers. Il fallait vous contenter, mon cher ami, de regretter que les modernes Calédoniens se fussent peu à peu réconciliés avec les culottes[1]. Hélas! le temps viendra, grâce à l'anti-poétique civilisation, que leurs petits-fils s'indigneront contre l'indiscret voyageur qui aura aperçu quelques uns d'entre eux sans cette partie du costume européen que la modestie anglaise appelle le *vêtement nécessaire* (ou l'*inexprimable*). Pour en revenir à ce qui se passe aujourd'hui à Édimbourg, vous aimeriez à y voir, en grand appareil, une nombreuse troupe de ces Celtes que vous comparez à des *lions égarés*[2]. Quant à moi, ils ont failli n'exciter que ma mauvaise humeur, après avoir intéressé d'abord ma curiosité. Le pre-

---

[1] Quand je m'occuperai en détail de l'histoire des mœurs et du costume des Écossais, j'aurai l'occasion de citer le *décret* qui prescrivait aux montagnards de *porter* des culottes. Comment éluder la loi et se soustraire à ce vêtement superflu? Les montagnards *portaient* tous leurs culottes au bout d'un bâton!.... La loi fut rapportée.

[2] Expressions de Charles Nodier.

mier que je vis me fit illusion. Je le suivis
pendant quelques pas, pour contempler sa
démarche pleine de noblesse et d'aisance. —
« Voici, me disais-je, un de ces enfans libres
des montagnes, qui ont conservé, comme
une sainte tradition, et le costume et la fière
indépendance de leurs pères!... » Il se retourne; il portait des lunettes! le charme
fut rompu : ce *lion* de votre façon était peut-
être un mauvais procureur, membre de la
société celtique. Le superbe Calédonien ne
m'intéressa pas plus avec sa *targe*, son *philibeg* et son *plaid*, que ne l'eût fait, au
milieu des rues de Paris, un bourgeois du
Marais, sortant de chez Babin le costumier,
dans l'étrange accoutrement d'un mandarin
ou d'un persan. C'est fort ridicule aux citadins
d'Édimbourg de faire de telles mascarades en
plein jour.

J'ai vu heureusement, depuis, descendre
des Highlands plusieurs membres des véritables clans; les noms de Macgregor, de Drummond, de Campbell, etc., m'ont rappelé au
charme des anciens souvenirs. Mais, tout
bien considéré, j'aurais pu mieux choisir

mon temps pour juger l'Écosse : j'aurais préféré du moins la voir dans son état naturel. Édimbourg mérite d'être appelée la nouvelle Athènes, autant par le foyer de lumières qu'elle renferme, que par les particularités de sa situation. Toutefois, allez-vous chez un de ses savans professeurs, pour hasarder de lui faire quelques questions sur les progrès de la science qu'il enseigne, vous le trouvez en contemplation devant la perruque qui doit orner son front révéré, le jour de la grande fête, et lui adressant, comme Sosie à sa lanterne, la harangue qu'il est chargé de prononcer devant Sa Majesté. Allez-vous visiter un honnête bourgeois et sa modeste épouse, pour admirer dans leur ménage cet esprit d'ordre et d'économie qu'il serait utile de vanter à nos coquettes de Paris....., vous surprenez la bonne bourgeoise d'Édimbourg devant une glace, s'exerçant à la cérémonie difficile du *lever*, manœuvrant en tout sens avec la queue de sa longue robe, et estimant peut-être moins un voyageur parisien comme arrivant de la véritable capitale des beaux-arts en Europe, que comme le compatriote des marchandes

de modes les plus célèbres de l'univers.........
Mais j'entends le canon qui fait bondir le
cœur de mes hôtes : j'interromps ma lettre
pour aller chercher matière à la continuer.

— Depuis huit ans nous avons vu en France
tant d'entrées et de sorties de rois et d'empereur que, blasés sur ce genre de spectacle, nous sommes peu propres, sans doute, à sympathiser avec les sentimens qu'inspire à une nation étrangère l'arrivée triomphante de son monarque. La noble attitude de l'Écosse en cette occasion n'a pas manqué cependant de me frapper. Point de canaille en guenilles parmi ce peuple accouru de toutes les provinces. L'ordre ne cesse point de présider à sa joie. Point de dégoûtantes adulations, comme l'acte de s'atteler au carrosse du roi, et de dégrader l'homme en le confondant avec les animaux qu'il dompte à ses caprices. Le roi de la Grande-Bretagne est reçu dans sa capitale d'Écosse par des sujets respectueux, mais non serviles; avec les acclamations de la loyauté, mais non avec celles d'un lâche avilissement. Sur le continent, nous ne pouvons avoir de fêtes sans

gendarmes; et ces agens armés d'une police plus oppressive que protectrice, nous font trop souvent payer cher l'ordre qu'ils maintiennent, par de brutales réprimandes prodiguées à l'empressement et à l'enthousiasme. Ici, les constables sont réellement une magistrature de paix;—ils sont les amis, les parens des citoyens;—ils sont citoyens eux-mêmes, et non les salariés d'une petite tyrannie subalterne. Grâce aux conquêtes de l'empereur, nous avons vu de belles fêtes militaires; mais alors les soldats seuls pouvaient se dire *chez eux* dans nos cités : il fallait les voir de loin, ou s'exposer à leurs insolentes bourrades. Ici, point de ces haies de menaçantes baïonnettes, rideau formidable tiré entre le prince et ses sujets accourus sur son passage; seulement, à de longues distances, quelques cavaliers, servent à marquer aux spectateurs la limite qu'ils ne franchiront pas.—Enfin le roi s'est avancé lentement dans une voiture découverte, escorté par la compagnie des archers, et par quelques montagnards, dont les claymores sont les mêmes, peut-être, que leurs pères tirèrent, en 1745, du fourreau, pour la défense du *prétendant;* mais depuis l'extinction de la maison de Stuart, celle de Brunswick a confisqué la légitimité à son profit, comme dirait un *libéral.* Plus de stuartistes, ou plutôt ils ne voient dans George IV que l'héritier actuel de la dynastie dont les malheurs éprouvèrent tant de fois le courage des fidèles montagnards. Plus de whigs; ils ont oublié leurs principes d'opposition, pour se dire les anciens amis et les soutiens de la maison de Hanovre, qui leur dut la couronne. Enfin, le roi, qui est lui-même d'un extérieur séduisant et plein de grâces, a reçu un accueil si franc et si loyal, qu'il ne serait pas étonnant de voir s'opérer en Écosse une fusion de tous les partis..., au moins jusqu'à la session prochaine.

Je désespère de vous donner une idée de l'entrée triomphale de Sa Majesté britannique. Vous savez que de toutes les villes de l'Europe, Édimbourg est celle où un tel spectacle peut produire plus d'effet. Ses larges rues, garnies d'échafauds qu'occupent des dames élégantes, tous les mouchoirs agités par elles, comme autant de blanches bannières; les groupes animés de toutes les classes de spectateurs; le cortége lui-même, brillant mélange des costumes riches et variés de l'antique Écosse et des uniformes modernes; le peuple, couvrant les amphithéâtres des hauteurs, tout contribuait à offrir un tableau digne d'être dessiné par notre Taylor, et décrit par vous. C'était *Edina* dans sa gloire. Le roi n'a pu qu'être charmé. J'ai cherché à lire dans sa physionomie; mais, pâle et abattu, malgré la satisfaction qui, par intervalles, appelait un sourire sur son visage, George iv avait sans doute besoin de tout le bonheur causé par sa présence, pour sentir moins vivement la fin tragique de son ministre. Triste destin des rois, auxquels on peut appliquer si justement l'expression de Byron : — *Toujours hésitant entre un sourire et une larme.*

LETTRE XCII.

A M. P. BOURDELON.

The poetic genius of my country found me, as the prophetic bard Elizah found Elisha, at the PLOUGH; *and threw her inspiring mantle over me. She bade me sing the loves, the joys, the rural scenes, and rural pleasures, of my native soil, in my native tongue: I tuned my wild artless notes as she inspired.*

BURNS, *to the earl of* GLENCAIRN.

Le génie poétique de mon pays m'a trouvé où le prophète Élie trouva Élisée, — à la CHARRUE, et il jeta sur moi son manteau inspirateur. « — Chante, me dit-il, dans le dialecte de ta terre natale, ses amours, ses plaisirs, et ses scènes champêtres. » Docile à ses inspirations, je composai mes chants simples et sans art.

JE voulais d'abord ne dater que du comté d'Ayr mes lettres sur Burns; mais citant son nom plusieurs fois dans cette première partie de mon voyage, je crois devoir donner d'avance une idée de ses poésies; d'ailleurs ce sera peut-être le moyen d'intéresser davantage mes lecteurs à l'histoire des événemens de sa vie et à celle de ses compositions, que je rattacherai aux sites de l'Ayrshire, où il conduisit la charrue, et à ceux de Dumfries, où il fut réduit à occuper une place dans l'*Excise* (*droits réunis*). Grâces aux matériaux que m'a fournis le docteur Currie, et à mes propres notes, je me propose de faire entrer dans le cadre d'un essai sur Burns, des détails curieux sur l'éducation et les mœurs du peuple en Écosse, qui serviront d'introduction à mes lettres sur les études des universités d'Édimbourg et de Glascow.

Le génie de Burns n'est pas seulement remarquable, parce qu'il pourrait être vanté comme un phénomène dans la classe de laquelle il sortit; mais ce *laboureur* et ce *rat-de-cave* est encore un grand poète, comparé aux plus beaux noms de la poésie anglaise. L'homme du peuple, dont l'éducation fut incomplète, se trahit bien quelquefois dans ceux de ses vers qui manquent de cette élégante tournure, de cette clarté, de cette raillerie fine, de cette délicatesse que l'usage

du monde apprend mieux que les livres ;
mais quand il a trouvé dans son sujet l'inspiration naturelle de sa sensibilité ou de son *humour*, de son enthousiasme, ou de sa verve moqueuse, le style de Burns, aussi pur que vrai, exprime tour à tour, avec le même bonheur, la tendresse et la joie bouffonne, les sentimens les plus élevés comme les plus naïfs, l'indignation aussi bien que la malice épigrammatique. L'Écosse est plus fière de Burns que d'aucun de ses poètes : elle a raison ; la *poésie* de Burns n'est qu'à elle ; c'est le fruit de son sol, de son climat, de ses mœurs. Aucun modèle étranger n'y peut retrouver son empreinte : tout y est franc et original. Je me hâte de citer :

UNE VISION.

« J'étais debout, près de cette tour démantelée, où le violier jaune embaume la rosée de l'air, où le hibou gémit sous le feuillage du lierre, et raconte son deuil à la lune et à la nuit.

« Les vents s'étaient apaisés, le ciel était calme, les étoiles scintillaient dans l'azur, le renard glapissait sur la colline, et l'écho loin tain des ravins lui répondait.

« La rivière, suivant la pente de son cours, bordé de noisetiers le long des ruines du rempart, se pressait d'aller joindre le Nith rapide qui l'appelait de loin par la voix cadencée de son mugissement.

« Au nord, l'horizon jetait des éclairs de lumière, et l'on entendait un murmure effrayant : ces feux allaient et venaient à travers le ciel, semblables aux faveurs passagères de la fortune.

« Par distraction je tourne la tête; et, au clair de lune, je frémis en voyant se lever une ombre sévère et d'une taille immense, vêtue comme jadis les ménestrels.

« Eussé-je été une froide statue de pierre, son imposant regard m'eût inspiré du respect. — Sur sa toque était gravée cette devise sacrée : — LIBERTÉ. [1]

« De sa harpe s'échappèrent des accens capables d'éveiller la cendre des morts; mais, hélas! c'était un chant de douleur; jamais l'Angleterre n'en entendit de plus triste!

[1] *Liberté* est au masculin dans le texte.

« L'Ombre célébra d'abord le passé avec de joyeux accords ; puis, versant des larmes, déplora ses années récentes ; mais ce qu'elle dit n'était point paroles légères.... je ne veux pas les hasarder dans mes vers. »

Maintenant il faut que le lecteur rende, par l'imagination, le rhythme et la couleur poétique à cette prose décolorée, pour bien sentir tout ce qu'il y a de grandeur et de so-solennité dans ces strophes, et tout ce qu'a d'imposant la réticence qui les termine. Cette apparition sort de la classe des superstitions locales : c'est une personnification hardie de ce grand mot (hélas! ne serait-ce qu'un mot !) qui gagna les victoires de Bruce et de Wallace, celles de Guillaume Tell, et, plus près de nous, celles de Washington, etc.

En général, les chants de Burns, dans le genre naïf ou noble, sont plus dramatiques que descriptifs. Burns n'associe que quelques traits du paysage où il se trouve aux sentimens qu'il exprime. Poète peu lettré, encore moins admet-il des images étrangères à sa terre natale. Il y a dans ses descriptions une sorte d'*unité de lieu* qui est plus difficilement observée par Walter Scott lui-même, tout sobre qu'il est d'allusions classiques. Dans les montagnes d'Écosse, il a suffi à Burns, pour embellir ses paysages, de la grâce de quelques vallées, du contraste de quelques vieilles ruines et du charme particulier de ce jour polaire, qui dédommage les habitans du Nord de leurs longs hivers[1]. C'est qu'aussi toute la poésie de Burns naissait de sa sensibilité exquise, qui en trouvait les élémens dans l'objet le plus insignifiant, comme l'abeille extrait son miel de la plus simple fleur. A quel poète d'une civilisation blasée l'humble paquerette eût-elle inspiré la pièce suivante ?

[1] Sir Walter Scott a peint en grand poète le phénomène des jours solsticiaux dans l'éloge du Nord que chante le page Gulnar (dans *Harold l'indomptable*).

> J'aime du nord la terre antique,
> Ses chênes des ans respectés,
> Et ces rochers où la Baltique
> Voit mourir ses flots révoltés.
> Au dieu du jour notre patrie est chère;
> Quand vient le soir il ralentit ses pas,
> Et laisse aux mers ses traces de lumière
> Pour consoler les nuits de nos climats.

A UNE PÂQUERETTE DES MONTAGNES, DÉRACINÉE ET RENVERSÉE PAR MA CHARRUE (EN AVRIL 1786).

Wee [1], modest crimson-tipped flow'r, etc.

« Petite et modeste fleur marquetée de pourpre, tu m'as rencontré dans une heure fatale; car il faut que j'écrase dans la terre mouvante ta tige légère; t'épargner n'est plus en mon pouvoir, joli diamant de nos guérets.

« Hélas! ce n'est pas ta douce voisine, la joyeuse alouette, compagne aimable, qui te courbe dans la rosée lorsqu'elle t'effleure de son sein tacheté, en s'élançant vers les cieux, charmée de saluer l'orient qui se colore.

« Le Nord accueillit par son haleine glacée et mordante ta naissance humble et hâtive; cependant tu te montras gaîment au milieu de l'orage, élevant à peine au-dessus de la terre ta tige délicate.

« Les fleurs pimpantes trouvent dans nos jardins la protection d'une haute charmille, ou d'une muraille; mais toi, le hasard te

[1] *Wee* est un mot écossais qui signifie *petite* et non *malheur*, comme l'a traduit madame B.,....

donne l'abri d'une motte de terre ou d'une pierre, et tu ornes le chaume aride, inaperçue et seule.

« Là, revêtue de ton pauvre manteau, découvrant au soleil ton sein de neige, tu lèves timidement ta tête dans son humble parure; mais maintenant le soc bouleverse ta couche, et te voilà renversée.

« Tel est le sort de la fille sans art, douce fleurette des ombrages champêtres. Trahie par Simplicité d'amour et Confiance innocente, elle est laissée, comme toi, souillée dans la poussière.

« Tel est le sort du simple poète, égaré par une funeste étoile sur l'océan orageux de la vie; inhabile à observer la boussole de la prudence, il est surpris par le courroux des vagues et par le souffle implacable des vents qui l'engloutissent.

« Tel est le sort réservé à la vertu souffrante, qui a long-temps lutté contre l'indigence et le malheur! poussée par l'orgueil ou la méchanceté des hommes, jusqu'aux abîmes du désespoir, n'ayant plus d'autre appui que le ciel, accablée, elle se perd.

« Toi-même qui gémis sur le sort de la paquerette, son sort bientôt sera le tien : l'irrésistible soc de la Destruction marche, et passe durement sur ta fleur; tu es condamné à être écrasé sous le fer fatal. »

L'école des Lacs a compris toute la fraîcheur de cette poésie; mais ce qui est *système* chez Wordsworth, Wilson, Southey, etc., est *instinct* chez Burns. Ne se refait pas *enfant* qui veut : voilà pourquoi les critiques ont eu quelquefois beau jeu sur l'école des Lacs, en l'accusant de simplicité niaise.

Un petit mulot, dont la charrue vient de détruire la demeure, inspire Burns, comme la paquerette; mais il nous touche encore davantage par les vers harmonieux qui expriment ses affections personnelles, et quelquefois ses regrets.

HIGHLAND MARY (MARIE DES MONTAGNES).

« O rives couvertes de bruyères; flots qui entourez le château de Montgomery, que vos bocages verdissent à jamais, que vos fleurs soient toujours fraîches, et vos ondes toujours limpides; que sur vous d'abord l'Été déploie son riche manteau, et qu'il retarde son départ; car c'est ici que je dis le dernier adieu à ma tendre Marie des montagnes.

« Comme elle était douce et belle la verdure du bouleau! combien était brillante la fleur de l'aubépine, lorsque, sous leur ombre embaumée, je pressai Marie sur mon sein! Les heures dorées passaient rapidement sur moi et mon amie avec leurs ailes d'ange; car elle était pour moi aussi douce que la vie et la lumière, ma tendre Marie des montagnes.

« Des sermens, des embrassemens prolongés rendirent nos adieux plus touchans, et après nous être promis bien des fois de nous revoir, nous nous arrachâmes des bras l'un de l'autre; mais, hélas! le froid précoce de la mort vint sitôt frapper et flétrir ma fleur chérie; — vert est le gazon, et glacée la terre qui couvrent ma tendre Marie des montagnes.

« Ah! elles sont pâles, pâles maintenant, ces lèvres de rose que tant de fois je baisai si tendrement : il est à jamais éteint le regard pétillant qui s'arrêtait sur moi avec tant d'amour! il se flétrit dans une insensible poussière ce cœur qui m'aimait ! — Mais dans le mien vivra toujours ma tendre Marie des montagnes. »

Marie des montagnes avait été le premier amour de Burns. Elle revenait pour l'épouser lorsque la mort l'enleva. Dans leurs adieux, ils avaient observé religieusement la solennité simple et touchante des fiancés d'Écosse. Les amans, placés chacun sur un bord d'un ruisseau, avaient lavé leurs mains dans son onde limpide, et puis tenant une Bible entre eux, ils s'étaient juré d'être fidèles. Lorsque Burns eut pris une épouse, qu'il aimait aussi tendrement, il n'oublia jamais Marie Campbell. L'anniversaire de sa mort fut toujours pour lui un jour de solitude et de tristesse. Ce fut un de ces jours de deuil qu'il composa son élégie :

A MARIE DANS LE CIEL.

« Étoile tardive qui t'éteins lentement, et qui aimes à saluer l'aube matinale, tu ramènes donc encore le jour où Marie fut arrachée à mon âme. O Marie ! chère ombre absente de cette terre, où est le lieu de ton bienheureux repos? Vois-tu ton amant triste et prosterné! Entends-tu les gémissemens qui déchirent son sein?—Puis-je l'oublier cette heure sacrée? puis-je oublier ce bocage où, sur les bords de l'Ayr serpentant, nous nous réunîmes, pour vivre tout un jour de nos adieux? L'éternité n'effacera pas le souvenir chéri de nos transports, ni de ton image lors de nos derniers embrassemens. Ah! nous ne pensions guère que c'étaient nos derniers. — L'Ayr murmurant caressait les cailloux de ses rives protégées par le rideau d'un taillis aux rameaux verts et entrecroisés. Le bouleau odorant et la blanche aubépine s'enlaçaient amoureusement autour de ce rendez-vous enchanté; les fleurs s'épanouissaient et nous invitaient à les fouler; les oiseaux chantaient l'amour sur toutes les branches, jusqu'à ce que bientôt et trop tôt, l'occident empourpré proclamât que le jour fuyait d'une aile rapide. — Toujours ma mémoire se plaît à retracer ce tableau, et à le contempler amoureusement avec une avare tendresse. Le temps ne fait que graver plus fortement mes impressions, comme les fleuves creusent un lit de plus en plus profond. O Marie! ombre chère et absente, où est le lieu de ton bienheureux repos? Vois-tu ton amant triste et prosterné, entends-tu les gémissemens qui déchirent son cœur? »

Burns n'excellait pas seulement à soupirer de tendres plaintes, et les accens d'une contemplation mélancolique; il avait une verve de gaîté originale qui, soit qu'il eût besoin de s'étourdir sur ses malheurs, soit qu'il fût animé par la circonstance, était intarissable. Il a chanté les superstitions populaires d'Écosse, qui lui ont fourni des images sublimes; mais, par une disposition particulière d'esprit, il voyait constamment le côté risible des traditions les plus *diaboliques* : aussi son *Holloween* (la veille de la Toussaint, jour des grandes apparitions en Écosse), son *Tam o'Shanter*, etc., offrent un singulier mélange du genre terrible et du genre burlesque. Plusieurs de ses chansons et de ses épîtres sont des boutades joyeuses, ou de piquantes *palinodies*. L'*épître au Diable*, les *vers* à un *Haggis* (pouding écossais), l'éloge national du wiskey, etc., sont d'heureuses compositions dans ce style. Les *deux chiens* et *les deux ponts de l'Ayr*, etc., sont des dialogues satiriques que Lucien et Voltaire ne désavoueraient pas. Quelques personnalités ont soulevé contre Burns la bile des sévères ministres du presbytérianisme. Le cagotisme et la tyrannie des prêtres le révoltaient. Réprimandé dans sa jeunesse sur le fatal tabouret [1], il avait gardé rancune à l'Église, et se permit même un jour de parodier le sermon dont il avait été apostrophé en pleine congrégation. Mais Burns avait gardé, au milieu de ses désordres, un grand fond de religion : de fréquentes allusions à la Bible animent sa prose comme sa poésie : sa bucolique du *Cotter's saturday night* (*le samedi soir du laboureur*), est un tableau tout religieux, dont les principaux traits lui furent

---

[1] *The cutty stool :* c'est ce mot que la pauvre Jeannie Deans se trouve si embarrassée d'expliquer à la reine Anne, et qui force le duc d'Argyll à lui faire signe en portant la main à sa fraise. Les pauvres filles et les jeunes gens convaincus de péché faisaient amende honorable le dimanche sur un *tabouret* au milieu de l'église. Cet usage commence à tomber en désuétude, etc.

inspirés par les souvenirs du toit paternel et des vertus patriarcales de sa famille.

LE SAMEDI SOIR DU LABOUREUR.

. . . .
. . . .

. . . . « — Le laboureur fatigué quitte son travail; c'est ce soir que finit sa tâche de la semaine; il rassemble ses bêches, ses pioches et ses houes, espérant de passer le jour du lendemain dans le calme et le repos. D'un pas lent, il traverse la plaine pour se rendre à sa demeure.

« Enfin son toit solitaire paraît à sa vue sous l'abri d'un vieux arbre. Ses petits enfans, dont la marche est encore peu assurée, s'efforcent d'accourir au devant de leur père avec le cri joyeux d'une jeune couvée; la fumée de son humble cheminée, la pierre propre de son foyer, le sourire de sa diligente ménagère, le nourrisson qui bégaye sur son genou, charment tous ses soucis et lui font oublier ses travaux et sa lassitude.

« Peu à peu les aînés de la famille arrivent les uns après les autres, quand leur tâche est finie dans le voisinage : celui-ci conduit la charrue, celui-là garde les troupeaux, un autre, plus adroit, est allé porter un message à la ville, et s'en est acquitté avec prudence. L'espoir du ménage, leur Jennie, déjà grande fille, brillante de jeunesse, le regard brillant d'amour, arrive la dernière, et peut-être elle montre une robe nouvelle, ou apporte son gain de la semaine pour aider ses chers parens s'ils sont dans le besoin.

« Frères et sœurs se font un accueil où respire une joie franche; ils s'enquièrent avec amitié de leurs intérêts mutuels ; les heures où ils sont ensemble volent rapides et inaperçues; chacun raconte ce qu'il a vu et entendu. Les parens contemplent d'un œil partial leur jeunesse pleine d'espérances, et anticipent sur l'avenir : la mère, avec son aiguille et ses ciseaux, répare si bien les vieux vêtemens qu'ils paraissent presque neufs; le père n'oublie pas les avis de sa sagesse.

« Il recommande bien aux jeunes gens d'être dociles aux ordres de leur maître et de leur maîtresse : portez, dit-il, à votre travail, une main diligente; ne vous détournez

pas pour plaisanter ou jouer, quoiqu'on ne vous voie point, et surtout n'oubliez pas la crainte du Seigneur. Priez-le matin et soir. .
. . . .

« Mais, chut! on a frappé à petit bruit à la porte! Jennie, qui sait ce dont il s'agit, raconte comment un jeune voisin est venu quelquefois dans la plaine et l'a accompagnée jusqu'à la chaumière. La mère, rusée, devine le sentiment secret qui brille dans l'œil de Jennie et qui anime ses joues. Soucieuse et inquiète, elle demande son nom; Jennie, qui a peine à le prononcer, le dit en balbutiant; la mère, rassurée, apprend avec plaisir que ce n'est pas un jeune homme d'une conduite déréglée.

« Jennie va ouvrir, et l'amène avec un air cordial dans la chambre : c'est un beau garçon, il plaît à l'œil de la mère. L'heureuse Jennie voit que la visite n'est pas mal reçue; le père parle chevaux, charrues et bestiaux. Le cœur simple du jeune homme nage dans la joie; mais, timide et confus, il ne sait trop quelle contenance garder. La mère, avec la finesse d'une femme, devine ce qui le rend si honteux et si réservé, ravie qu'elle est de voir que sa fille est l'objet d'un sentiment respectueux.

« O heureux amour ! où trouver un amour comme celui-là ! ô transports pleins de douceurs ! félicité sans égale ! J'ai déjà beaucoup vécu, et l'expérience me commande de le déclarer; si le ciel envoie à l'homme ici-bas une goutte du plaisir céleste, un baume pour le voyage de cette triste vie, c'est lorsque deux jeunes amans bien épris exhalent leurs aveux réciproques dans les bras l'un de l'autre, sous l'ombrage de l'aubépine qui parfume la brise du soir. . . . .
. . . .

« Mais le souper décore leur simple table, le bon *parritch*[1], le premier des mets d'Écosse, et la soupe qu'ils doivent à leur unique vache, qui rumine paisiblement dans l'étable. Pour faire honneur au jeune homme, la ménagère apporte un fromage, gardé depuis long-temps. On le presse d'y goûter plusieurs fois, et il ne se lasse pas de le trouver excellent : la ménagère frugale, mais peu avare de paroles,

[1] Pudding d'Écosse à la farine d'orge.

raconte que ce fromage avait déjà un an à la dernière floraison des chanvres.

« Le joyeux souper fini, tous, l'air sérieux, font cercle autour du foyer : le laboureur feuillette, avec une grâce patriarcale, sa Sainte-Bible, jadis l'orgueil de son père. — Il dépose respectueusement son bonnet et découvre ses tempes à peine couvertes de quelques cheveux gris. Il choisit judicieusement un passage de ces histoires qui, dans l'ancien temps, charmaient la triste Sion; et d'un air solennel : *adorons* DIEU, dit-il.

« Ils chantent les versets avec une mélodie sans art; leurs cœurs surtout sont d'accord dans ce concert. . . . .
. . . .
. . . . . Ensuite le père, remplissant les fonctions de prêtre, lit la page sacrée qui nous raconte l'amitié du Très-Haut pour Abraham, la guerre éternelle déclarée par Moïse à la race cruelle d'Amalec, les gémissemens du roi prophète frappé par la colère vengeresse de Dieu, ou les plaintes pathétiques et les cris douloureux de Job, l'exaltation séraphique d'Isaïe inspiré, ou les

chants des autres saints prophètes qui firent résonner la lyre sacrée.

« Le livre du chrétien peut-être est préféré, où l'on voit comment le sang innocent fut versé pour l'homme coupable, et comment celui qui portait le second titre dans le ciel n'eut pas sur la terre un lieu pour reposer sa tête. Puis vient le récit des succès des apôtres et des disciples du Christ ; et les préceptes adressés par eux à maint royaume ; ou l'histoire du solitaire de Patmos, qui vit un ange puissant devant le soleil, et entendit les sentences de l'immense Babylone prononcées par l'ordre du ciel.

« Alors s'agenouillant devant le roi éternel du paradis, chrétien pieux, époux et père, le laboureur prie. Il s'élève de son cœur une espérance triomphante qui lui prédit qu'un jour ils se réuniront tous, heureux pour l'éternité. . . . .
. . . . Comparé à cela, combien est pauvre l'orgueil de la religion, dans toute la pompe de ses cérémonies, lorsque les hommes étalent devant de nombreuses congrégations tous les témoignagnes de la dévotion, excepté celui

du cœur! Dieu, offensé, abandonnera les fêtes, les chants et les ornemens sacerdotaux; et peut-être il ira sous quelque chaume éloigné, entendra avec plaisir le langage de l'âme, et inscrira les pauvres campagnards dans son *Livre de vie*.

« Enfin chacun se retire de son côté pour se livrer au sommeil. . . . .
. . . . Le père et la mère offrent leur *hommage* secret à celui qui apaise la couvée bruyante du corbeau et donne au lis sa belle parure; ils l'implorent, afin qu'il veuille bien, selon les vues de sa sagesse, pourvoir à leur existence et à celle de leurs enfans, et qu'il daigne surtout présider dans leur cœur par sa *grâce divine*.

« C'est de semblables scènes que vient cette grandeur de la vieille Écosse, qui la fait aimer au dedans et révérer au dehors. Les princes et les grands ne sont que ce que veut le souffle des rois : « Un honnête homme est le plus noble ouvrage de Dieu; » et certes, sur le chemin céleste de la vertu, la *chaumière* laisse bien loin le *palais* derrière elle. Qu'est-ce qu'une pompe mondaine? — Un lourd fardeau sous lequel se déguisent les plus malheureux des hommes, ou celui qui, instruit des artifices de l'enfer, s'est perfectionné dans le mal.

« O Écosse! ma chère terre natale, pour qui j'adresse au ciel le plus ardent de mes vœux! Puissent long-temps tes laboureurs robustes goûter les dons de la santé, de la paix et du contentement! puisse le ciel préserver leur innocence de la contagion perfide du luxe! alors, vainement autour d'eux tomberont les couronnes et les armoiries brisées; *une population vertueuse* se lèvera tout entière et protégera d'une muraille de feu son île bien-aimée.

« O toi! source première du sang généreux qui coulait dans le cœur indomptable de Wallace, de Wallace qui forma le glorieux dessein de résister à l'orgueil de la tyrannie ou de mourir, sort non moins glorieux! Dieu du patriote! qui es spécialement son ami, son guide, son défenseur et sa récompense! Oh! *jamais,* jamais n'abandonne l'Écosse; mais accorde-lui une suite non interrompue de guerriers et de poètes *patriotes* pour être son ornement et son bouclier. »

Burns a écrit en anglais, plus souvent en écossais; quelque fois aussi Burns passe alternativement dans la même pièce d'un de ces deux idiomes à l'autre : c'est ce que ses compatriotes appellent le *style dorique* du Nord. Qu'on se garde bien de croire que la langue de Burns n'est qu'un patois; les habitans polis des capitales, telles que Paris et Londres, se hâtent trop de proscrire, comme grossiers, les dialectes provinciaux : il faut les plaindre de ne pouvoir pas en sentir le charme. Pope et Gay se faisaient traduire les vers d'Allan Ramsay. Nous autres Français des provinces, transplantés à Paris, nous pouvons retrouver dans nos patois dédaignés, une foule de ces mots naïfs ou énergiques et de ces vieux tours de phrase dont l'absence a singulièrement appauvri la langue de Froissard, de Montaigne et de Marot. Pour moi, je vois dans mon dialecte arlesien le langage d'un état jadis indépendant qui eut ses lois, son caractère et ses mœurs à part. Ma pensée l'associe à l'histoire de ces vieux temps, dont le prisme de la poésie adoucit les formes saillantes et un peu rudes. Ce fut le langage de plus d'un ancien héros encore populaire, et de ces troubadours qui ne vivaient en quelque sorte que d'amour, de poésie et de gloire; ce fut aussi le langage de mon enfance, de mes premiers jeux autour du foyer domestique, de mes premières amitiés de l'école. Que de fois au milieu du bruit de Paris, traversant les rangs pressés d'une foule, j'ai tourné la tête, tout ému en entendant une parole ou une exclamation familière du pays natal! cette voix, comme le chant de la grive, pour la pauvre Suzanne [1], évoquait soudain des images chéries et de touchans souvenirs. [2]

Il y eut jadis des poètes arlésiens, dont on rencontre parfois le nom oublié en feuilletant une biographie, tels que ce Morand, auteur de *Teglis*, qui jetait son chapeau au parterre et le dédommageait par cette boutade d'origi-

[1] Voyez la lettre sur Wordsworth, tome II.

[2] Envoyé très jeune au collége de Juilly, je me rappelle combien je me trouvai désolé, à mon retour dans ma ville natale, d'en avoir oublié la langue. Je m'y suis senti *étranger* jusqu'au jour où je perdis un peu de mon accent parisien et réappris *mon patois*.

nalité provençale d'une mauvaise scène de sa pièce; ou encore ce Robin qui écrivit un placet en vers à Louis XIV, et prouva combien l'art de tourner élégamment un éloge s'était perfectionné, même en province, sous la dictature classique de Boileau :

> Que faire de mon île? il n'y croît que des saules,
> Et tu n'aimes que les lauriers !

Mais Morand et Robin n'ont écrit qu'en français; ils sont oubliés complétement de notre peuple, qui sait par cœur un grand nombre des vers de Coyë, dont le nom n'est peut-être dans aucun dictionnaire : ce Coyë a écrit dans la langue des troubadours avec une grande énergie et une véritable verve de gaîté souvent bouffonne. Il aurait pu, lui aussi, être un Burns arlésien; mais à quelques allusions domestiques, qui seules nous font sourire ou nous émeuvent dans ses productions, il a mêlé trop d'images étrangères aux idées locales; quoique peu lettré, il a moins étudié les traditions des vieux âges et leur littérature que la poésie académique de Paris moderne. Écrivant la langue du peuple, on dirait qu'il a dédaigné son suffrage pour celui de notre très ridicule académie arlésienne *de trente gentilshommes* [1]. Héritier des troubadours, le malheureux n'a pas soupiré un couplet de tendresse, et n'a laissé qu'une ode trop fameuse sur les regrets de l'amour physique : il néglige les superstitions populaires pour invoquer Apollon, Pégase, tout l'olympe classique, et nous parler du pieux Énée! Dans son poëme du *Délire, ou la Descente aux enfers,* il nous décrit le Styx, Caron, les Euménides, Pluton, Proserpine, etc., et c'est dans l'Élysée de Virgile qu'il va chercher l'archevêque d'Arles, le vertueux Janson. Mais, comme si la muse nationale eût voulu le punir de trahir ainsi son inspiration et les vrais titres de notre gloire, elle a rendu sa vision du passé incomplète; il n'a pu apercevoir, et nommer parmi ceux à qui la mort est douce, nos Wallace et nos Bruce, — ni ce Porcelets que sa vertu fit excepter du massacre général des *Vêpres siciliennes,* ni ce chevalier Bozon qui tua le dragon de Rhodes,

[1] Cette académie n'existe plus. Il est vrai que nous n'avons peut-être plus trente *gentilshommes.*

ni ce Quiqueran de Beaujeu, qui osa concevoir et exécuter seul le projet de délivrer son oncle de la captivité des Musulmans; ni enfin, si nous remontons aux temps de notre république, les Pons Gaillard et les Bertrand Ventairon, dont l'énergie et le courage protestèrent contre une noblesse déjà dégénérée, et contre la lâcheté du prélat par qui notre indépendance fut vendue à Charles d'Anjou.

Je me serais mal expliqué, si on croyait que je voudrais entièrement proscrire les comparaisons et les noms mythologiques. Il en est de consacrés : ceux de ces noms qui expriment une idée morale ou un phénomène physique, peuvent être d'heureux synonymes en poésie; comme Phébus pour le soleil, Vulcain pour le feu, etc. D'ailleurs nous tenterions vainement d'échapper tout-à-fait à l'influence de l'éducation des colléges. Quant à Coyë, quoiqu'il ne fût guère mieux *élevé* que Burns, il est d'autant plus excusable d'invoquer les dieux du paganisme qu'il écrivait dans une ville toute couverte des débris du culte et de la puissance de Rome païenne. La Vénus d'Arles était admirée au Musée de

Paris, lorsque même la Vénus de Médicis y brillait; à chaque pas Coyë pouvait contempler quelque noble ruine, une statue de Jupiter, les portiques d'un ancien temple, des tombeaux dédiés aux dieux Mânes, l'obélisque du Soleil, enfin notre magnifique amphithéâtre [1], une de ces créations gigantesques, destinées à perpétuer la divinité du peuple romain, et dignes des architectes de cette Rome impératrice du monde, qui jurait par son *éternité*. Ce que je reprocherai à Coyë, c'est d'avoir trop oublié que la croix plantée par Trophime domine tous ces monumens, les uns encore debout, les autres ensevelis à demi sous leurs propres décombres.

Qu'on me pardonne, en faveur de la terre natale, ces digressions dont j'ai tâché d'ailleurs d'être très sobre dans le cours de cet ouvrage. Je reviens à l'Écosse en citant les

[1] J'apprends que, grâce à notre nouveau maire, M. le baron Laugier de Chartrouse, on commence à déblayer ces magnifiques arènes : mais un tel travail ne peut aller que lentement sous l'*indifférentisme* du ministère actuel. On doit attendre beaucoup cependant du zèle éclairé d'un bon citoyen comme M. Laugier.

vers où Burns, entraîné par le même sentiment qui m'en a distrait un moment, l'exalte au-dessus de tous les pays du monde.

« — Que les contrées étrangères vantent leurs doux bocages de myrte, dont de brillans étés font exhaler le parfum. Combien m'est plus chère la verte bruyère de cet obscur vallon où le ruisseau s'échappe sous des touffes de genêts aux fleurs jaunes ! Combien je préfère ces humbles genêts du taillis où la campanette et la marguerite se cachent timidement ! car c'est là que, sautillant parmi les fleurs sauvages, ou écoutant la linotte, ma Jeannette vient souvent s'égarer.

« Bien qu'une brise embaumée caresse leurs vallons dorés par un beau soleil, et que le vent de la Calédonie répande son souffle glacé sur les ondes, que sont-ils ces bosquets odorans qui entourent leurs superbes palais d'un rideau de feuillage ?... la demeure des tyrans et des esclaves ! — Les bocages parfumés, les fontaines au sable d'or de la servitude, n'excitent que le dedain du brave Calédonien. Il peut errer à son gré, libre comme le vent de ses montagnes, et ne connaît d'autre chaîne que les chaînes volontaires de l'amour, les chaînes de sa Jeannette. »

Ces stances, si harmonieuses dans l'original, me conduiraient à l'examen des *mélodies calédoniennes ;* mais je n'ai prétendu donner dans ce volume qu'une partie de l'histoire du poète de Coïla. [1]

---

[1] Par opposition à la voix de Cona (Ossian), Burns s'appelle volontiers la voix de Coïla, c'est-à-dire de *Kyle,* canton du comté d'Ayr, dont le nom vient, selon la tradition, de Coil, roi des Pictes.

LETTRE XCIII.

A M. Paul de LAROCHE.

Morton listened more attentively, and out of the very abyss into which the brook fell and amidst the tumultuary sounds of the cataract, thought he could distinguish shouts, screams, and even articulate words, as if the demon of the stream had been mingling his complaints whith the roar of his broken waters.

(Old Mortality.)

Morton écouta plus attentivement; et du fond de l'abyme même où la cataracte tombait avec un bruit tumultueux, il crut distinguer des cris, des exclamations, et même des paroles articulées : comme si le démon du torrent eût mêlé ses plaintes au mugissement de ses vagues.

Une petite affaire à terminer avec M. Archibald Constable m'a retenu à Édimbourg un jour de plus : j'en ai été quitte pour envoyer reprendre mon bagage à la malle-poste, par un *cadie*[1]. M. A. Constable m'attendait en

[1] On appelle *cadies* les commissionnaires qui sta-

déjeunant en famille : il a des demoiselles qui m'ont paru charmantes, et qui doivent être des partis riches. Son salon est meublé comme celui d'un lord, avec des tableaux de prix ; le plus remarquable est le grand portrait de sir Walter Scott, par Raeburn. Nous nous sommes quittés, M. Archibald et moi, les meilleurs amis du monde, et j'ai reçu de lui en cadeau un volume de sa composition, qui n'est du reste que le recueil de tous les vers et de toutes les épigraphes des *Scotch Novels*. Nous avons naturellement parlé beaucoup de sir Walter et du *grand inconnu*. Je me plaisais à entendre M. Constable répéter que sir Walter était « le meilleur des hommes. » M. Constable, éditeur, pourrait bien être *payé* pour le dire ; mais j'ai parlé aussi de sir Walter Scott à Melrose et dans les environs : là, sous le chaume du pauvre, comme à Édimbourg,

---

tionnent au coin des rues d'Édimbourg. Du temps de Smollet ce *corps* se recrutait parmi les montagnards. Les *cadies* étaient remarquables par l'agilité avec laquelle ils gravissaient les hauts escaliers des maisons. On vante encore leur fidélité pour porter un paquet ou un billet doux.

sous « les lambris dorés » de son libraire, sir Walter Scott est nommé le meilleur des hommes. Les riches n'obtiennent pas chez le peuple ce titre (qui a bien aussi sa gloire), sans quelques bienfaits. M. Constable, quoique élevé à l'école de la Revue d'Édimbourg, n'est pas précisément un critique à longues phrases. Quand je lui vantais le mérite littéraire de sir Walter Scott, il me répondait par une approbation laconique, ou par ce coup d'œil plein de finesse, qui anime quelquefois la physionomie écossaise la plus austère ou la plus calme. Cependant il résuma toute son admiration et la mienne, par un jugement que peut-être la postérité ratifiera, quoiqu'il sorte de la bouche d'un intéressé : « — Nous pourrons nous vanter à nos petits-enfans, dit-il, d'avoir été les contemporains de quatre grands hommes : — Napoléon dans la guerre, James Watt dans les arts mécaniques, sir Walter Scott dans la littérature... » M. Constable chercha un moment le quatrième, et ne le nomma pas, trahi par sa mémoire : je laisserai donc le nom en blanc...; d'ailleurs le siècle n'est pas fini, le concours reste ouvert.

Je priai M. Constable de me montrer quelques manuscrits de sir Walter Scott, lui rappelant qu'il m'avait promis entre autres de me faire voir celui de *Marmion*: malheureusement il l'avait prêté la veille. Il me fit admirer un ancien livre de recettes, de George Heriot, dont il vient de publier les mémoires : il allait aussi me communiquer quelques feuilles manuscrites de l'auteur de *Waverley*... mais sans doute qu'il craignit d'être indiscret, et il trouva une bonne défaite écossaise pour éluder la demande.

M. Constable me fit le calcul approximatif de la vente des romans du grand inconnu, depuis le premier jusqu'à *Peveril du Pic;* ils forment en anglais quarante-six volumes, qui coûtent 500 fr. Terme moyen [1], l'éditeur a vendu vingt mille exemplaires de chaque roman, valant dix millions de francs. Sur cette somme, M. Constable a payé à l'auteur environ quinze cent mille francs de *copyright* depuis 1814 [2]. La première édition

---

[1] Il a été vendu plus de trente mille *Waverley*, le plus ancien de tous.

[2] Depuis que cette lettre est écrite, M. Constable a

de chaque roman est tirée à dix mille. Viennent ensuite les réimpressions, et les additions aux œuvres complètes en divers formats.

Sir Walter Scott a reçu récemment mille guinées pour le seul petit poëme dramatique d'*Halidon-Hill*. Ses poëmes, qui se sont vendus autant que ses romans, lui ont valu près d'un million; ses biographies, ses articles de journaux, ses préfaces, ses commentaires, etc., n'ont pas été non plus pour lui des pages perdues. Enfin on pourrait dire qu'il y a dans le commerce pour vingt millions de papier imprimé portant le nom de sir Walter Scott, sans compter les traductions en français, en allemand, en italien, en espagnol, en polonais, etc. Si les fabricans de papier

publié quatre nouveaux romans, et l'auteur a touché quatre cent mille francs de plus. Si, dans le calcul de M. Constable, nous comptons ces quatre nouveaux romans pour la *remise*, ses dix millions resteront complets.

Notre ami l'éditeur Gosselin, qui en bon commerçant n'avoue jamais que la moitié de ses profits, prétend que Scott lui vaut depuis cinq ans vingt mille livres de rente.

n'élèvent pas un jour une statue au romancier écossais, ils sont tous des ingrats.

(Stirling.) D'Édimbourg à Stirling, route charmante et bien entretenue, malle-poste bien servie : la malle-poste est la diligence *privilégiée*. Le cocher et le *groom* portent la livrée rouge.

J'ai traversé, en sortant d'Édimbourg, le charmant village de Costorphine. A un joli pont sur l'Almond-River finit l'Edinburgshire, et l'œil embrasse les fertiles plaines de l'East-Lothian. La moisson commence à peine : nous avons déjà dépassé la mi-août, et les épis sont précoces cette année. Nous faisons une halte à Linlithgow. Cette ville est mal bâtie, et ne consiste guère qu'en une seule rue : les ruines de son vieux palais sont situées sur une petite colline ombragée, dont un bassin d'eau limpide baigne la base. Presque attenant au château, est l'église gothique, où Jacques IV vit cette apparition miraculeuse rapportée par Lyndsay dans le quatrième chant de *Marmion*. Le château fut jadis une résidence royale : la pauvre Marie Stuart y naquit; ce nom seul est comme un talisman qui donne du prix à ces débris et à leur poussière. — Mais déjà le cor retentit, le cocher est sur son siége, les chevaux ont dressé l'oreille en voyant seulement serpenter autour d'eux, sur le sable, l'ombre du fouet dont ils ont rarement besoin de sentir le contact.—Nous sommes de nouveau sur la route, et dans le Stirlingshire. Les forges de Carron-Works [1] mugissent bientôt à notre droite, vomissant une épaisse fumée... Nous avons passé la plaine de Falkirk, qui rappelle Wallace et le prince Édouard : le paysage se boise, s'anime et s'embellit de plus en plus; un pont d'aqueduc, jeté en travers sur le chemin, semblait de loin devoir nous barrer le passage. Ce pont appartient au canal qui joint le Forth et la Clyde : un navire le franchissait à pleines voiles, et semblait voguer dans les airs. — A notre approche l'arche s'agrandit, et la voiture roule légèrement sous un cintre d'où tombent quelques gouttes d'eau qui ont

---

[1] Les usines de la fonderie de Carron sont célèbres par les ouvrages en fer qu'on y fabrique, et surtout par ces canons de marine connus sous le nom de *carronades*.

filtré à travers ses pierres. Une plus vaste
plaine se développe bientôt à nos regards, et
réveille naturellement l'idée de quelque grande
bataille. Quatre Écossais, placés comme moi
sur le *top* de la voiture, la reconnaissent aussitôt, et tous quatre, d'un commun accord, nomment Bannockburn. C'est en effet ce champ
fameux, le Morat de la Calédonie, où pas
un Écossais ne passe sans y voir apparaître, en
quelque sorte, les ombres glorieuses de Bruce
et de ses fidèles compagnons, effaçant le souvenir de la défaite de Falkirk, et conquérant
l'indépendance du pays. Le théâtre de la bataille a été si bien décrit par le chroniqueur
Barbour, et depuis Barbour par lord Hailes et
sir Walter Scott, qu'un coup d'œil suffit pour
retrouver dans la plaine les positions des deux
armées. Il y a encore l'éminence où Maurice
le prieur d'Inchaffray, célébra la messe, en
vue de tous les soldats de Bruce. L'imagination n'aurait pas de peine à se le figurer venant, après le saint sacrifice, au front de la
bataille, les pieds nus, un crucifix à la main,
et exhortant, par quelques mots courts et
énergiques, les enfans de l'Écosse à com-

battre pour leurs droits et leur liberté....
Les Écossais s'agenouillent. « Ils se rendent, s'écrie Édouard; voyez, ils demandent merci! » — « Oui, répond Ingelrand d'Umfraville, mais ce n'est pas à nous! Ils vaincront ou mourront. »

Non loin de Bannockburn est Torwood, qui avait été l'asile de Wallace fugitif. On montre encore une vieille racine de *l'arbre de Wallace*, près de la barrière de la route.[1]

Avant d'arriver à Stirling, il faut passer à Saint-Ninian, bourg élégant, dont les environs s'enrichissent chaque jour par la culture : un mille plus loin, voilà Stirling, « le boulevard du nord, » comme sir Walter Scott l'appelle. Situés sur une noire roche basaltique, qui se projette par un escarpement presque perpendiculaire vers le couchant, et qui descend par une pente douce et graduelle vers le levant, la ville et le château de Stirling vous étonnent d'abord par leur ressemblance avec la ville vieille et le château d'Édimbourg.

« C'est Dunedin en miniature, » disent les

[1] *Toll-Bar,* la barrière où l'on paie le droit de passage.

Écossais. La ville est sombre et irrégulière ; mais on ne se lasserait jamais des nombreux points de vue qu'on découvre de ses hauteurs. Charles F...e m'attendait depuis deux jours : il sera mon Cicerone ; mais je pourrais m'en passer avec *la Dame du Lac*. C'est ici que commence et finit ce poëme.

Le château est vaste. Il contient une chapelle convertie en arsenal, et un palais bâti par Jacques v, dont l'architecture irrégulière est ornée de statues grotesques. Stirling-Castle était déjà une résidence royale sous Jacques 1er. Jacques 11 y naquit, et l'on montre encore la salle où ce prince poignarda lui-même Douglas. Jacques v a laissé à Stirling des souvenirs plus heureux. Ce prince, le Fitz-James de *la Dame du Lac*, brave et joyeux, fier et galant, affable et courtois, avait plusieurs traits de ressemblance avec notre Henri iv. Populaire comme le Béarnais, il était fier du titre de roi des *communes*, que ses courtisans lui donnaient par dérision. Il partait aussi gaîment pour exécuter une prouesse chevaleresque que pour chercher ou mettre à fin une aventure amoureuse.

Quand il se déguisait pour aller surveiller par lui-même l'administration de la justice, ou courtiser incognito une Gabrielle, Jacques s'appelait le fermier de Ballangiech.

On découvre des hauteurs de Stirling mille sites variés. Immédiatement sous la citadelle était le théâtre des tournois. Une partie de l'escarpement de la basalte sur laquelle est située Stirling, a conservé le nom de *Ladies Rock*, la roche des dames. Là, sans doute, étaient les *places réservées*. Une ceinture d'arbres verts superposés les uns aux autres, forme de ce côté une espèce d'amphithéâtre, dont les gradins, demi-circulaires, sont de petits sentiers couverts par le feuillage. Nous y sommes restés des heures entières à respirer le frais; mais de l'esplanade du château, où rien ne borne la vue, un sentiment impérieux d'admiration vous arrache à l'inaction de la rêverie. Les regards parcourent avidement les riches détails d'un tableau qui est partout du plus grand effet. On voit l'onde du Forth se replier plusieurs fois sur elle-même, comme un serpent qui joue dans une prairie. Toute la plaine se trouve ainsi divisée en une infinité de petites presqu'îles. Dans l'une on reconnaît les ruines de l'abbaye de Cambus-Kenneth ; dans l'autre, s'élève une éminence qui n'est couronnée que de verdure. Au sud, les vertes collines de Campsie ; au nord, les cimes azurées des monts Ochill ; et au nord-ouest, les sombres et majestueux monts Grampiens forment le cadre incomplet de la perspective.

De Stirling à Callander, nous avons voyagé en grands seigneurs, c'est-à-dire en chaise de poste : mais n'en tirons pas vanité. Moyennant un shelling par mille, on vous fournit le postillon, la chaise et les chevaux. Nous nous préparons d'ailleurs à voyager à pied, à partir des Trosachs : notre bagage est des plus portatifs : nos malles nous précèdent à Glascow.

Nous avons vu Doune, autre château royal moins remarquable aujourd'hui comme place forte que par le souvenir de la pauvre reine... Encore Marie Stuart ! — Voici les approches de Benvorlich et d'Uavar, où le cerf de *la Dame du Lac* chercha un asile en entendant les premiers aboiemens de la meute. Dans ce voisinage, on se rappelle que sir Walter a fait ici de fréquens séjours et de fréquentes excursions. Nous allons vérifier quelques unes de ses peintures les plus vantées. Nous voici enfin au pied du Benledi, dans le village de Callander................

. . . .

La rivière qui arrose la vallée de Callander porte le nom de Teath ; elle naît un peu au-dessus du village, de l'union de deux larges ruisseaux qui sortent, l'un du lac Voil, l'autre du lac Vennachar. La rapidité de son cours semble témoigner de sa double origine des montagnes. *Teath* signifie en gaëlique une eau qui bouillonne. En effet le Teath fuit et écume dans les détours de la plaine, comme ceux de ses flots qui descendaient de cascade en cascade le défilé de Leny. Ses sinuosités décrivent si bien les circonvallations d'un camp, que tous les antiquaires ont attribué au séjour des aigles romaines ces prétendues traces de castramétation. Les découpures irrégulières des bords du Teath sont à demi masquées par d'élégans rideaux d'arbres : les maisons de campagne éparses çà et là, et la manse du pasteur, décorent aussi le vallon. Le village lui-même, abrité par des rochers en amphithéâtre, est reculé sur l'arrière plan du paysage, et son clocher en aiguille s'y dessine avec grâce. La physionomie des habitans commence à nous frapper. Dans les costumes des villageois, le tartan bariolé est plus fréquent; mais chez la plupart cette étoffe est en haillons : tellement que l'on croirait voir une ruse d'économie écossaise dans l'absence des culottes. Les enfans surtout courent ici à demi nus comme de petits sauvages.

Une auberge passable, ayant pour enseigne la tête du laird qui l'a fondée (le laird de Macnab), termine Callander au levant. C'est là que nous avons fait un repas qui s'est borné à peu près à un excellent plat de saumon.[1]

L'hôte nous a vanté, comme une des merveilles du canton, la cascade que forme, à un mille et demi de Callander, un torrent ap-

[1] Le saumon est ordinairement délicieux en Écosse; c'est le plat de ressource. Il y est si abondant que quelques domestiques, dit-on, mettent pour condition, à leur entrée dans une maison, qu'on ne leur en servira que trois fois la semaine.

pelé le Keltie. Nous avons pris pour nous y
conduire une petite fille qui nous a précédés
gaîment, dans l'espoir d'obtenir de nous le
shelling d'usage. Pendant qu'elle courait légèrement devant nous, sans suivre le sentier
tracé, mais gambadant avec l'étourderie de
l'enfance, à travers les bruyères de la montagne, je me souvins de la petite fille qui
servit de guide à Morton quand il alla visiter
Balfour de Burley dans la caverne de Lenklater. Ce souvenir réveilla en moi celui du
paysage décrit par sir Walter Scott, et je fus
agréablement surpris d'en reconnaître les
principaux traits. J'en fis la remarque à mon
compagnon, attribuant d'abord cette coïncidence à ma seule imagination; mais enfin
nous ne pûmes plus douter que nous parcourions les mêmes lieux que Morton; et,
presque aussi heureux que le voyageur Bruce,
découvrant les sources tant cherchées du Nil,
je m'écriai : voici la cascade de Blacklinn ! —
Déjà la voix retentissante du torrent couvrait
les nôtres, et nous fûmes forcés de nous
parler à l'oreille pour nous communiquer
nos idées : un pont rustique a remplacé le

chêne que Burley plaçait d'un bord du rocher
à l'autre. La petite Écossaise le franchit rapidement, et nous le franchîmes sur ses traces;
mais quand nous reportâmes les yeux sur le
bord que nous venions de quitter, nous
fûmes à la fois charmés, et presque effrayés
de notre hardiesse, tant le pont, sans parapet, nous parut fragile et mal assuré sur ce
gouffre, qui a près de cent pieds de profondeur. Nous essayâmes alors de plonger nos
regards dans le précipice, à travers l'humide
poussière qui s'en échappe continuellement.
De chaque côté les projections inégales du
rocher semblent sur le point de s'entre-croiser
en voûte, comme pour étouffer le torrent qui
creuse ses entrailles. Les flots, irrités de la
résistance qu'oppose à leur vitesse cette gorge
étroite, se précipitent les uns sur les autres;
et, repoussés souvent par l'obstacle nouveau
de quelque saillie rocailleuse, reviennent se
heurter et se briser contre les flots moins avan-
cés. Ceux qui ont pu éviter cette espèce de
lutte, roulent, tombent et s'étendent en
bouillonnant sur un plus large espace, jusqu'à
ce que d'autres anfractuosités excitent encore

leur rage contre le roc et contre eux-mêmes. Le mugissement de cette onde tourmentée a quelque chose de terrible dans le silence de la solitude. On n'aurait pas de peine à se persuader qu'on distingue encore, avec Morton, « des cris, des exclamations et même des pa- « roles articulées, comme si le démon du tor- « rent mêlait ses plaintes à la voix de ses « vagues en fureur. » Quand nous eûmes familiarisé nos regards avec tout ce que ce spectacle et l'aspect du site voisin ont de terrible et de poétique, après avoir rappelé la scène imposante qui lui prête un double intérêt, nous repassâmes le pont, et nous reprîmes le chemin de Callander, avec notre jeune guide, qui nous précéda encore d'un pas léger, et qui nous fit plusieurs fois signe du doigt de ne pas la perdre de vue, lorsque nous nous arrêtions pour écouter le tumulte de plus en plus sourd de la cascade de Blacklinn.

Avant de partir pour les Trosachs et le lac Katrine, nous avons remonté le défilé de Leney (*the pass of Leney*), le long du torrent rapide qui vient de Lochlubnaig. Ce défilé est ce qu'on appelle ici un *ghaut*, une ravine étroite, qui est la seule voie de communication entre les hauteurs et la plaine. Il faut garder un peu de notre admiration pour les nombreux sites qu'il nous reste à visiter; cependant le *pass of Leney* mériterait bien d'être décrit, tant les accidens de ses détours sont nombreux, tant nous avons pris plaisir à nous égarer dans ses sinuosités, tantôt regardant tomber le torrent de cascade en cascade, assis nous-mêmes sur un bord coupé à pic ; tantôt descendant jusqu'au milieu de son lit, et nous tenant debout sur un fragment de rocher dont la base seule est humide, et qui attend la prochaine crue des eaux pour continuer son voyage bruyant vers la plaine !

Le grand spectacle des environs de Callender, c'est l'aspect du gigantesque Ben-ledi (la montagne de Dieu); mais nous allons nous en approcher davantage en nous rendant aux Trosachs.

P. S. Voulez-vous me permettre, mon cher ami, de vous indiquer le sujet d'un tableau digne de votre palette? — Vous rappelez-vous, lorsque Morton et Burley reviennent ensemble de l'auberge de Niel, cette vieille femme qui, assise au détour de la route, et enveloppée d'une mante rouge, se lève, s'approche du fanatique puritain et lui dit d'une voix mystérieuse : — Ne passez pas là; il y va de la vie pour vous; un *lion* y est en embuscade, etc. ? »

En général, les diverses scènes des *Puritains d'Écosse*, sont de toutes les scènes des romans de Walter Scott celles qui nous intéressent le plus. C'est une histoire écossaise, mais c'est aussi un miroir fidèle de certaines époques de la nôtre.

LETTRE XCIV.

A M. Léon BLAIN. (Havane.)

One burnish'd sheet of living gold
Loch-Katrine lay beneath him rol'd,
In all her length far winding lay
With promontory, creek, and bay
And islands that empurpled bright,
Floated amid the livelier light,
And mountains, that like giants stand
To centinel enchanted land.
(The Lady of the Lake.)

Le lac Katrine se déploie comme une vaste nappe d'or aux rayons du soleil. Tout l'espace que le lac couvre de ses ondes se développe à nos regards avec ses promontoires, ses anses, ses îles, qu'une teinte de pourpre distingue au milieu des flots d'une lumière plus vive, et ses montagnes qui sont comme des géans gardiens d'une terre enchantée.

(Tarbet, août 1822.) Je vous écris d'une auberge située près du lac merveilleux des « îles flottantes, » des « vagues sans vent » et des « poissons sans nageoires. » De hautes montagnes arrêtent tantôt brusquement sur ses bords leurs escarpemens arides, et tantôt semblent s'écarter en laissant à leurs pieds les plus riants vallons de l'Écosse. Je puis, en tournant la tête, distinguer parmi ces montagnes, le cône pyramidal du Ben-Lomond, qui donne son nom au lac appelé jadis du nom plus doux de Lyncalidor. Nous avons déjà exécuté *l'exploit* (le mot n'a rien d'exagéré) de gravir la cime du roi des montagnes Calédoniennes; mais je ne dois pas oublier que nous avons laissé derrière nous le lac Katrine et les Trosachs. Procédons par ordre. Je ne puis cependant résister au désir de vous retracer d'abord une singulière scène qui vient de se passer sur le seuil de Tarbet-Inn, et qui vous prouvera que les Stuarts ont encore un reste de culte parmi le peuple des montagnes. Je me suis cru un moment transporté à l'époque où le baron de Bradwardine vivait encore, moi qui craignais, après les fêtes d'Édimbourg, de ne plus relire que comme une fiction l'histoire des derniers efforts du jacobitisme dans le *Waverley* ou le *Rob Roy*.

Nous nous disposions à aller visiter la caverne de Mac-Gregor. Debout sur la porte de l'auberge de Coll Walker, nous racontions, Charles F....e et moi, à notre hôte et à quelques voyageurs l'entrée triomphale de George IV dans sa capitale du nord, lorsqu'une femme qui s'était tenue jusqu'alors à quelque distance, nous reconnaît à notre accent, et s'approchant de nous avec une certaine familiarité, nous saisit les mains, les serre affectueusement, et s'écrie moitié en anglais, moitié en écossais ou en gaëlique : — « Bons Français, fidèles amis de Charles Stuart! » Ne comprenant pas bien d'abord ses gestes et ses paroles, nous continuons à décrire la pompe déployée autour du roi George, et surtout les anciens costumes renouvelés, comme si la vieille Calédonie était sortie du tombeau pour joindre son adhésion à celle de l'Écosse moderne. Peu à peu, à un air de défiance, et puis d'impatience contrainte, nous vîmes succéder dans la physionomie de cette femme l'expression d'un sourire d'incrédulité, comme si elle se fût imaginée que le sujet de notre entretien nous était indiqué malicieusement par ceux de nos auditeurs qui, connaissant sa susceptibilité sur cette question, avaient voulu nous exciter à la contrarier. — Enfin elle s'écria avec une sorte d'enthousiasme, mais en se servant d'expressions vulgaires, dont je ne conserverai que le sens : —Non, non, vous êtes Français; vous ne pouvez trahir Charles Stuart! je suis du clan de Montrose : George est un usurpateur (*Georges is a welp* [1].) » —« Mais, ma bonne femme, tous les Stuarts sont morts! » — « C'est la loyauté qui est morte ! qui vous a dit qu'il n'y a plus de Stuarts?... et puis si cela était, nous serions encore fidèle à leurs cendres. »

Je pourrais, certes, sur les domaines des Montrose et des Mac-Gregor, appelant à mon secours le souvenir des héros de Walter Scott, faire de cette femme une autre Madeleine [2].

---

[1] *Welp* se dit du petit d'un lion, d'un renard, et en général du petit de tout animal rangé par Buffon dans la famille des chiens. Ce dernier animal offre souvent de nobles comparaisons; mais je crois que, sauf le respect dû à Sa Majesté Britannique, il faut le prendre en mauvaise part.

[2] Voyez *l'Abbé.*

Je veux m'en tenir à la vérité : elle n'avait rien de remarquable, ni dans sa personne, ni dans sa figure ; mais elle parlait avec une grande chaleur ; il y avait de la poésie dans l'accentuation énergique de ses paroles, que nous nous sommes fait expliquer littéralement par Coll Walker. Celui-ci, dès le commencement, nous avait fait signe qu'elle était folle : le mot dont il s'est servi ensuite pour caractériser sa folie, nous a fait comprendre qu'elle était seulement *exaltée*. — Elle est revenue bientôt d'elle-même à des intérêts plus matériels, en nous parlant très sensément de sa manière de vivre et de sa pauvreté ; non pour nous demander l'aumône, mais pour nous faire acheter un panier de pommes qu'elle est allée chercher dès qu'elle nous a vus tout portés à lui en donner le prix demandé.—Prudence et finesse mêlées à l'enthousiasme..... ce sont les traits caractéristiques de beaucoup de femmes de cette classe en Écosse et dans les romans de son chroniqueur moderne..... Mais je vais vous ramener sur nos pas depuis Callander jusqu'au Loch Lomond . . . .

On compte dix milles de distance de Callander aux Trosachs, par la route la plus directe. Nous avons parcouru cet espace en quelques heures, de manière à aller coucher dans une auberge nouvellement établie aux bords du lac Achray. Nous avons laissé à notre droite la plaine de Bochastle, et à gauche la cascade de Carchouzie, qui sort du lac Vennachar; munis d'une carte dressée par le révérend Wm Stirling, nous avons reconnu facilement

> *Clan Alpine's outmost guard*
> *Coilantogle's ford.* [1]
> (The Lady of the Lake, chant IV.)

Ce fut non loin de là qu'eut lieu le terrible combat corps à corps de Roderic et de Fitz-James, dont le roi-chevalier sortit vainqueur, après avoir vainement tendu une main amie au farouche fils de Gaul. — Le lac Vennachar, un peu monotone, à cause du peu d'arbres qui bordent ses rives, s'étend dans un bassin de cinq milles de longueur, sur un mille

---

[1] « Le gué de Coilantogle, extrême limite du clan d'Alpine, » — qu'on passe aujourd'hui sur un pont de deux arches.

et demi de largeur. Il était autrefois la demeure d'un de ces mauvais génies aquatiques, appelés Kelpie, que la superstition de la contrée y relègue encore. Ce Kelpie, selon sir Walter Scott, détruisit un soir tout le cortége funèbre d'un enterrement; selon une autre légende, un jour que des enfans jouaient tout près du lac à l'ombre du *bois lamentable* (*Coillebroine*), ils en virent sortir un joli petit cheval qui, par sa douceur, les engagea à se hasarder sur son dos; un seul n'osa pas; à chaque nouveau cavalier, sa croupe s'allongeait pour faire place à un autre : c'était le Kelpie, qui soudain s'élança dans sa caverne humide avec sa proie.

Non loin du Vennachar est encore *Lanrick' mead*, la prairie de Lanrick, rendez-vous fixé du clan d'Alpine, lorsque la croix de feu parcourut les montagnes à l'ordre de Roderic Dhu.

Après un mille de marche, on se trouve sur une éminence près du *pont de Turk*, d'où l'on reconnaît le joli lac Achray, les détours de l'eau qui s'en échappe à travers une vaste prairie, et le dôme du Ben-Venue, qui domine tous les divers points de vue de la contrée depuis Callander. A droite est le vallon de *Glenfinlas*, scène d'une ballade qui commença la réputation poétique de Walter Scott, et dans ce vallon tombe la cascade où Brian fit la cérémonie mystérieuse du *Taghaim*, pour consulter les oracles sur les destins de Roderic.

« Le taureau fut immolé; sa dépouille san-
« glante fut étendue près de la cascade, dont
« les flots se précipitent en tumulte contre
« la sombre saillie en relief du rocher appelé
« par les traditions la *targe* du héros, à cause
« de sa forme. » (*La Dame du Lac.*)

Les montagnes qui entourent Glenfinlas n'ont rien d'âpre ni de heurté dans leur élégante découpure; la bruyère est rare sur leurs cimes, mais elle y est remplacée par un tapis de gazon qui efface toutes les inégalités de leurs contours; de nombreux filets d'eau en descendent et s'entre-croisent quelquefois à leurs pieds.

Le crépuscule nous surprit à l'entrée des Trosachs, et nous passâmes la nuit dans la nouvelle auberge construite sur les rives du

Loch Achray, par James Stewart, fameux guide, qui doit sa petite fortune à *la Dame du Lac.*

Pendant qu'on préparait notre souper, nous protâmes d'un beau clair de lune pour reconnaître les bords du Loch Achray. Ce lac, si gracieux dans ses petites dimensions, et que j'appellerais volontiers le diamant des lacs d'Écosse, n'est peut-être qu'un accessoire dans le paysage dont il fait partie ; mais ce paysage, si pittoresque et si calme, est surtout ravissant quand il se réfléchit dans son immobile cristal : l'onde est si pure, si argentée, qu'elle reproduit, avec tous leurs accidens et toutes les nuances de leur couleur, les moindres détails des sites qui l'environnent. Le lendemain, levés une heure avant les deux guides que nous avions retenus pour les Trosachs, nous vîmes les premiers feux du matin effacer la dernière étoile dans l'onde du Loch Achray [1], et nous entendîmes la grive

[1]
Alas thou lovely lake that e'er
Thy banks should echo sounds of fear.

« Hélas ! lac charmant, l'écho de tes rives n'aurait

la plus matinale réveiller ses compagnes du bocage. Cet oiseau, appelé ici mavis [1], a un chant mélodieux, et remplace le rossignol de notre France.

Quel contraste lorsqu'on passe de ce lac si doux et si riant dans la gorge des Trosachs!

Les guides-bateliers nous précédaient avec leur rame sur l'épaule : nous étions presque surpris de les voir deviner des sentiers à travers ces rochers qui semblent fermer le vallon par une barrière impénétrable : insensiblement nous nous trouvâmes au sein du défilé, au lieu peut-être où succomba le noble coursier de Fitz-James. La grandeur sauvage des Trosachs révéla à mon imagination une nouvelle espèce de sublime dans la nature, dont je n'avais aucune idée. Sir Walter Scott a décrit dans ses vers, sous des images un peu fantastiques, cette masse confuse de rochers, de montagnes et de bois; mais il est impossible peut-être à la poésie d'en crayonner les principaux traits autrement

jamais dû répéter des accens de terreur. » (*La Dame du Lac*, ch. III.)

[1] Le *turdus musicus*.

que par des comparaisons. La peinture aurait ici tout l'avantage; mais quel cadre assez vaste pourrait embrasser ce gigantesque tableau dans son ensemble? Au milieu du défilé même, ces immenses fragmens de rocher qu'on dirait les ruines de quelque tremblement de terre, semblent menacer d'écraser encore, par une nouvelle chute, le voyageur téméraire; les uns sont effrayans par leur nudité, les autres sont tapissés par la mousse et les vastes feuilles en éventail de la fougère. De quelques crevasses s'échappent les troncs élancés du saule-tremble, dont les branches pendent comme une longue chevelure. Aux cimes les plus hautes, le moindre souffle fait flotter çà et là, semblables à des bannières, les plantes grimpantes et les rameaux des bouleaux ou des pins. Enfin, au-dessus de toute la décoration singulière de ces précipices, s'élèvent les cônes du Ben-An et du Ben-Venue, immenses et éternelles pyramides qu'on dirait avoir bravé seules l'épouvantable convulsion qui a jeté à leurs pieds tant d'énormes débris. Au moment où ces monts frappèrent nos regards, les rayons du soleil les couronnaient d'un diadème de feu, et l'évaporation de leurs cimes y faisait onduler une légère fumée diaphane et bleuâtre, semblable à un élégant panache. Ce phénomène est, du reste, permanent sur la plupart des montagnes, mais la description la plus simple doit ici naturellement ressembler aux tableaux poétiques de l'imagination. — Qu'on se figure maintenant dans ces lieux si imposans et si terribles, la grande scène où Fitz-James osa témoigner à son guide inconnu, le désir de se trouver en présence de Roderic, et de son clan rebelle :

« — Eh bien ! que tes vœux soient satisfaits, dit le Gaël; et le son perçant de son sifflet fut répété d'écho en écho, comme le cri du courlis. Au même instant, du milieu du taillis et de la bruyère, à droite, à gauche et de tous les côtés, une armée de montagnards apparut, la lance à la main et l'arc bandé. Des fentes des rochers surgit le fer des piques; les joncs, les rameaux des saules semblent changés en haches et en épées. Chaque touffe de genêt enfante un guerrier, couvert de son plaid, et prêt à combattre.

Ce signal a soudain réuni cinq cents hommes, comme si la montagne s'était entr'ouverte pour rejeter de son sein une armée souterraine. Tous ces guerriers, attendant les ordres et le nouveau signal de leur chef, demeurent immobiles et silencieux. . . . .
. . . .

« Eh bien! qu'as-tu à répondre? Voilà les fidèles guerriers de clan d'Alpine, et reconnais en moi Roderic lui-même. . . . .
. . . .

«Roderic le regarde, et ses yeux expriment à la fois le respect, la surprise et cette joie farouche qu'éprouvent les guerriers à la vue d'un ennemi digne de leur valeur. Bientôt il fait un geste de la main : chaque soldat disparaît dans les broussailles et les arbustes, avec les claymores, les lances et les arcs. On eût dit que la terre avait englouti de nouveau dans son sein tous les soldats qu'elle venait d'enfanter. Tout à l'heure la brise agitait les bannières, les plaids flottans et les panaches : son souffle maintenant glisse sur la colline, et ne balance plus que les fleurs de la bruyère sauvage. Tout à l'heure les rayons du soleil étaient réfléchis par les lances, les glaives et les boucliers, les cottes de mailles, et déjà ils n'éclairent plus que la verte fougère et le noir granit des rochers, etc. »

Walter Scott romancier a certes été un rival redoutable pour Walter Scott poète; mais j'ajoute volontiers ce passage à ceux que j'ai déjà cités dans le cours de cet ouvrage, pour prouver qu'il y a aussi de *la vraie poésie* dans les vers de l'auteur de *la Dame du Lac*. Les Trosachs nous rappellent encore l'épisode si pathétique de *Blanche la folle*, dans le même poëme, si riche en oppositions dramatiques, comme en tableaux purement descriptifs : l'auteur qui a si bien peint la piété filiale d'Hélène, le dévouement du barde fidèle à l'exil de Douglas, la générosité sauvage de Roderic, etc., n'est pas seulement le plus *pittoresque* des poètes. Il partage du moins avec Burns la gloire la plus douce selon moi, pour un auteur passionné pour son pays, celle de voir ses vers devenus populaires. — Mais déjà nous avons franchi les sombres Trosachs, et nos regards aiment à deviner le lac charmant qui fit oublier à Fitz-James la mort de son coursier, le mauvais succès de sa chasse et toutes ses fatigues. Il faut en effet *deviner* le lac Katrine ; car un des rochers qui forment sa ceinture si variée, s'avance en promontoire, et ne laisse d'abord apercevoir qu'un bassin de peu d'étendue. Pendant que nos guides préparaient le bateau, nous gravîmes un des escarpemens de la rive, et nous reconnûmes ce lac solitaire, dont les vagues, semblables à des lames d'or balancées légèrement, étincelaient de mille reflets, comme un vaste foyer de lumière. Cet aspect était éblouissant : quand nous avons parcouru le lac en bateau, nous avons admiré davantage les contours toujours nouveaux de ses rives, ainsi que les perspectives mobiles qu'elles offrent, par l'effet des caps ou presqu'îles qui s'y succèdent depuis les Trosachs, et qui trompent souvent la vue, comme si le lac allait finir. Tout à coup le promontoire recule, et un nouveau bassin se dessine jusqu'à ce qu'une autre projection des rochers vous menace vainement encore d'une barrière, prompte à s'effacer quand le bateau approche. La couleur naturelle des eaux du lac est sombre à cause de leur limpidité même, parce qu'elles empruntent cette couleur à la teinte de leur lit profond. Le contraste en est plus vif quand on admire la riante verdure du rivage, qui est aussi parsemé de petits cailloux blancs ou azurés. Nous avons salué l'îlot de *la Dame du Lac*, un peu agrandi par le poète, et un peu plus loin, un arbre qui s'avance sur l'onde, et dont les rameaux sont disposés et entrecroisés de manière à figurer une tête de cerf se mirant dans le lac à travers le feuillage. A cinquante pas l'illusion est complète.

Sur la rive opposée, la chute d'une avalanche a déchiré le flanc d'un rocher; ailleurs, c'est la foudre qui en a sillonné et brûlé le granit. Le batelier nous indiqua aussi du doigt les approches de *Coir-Nan-Uriskin*, la caverne des Lutins : nous y descendrons, quand nous explorerons de nouveau ces lieux, à la recherche des traditions populaires sur les Brownies, les fées, etc.

Un seul de nos deux guides est venu avec nous jusqu'à Inversnaid. En quittant le Loch Katrine, nous avons bravé gaîment la fatigue de franchir une espèce de désert; c'est-à-dire une suite de hauteurs et d'humides ravines, où la verdure même est un piége qui cache un sol mal affermi, cédant sous le pied pour l'emprisonner dans une vase visqueuse; quelquefois aussi le piéton fait jaillir soudain de ces fondrières des filets d'eau imprégnés d'un limon noir, ou rouge comme du sang. — De distance en distance une figure humaine apparaissait sur quelque monticule : c'était un pâtre enveloppé d'un manteau gris quadrillé, et appuyé sur son lourd bâton de cytise; tantôt nous voyant passer avec un air plus indifférent que curieux, tantôt échangeant quelques paroles en gaëlique avec notre guide. Par momens, pour interrompre le silence monotone du désert, en passant le long d'une gorge humide, nous nous baissions pour ramasser une pierre que nous lancions avec force : et le bruit faisait soudain lever un oiseau blanc de neige, appelé ici le ptarmigan [1], qui se reposait sous une touffe de myrtils [2] aux globules couleur de jais.

Nous avions parcouru les deux tiers de

[1] Espèce de gelinote, ou *tetrao lugopus*.
[2] *Vaccinium myrtilus*.

notre chemin, lorsque nous fîmes halte pendant quelques instans sous un *cottage* ou hutte des montagnes que je puis décrire comme le type de presque toutes celles qu'on rencontre dans les Highlands. Cette hutte était bâtie de pierres inégales sans ciment, et recouverte de mottes de terre et de bruyères pour toiture; l'intérieur était partagé en deux appartemens par une cloison de planches de bouleau : le plus large destiné à être chaque soir la chambre à coucher générale, et dans le jour *le salon de réception;* au beau milieu était allumé le feu de tourbe, au-dessus duquel pendait la marmite tenue par un croc et une chaîne attachés au plafond; l'ouverture pour la fumée était faite latéralement; la peur de la pluie défend de la pratiquer immédiatement au-dessus du feu; il paraît même qu'en hiver on ferme cette espèce de cheminée, pour ne laisser à la fumée d'autre issue que le passage commun de la porte. Le second appartement est réservé pour la vache, le bidet et la volaille; dans plusieurs huttes, il n'y a qu'un seul appartement pour *les bêtes et les gens.*

Enfin, nous ne gravissons plus de hauteurs et nous n'apercevons plus de montagnes à l'horzion; nous descendons une gorge étroite recouverte par d'épais coudriers et autres arbres. Nous respirons un air frais, que nous commencions à désirer. C'est moins notre guide qui nous montre la route que le cours d'un ruisseau, que son murmure harmonieux nous fait retrouver bientôt, quand quelque rocher ou le taillis impénétrable nous a forcés de faire un détour. Après un dernier mille de marche, dans ce riant labyrinthe, préparés à la transition de quelque spectacle enchanteur, notre attente n'est point déçue, quand nous nous trouvons tout à coup sur le bord du Loch Lomond, le plus beau des lacs d'Écosse.

Il n'était pas midi; oubliant toute notre fatigue, le cœur nous bat à l'idée de profiter d'un jour superbe pour gravir le Ben Lomond : c'est un voyage de cinq à six heures, mais nous y verrons le plus beau des panoramas. Nous entrâmes dans la hutte d'un batelier et lui demandâmes du pain et du lait qui nous fut servi sur l'herbe. Jamais, peut-être, je ne m'étais promis un repas plus exquis; mais il faut bien le dire, le lait avait séjourné depuis le matin dans la hutte : il sentait horriblement la fumée. Quant au pain, il fallut encore toute l'exigence de notre appétit pour mettre sous la dent cette galette d'orge d'une pâte azyme, se brisant dans la bouche en terre friable d'un goût affreux. Comme un des héros de Gil-Blas, je trempai mon morceau de galette dans l'eau d'une source qui passait près de nous, pour aller se jeter dans le lac. Nous nous regardions en souriant, mon compagnon et moi, pendant ce repas; quand il fut terminé, nous avions recouvré toutes nos forces et notre courage; le batelier nous avait trouvé un nouveau guide et nous partîmes, heureux déjà du spectacle que nous allions chercher.

FIN DU TOME TROISIÈME.

SOMMAIRES

DES

TROIS PREMIERS VOLUMES.

N. B. Ces sommaires n'indiquent qu'une partie des articles contenus dans l'ouvrage.

TOME PREMIER.

DÉDICACE A M. P. BLAIN. . . . . *page* v
AVANT-PROPOS. vij
LETTRE Ire, A M. B....E. — Calais. — Sterne. — Miss Esther. 1
LETTRE II, AU MÊME. — Douvres. — Le rocher de Shakspeare. — Les pistolets de poche de la reine Anne. — Quakers. 8
LETTRE III, AU MÊME. — Le stage-coach. — La route. — La Tamise.— Cowper.— Thomson.— Vue de Londres. 14
LETTRE IV, AU MÊME. — Comté de Kent. — Vin anglais. — Cantorbéry. — Thomas Becket. — Son martyre. . . 19
LETTRE V, A M. GARNIER. — Climat et aspect des routes. — Châteaux. — Chevaliers errans modernes de l'Angleterre. — Middlesex. — Addison. — Stepney. — Cimetières de village. — *Old Mortality*. — Claremont. — La princesse Charlotte. 30
LETTRE VI, A M. A. DE CHEVRY. — Seven-Oaks. — Jack Cade. — Knole. — Gorboduc. — Penshurst.— Sydney. — — L'Arcadie. 38
LETTRE VII, A M. P. BLAIN. — Say's-Court. — Evelyn. — Ses voyages. — Son goût en agriculture.— L'émigration, les biens nationaux, la restauration, en Angleterre, avant 1688. 45

LETTRE VIII, A M. DE TERREBASSE. — Dimanche anglais.
— Atmosphère de Londres. — Aspect général de Londres.
— Les parcs. — Les palais. — Somerset-House. — Architecture. — Pont de Waterloo. — Saint-Paul. — Le Monument. 59
LETTRE IX, A M. AUG. SOULIÉ. — Westminster-Abbey. —
Les sépultures. — Le vicomte de Châteaubriand à Westminster-Abbey. — Les majestés et les illustrations historiques en cire. 76
LETTRE X, A M. CAS. DELAVIGNE. — Muséum britannique.
— Sculpture grecque. — L'amateur anglais. — Les marbres du Parthénon et de Phigalia. — Sculpture anglaise dans les places publiques. 86
LETTRE XI, A M. CH. NODIER. — Architecture gothique et architecture grecque. — Histoire de la sculpture et de l'architecture anglaises. 98
LETTRE XII, A M. F.... — *Exhibition* des sculpteurs anglais. — Opinion des Anglais sur Canova et sur notre école de sculpture. — Chantrey. 114
LETTRE XIII, A M. PAUL DE LAROCHE. — Notice sur Chantrey. 130
LETTRE XIV, A M. LE BARON TAYLOR. — Flaxman. —
Westmacott. — Délicatesse des dames anglaises. — Achille.
— Wellington. — Chantrey. 139
LETTRE XV, AU MÊME. — Histoire de la peinture anglaise. —
Exposition des peintres anglais. — Th. Lawrence. — Jackson et Howard. — Paysagistes. — Girtin. — Turner. —
Constable. — Wilkie. — Allan. 145
LETTRE XVI, A M. P. DE LAROCHE. — West. — Fuseli. —
Barry. — Haydon. — Westall. — Stothard. 165
LETTRE XVII, A M. LE BARON TAYLOR. — Galerie Leicester.
— Sir Thomas Lawrence. — Owen. — Martin. — Wilkie. —
Mulready. 175
LETTRE XVIII, A M. A. BLAIN. — Turner et le paysage. 185
LETTRE XIX, A L'ERMITE DE GAUJAC. — Dimanches anglais. — La foire des Cornes. — Cuckold-Point. . . . 192
LETTRE XX, A MADAME DE BIEF. — Richmond. — Jeannie

Deans. — Arles. — Twickenham. — Pope. — Mort de Pope.— *Cant* anglais (tartuferie). 198
LETTRE XXI, a M. Dudrenec. — Strawberry-Hill. — Horace Walpole. — Brown et Kent. — Jardins anglais. — Abbaye de Newstead. 213
LETTRE XXII, a M. A. de Chevry. — Windsor. — Le siècle de George II peint par Walter Scott.—George III. 229
LETTRE XXIII, a M. Aug. D'Hauterive.— Histoire chevaleresque et poétique du comte de Surrey. 241
LETTRE XXIV, a M. B. Richaud. — Topographie de Londres. 257
LETTRE XXV, a Madame Saint-G....s. — Dîners à Londres et soirées. — Le thé. — Société. — Mœurs. 266
LETTRE XXVI, a la même. — Continuation. — Un *rout*.— Galanterie des journalistes anglais. — *Eccentricity*. . . . 279
LETTRE XXVII, a M. D....s H....d. — L'auteur refusé. — Les auteurs du temps de Shakspeare. 295
LETTRE XXVIII, a M. Duviquet. — Histoire du théâtre anglais depuis Shakspeare. — L'*humour*. 303
LETTRE XXIX, au général Beauvais. — Représentation à Drury-Lane. — Kean dans Richard III. — Don Juan à Londres. — Harley. — Cooper. 332
LETTRE XXX, a Mahomet de Cypre. — Les comédiens anglais. — Garrick ; Barry, l'acteur. 352
LETTRE XXXI, a Madame Guizot.—Macbeth.— Mistress West. — Kean. — M. Tonson. 367
LETTRE XXXII, a M. Desfontaines.—Biographie de Kean. — Kean dans *Sir Giles*. 375
LETTRE XXXIII, a M. Provost. — Covent-Garden. — Macready. — Young.— Kemble. — Othello. — Miss Foote. — Mistress O'Neil. — Chery et Belle-Étoile. 386
LETTRE XXXIV, a M. Gosselin. — Comédie anglaise. — De l'école de la médisance. — Farren. — Young.—Charles Kemble. — Liston. — Fawcet. — Mistress Davison. — Représentations à bénéfices et métamorphoses théâtrales. — Discours de clôture. 402
LETTRE XXXV, a M. P. Blain. — Mistress Inchbald. —

Mistress Cowley. — Burgoyne. — Morris. — Reynolds. — Morton. — Les deux Colman. 411
LETTRE XXXVI, a M. R. Perin. — Hay-Market. — L'Opéra anglais. — Terry. — Oxberry. — Mistress Chatterley. — Miss Stephens. — Madame Vestris. — L'opéra du *Gueux*. — Plagiaires anglais. 428
LETTRE XXXVII, a M. G. Jal. — Musique dramatique en Angleterre. — Miss Clara Fisher. — Emery. 434
LETTRE XXXVIII, a M. Ch. Nodier. — Miss Kelly. — Mademoiselle Mars, jugée par un Anglais. 440
LETTRE XXXIX, a M. A. Soulié. — La foire de Brookgreen. — Description d'une foire par M. Rogers. — Plaisirs du peuple. — Le Vauxhall. 451
LETTRE XL, a M. Thiers. — Alexandre. — Mathews. — Samuel Foot. 458
LETTRE XLI, a Madame Guizot. — Miss Joanna Baillie. 469

TOME II.

LETTRE XLII, a M. Villemain. — M. Milman. — Ses tragédies. — Son Jugement des rois. — Napoléon. — Le Bonnassus. — La lanterne d'Austerlitz. . . . . . . *page* 1
LETTRE XLIII, a M. Adolphe Lesourd. — Maturin et la littérature frénétique. — M. Shiel l'avocat, et ses tragédies. Procter, *Alias* Barry Cornwall. — Sotheby. — Knowles. — Croly. 24
LETTRE XLIV, a M. l'abbé ***. — Précis de l'histoire de la réforme religieuse. — Le conte du Tonneau. — La dîme, les bénéfices, les revenus du clergé. 33
LETTRE XLV, au même. — Le coussin de velours. — Le docteur Syntaxe. — L'évêque Porteus. — La *congrégation* des anglicans. — L'évêque et le soldat. 45
LETTRE XLVI, au même. — De l'*action oratoire* chez les anglicans. — Précis de l'histoire de l'éloquence de la chaire en Angleterre. — Les puritains. — L'euphuisme dans la chaire. — L'évêque Taylor. — Barrow. — South. — Milton prosateur. 55

LETTRE XLVII, a Mademoiselle Thérèse F....d. — Le méthodisme. — Wesley. — Whitefield. — Le prédicateur Irving. 67
LETTRE XLVIII, a M. Dumont. — De la liberté en Angleterre, fragment d'une plus longue lettre. — Roman de Madame de Staël sur l'Angleterre. 80
LETTTE XLIX, a M. Albin Hostalier. — Langue du barreau et des cours de justice. 87
LETTRE L, a M. Clair. — Des avocats anglais. — De l'enthousiasme de M. C*** pour eux. — Écoles de droit. — Basoches. — Cours de justice. — Jeunesse de Curran. 92
LETTRE LI, a M. F. Blain. — Les trois écoles d'éloquence dans la Grande-Bretagne.—Lord Erskine et ses plaidoyers. — Lord Thurlow. — Lord Mansfield. — Dunning. . . 112
LETTRE LII, a M. Mignet. — Sir James Mackintosh et Burke. — La *Napoléone* de Charles Nodier. — L'affaire Peltier. 151
LETTRE LIII, a M. Aylies. — Samuel Romilly. — Brougham. — Scarlet. — Procès de la reine. 179
LETTRE LIV, a M. Poncelet. — L'école irlandaise. — Burke, Grattan, Sheridan, Curran, etc. — Les marionettes. — Théorie de l'éloquence originale de Curran. 189
LETTRE LV, a M. Ch. de Remusat. — L'avocat Phillips. —Procès de crim. con.— Les catholiques irlandais, etc. 212
LETTRE LVI, a M. Ladvocat. — Les journaux et les annonces. — Le *puff* du solitaire. — La liberté de la presse comparée à une digestion transparente. 225
LETTRE LVII, a M le docteur Bousquet.— Les *Revues*. — Le *Spectateur*. — La vie de Richard Steele. — Critiques anglais et écossais. — L'ombre de Buonaparte. 237
LETTRE LVIII, a M. P. Bonnaric. — Histoire de la langue anglaise. 255
LETTRE LIX, a M. Coulmann. — Précis de l'histoire littéraire de la Grande-Bretagne. 263
LETTRE LX, au docteur Goury. — Le docteur Darwin et Delille. — Les amours des plantes et les amours du docteur. 277

LETTRE LXI, A M. PIERRUGUES. — Cowper. — Sa vie, ses lièvres, ses amitiés platoniques et ses poésies. — Du style *grec* dans la poésie anglaise............ 288

LETTRE LXII, A M. V. GUÉBIN. — L'école della Crusca et d'une nouvelle famille de précieuses ridicules. — M. Gifford. — *La Baviade* et *la Méviade*. — Peter Pindar. — L'épopée du pou. — Canning poète. — Frere et Smith. . . 316

LETTRE LXIII, AU DOCTEUR FAGES. — Les trois quarts du peuple anglais à l'aumône. — M. Crabbe. — Le Juvénal des pauvres. — Ses bergers. — Hazzlit, le pasquin de la critique anglaise.......................... 330

LETTRE LXIV, A M. A. SOULIÉ. — L'école des lacs. — Wordsworth. — Politique et poétique des lakistes. . . 363

LETTRE LXV, A M. DE LA MARTINE. — Coleridge, poète rêveur. — Poète métaphysicien. — Sa *Geneviève*. — Sa ballade singulière du *Vieux Matelot*. — Coleridge comparé à Madame Catalani et à l'automate de Droz. — Sa tragédie. 395

LETTRE LXVI, A LA SEÑORA BLAIN Y CERVANTÈS. — Robert Southey. — Son universalité. — Ses cinq poëmes épiques. — *Jeanne d'Arc.* — *Madoc.* — *Thalaba.* — *Kehama.* — *Don Rodrigue.* 422

LETTRE LXVII, A MADEMOISELLE ÉMILIE DE M.... — Poètes religieux. — Kirke White. — Montgommery. 464

TOME III.

LETTRE LXVIII, A M. CH. NODIER. — Thomas Moore, le Parny de la poésie anglaise. — Poète radical et poète de boudoir. — Ses orientalismes. — Ses amourettes. — Ses petites médisances sur les femmes. — Il boude la liberté américaine. — Ses *Mélodies*. — *Lalla Roukh*. — Les *Lettres interceptées.* — *La Famille Fudge.* — Les oreilles de George IV. — Les *Calicots* de Paris. — *Les Amours des anges.* — Le *Ciel* et la *Terre*. .... page 2

LETTRE LXIX, A M. P. BLAIN. — Des négligences dans la peinture et la poésie anglaises. — M. Samuel Rogers, banquier et poète. — La gravitation newtonienne prouvée par une larme. — *Les Plaisirs de la mémoire.* — *La Vie humaine.* — T. Campbell. — *Les Plaisirs de l'espérance.* — *Gertrude de Wyoming* et *Atala.* — *Le Dernier Homme.* 35

LETTRE LXX, a M. Casimir Delavigne.—Lord Byron.— Sir Walter Scott. — Le vicomte de Châteaubriand. — Premières impressions. — Un médecin mulâtre en France. — Cosmopolitisme de lord Byron. — Guerre aux tartufes. — Impartialité historique de sir Walter Scott. — L'ode du poète grec. 66

LETTRE LXXI, a M. Frédéric Donnadieu. — *Don Juan.* —Vrais sentimens de Byron.— Sa superstition.— Anecdote du crucifix. — Croisade poétique pour les Grecs. . . . 83

LETTRE LXXII, a M. Avenel. — Auto-da-fé d'un athée. — Les théologiens déclarent la guerre à Byron, — Leigh Hunt et Françoise de Rimini. — École des badauds littéraires.— M. Procter.—John Keats. — P. B. Shelley, poète athée. — Ses ouvrages. — Sa vie malheureuse. — *La Famille Cinci.* — *La Reine Mab.* — Des femmes auteurs. — Charlotte Smith. — Vers de M. A. Soulié. 100

LETTRE LXXIII, a M. A. D'Hauterive. — Londres devenu un *désert.* — Départ des gens comme il faut. — Yorkshire.— Compagnon de voyage.— Gurth et Wamba. . 120

LETTRE LXXIV, a M. Gibert. — York, ville romaine.— Arles. — Les trois âges de l'architecture anglaise. — Cathédrale d'York. — Orgueil et richesse des prélats anglicans. 129

LETTRE LXXV, a M. Briavoine — Comté de Durham. — Épigramme involontaire de Charles Nodier. — Durham et son évêque palatin. — Les cloches de la cathédrale. — Saint Cuthbert.— Son voyage après sa mort. — Son aversion pour les femmes. Son successeur actuel aussi peu galant que lui. — Sunderland. — Newcastle. — Warworth. — *L'Ermitage.* — Le château du duc de Northumberland. — Mœurs des *borderers.* — De l'agriculture après le système féodal. 144

LETTRE LXXVI, a M. Vict. Chappuis. — Cornhill. — Le

général Monk. — L'auteur se déclare jacobite en entrant en Écosse. — Apparition de quelques héros de Walter Scott. 162

LETTRE LXXVII, a M. Clapier. — L'étudiant en voyage. — Vue d'Édimbourg prise des hauteurs d'Arthur's seat. 150

LETTRE LXXVIII, a M. Gaymard.—Première rencontre de sir Walter Scott. — Les rues d'Édimbourg. — Assassinat de deux enfans par leur précepteur.. 180

LETTRE LXXIX, a M. D'Albian. — Coteries littéraires· — Libraires. — Les plutonistes et les neptuniens. — Tournure des Écossaises. — Ascendant des avocats sur elles. 199

LETTRE LXXX, a M. Dumont. — Smollet et le capitaine Lismahago. — Sir Walter Scott, homme de loi. — Le grand inconnu, homme de loi. — Paulus Pleydel et son prototype. — Espiéglerie faite à M. Crosbie. — Principaux avocats d'Édimbourg. 211

LETTRE LXXXI, a M. Adolphe Lesourd.— Des beaux-arts en général à Édimbourg.—Le ruisseau de Leith. — Bernards-Well. — Le théâtre. — Les joueurs de Cornemuse. — Musique et chansons jugées par l'auteur, convaincu de barbarie. — Amours romanesques des paysans d'Ecosse. — La danse. — Jeannie et sa sœur. 226

LETTRE LXXXII, a M. Villemain. — Walter Scott jugé par ses concitoyens. — Sa maison. — Première visite de l'auteur à sir Walter Scott. — Conversation de sir Walter Scott. — Ses idées sur Molière, Racine, Dryden, Châteaubriand, Madame de Staël. — Le crâne de Robert Bruce. — Chant de Burns. — *Les Lettres de Paul.* 244

LETTRE LXXXIII, a M. F. Labbé. — *Rob-Roy* au théâtre d'Édimbourg. —. Beau sujet de tragi-comédie. — La *morale* des habitués du théâtre. 265

LETTRE LXXXIV, a M. le comte D'Hauterive. — Climat d'Édimbourg. — Craig-Millar. — Marie Stuart. — Seconde visite à sir Walter Scott. — M. Crabbe, hôte de sir W. Scott.—Société d'Édimbourg peinte par sir W. Scott.— Famille de sir W. Scott. — Portrait de M. Crabbe.— Déjeuner chez sir Walter Scott. — Éloge des déjeuners écossais par un légat du pape. — Samuel Johnson. — Idée in-

complète d'un conte fait à table par sir Walter Scott. — Opinion de lady Scott sur Charles Nodier. — Mot charmant de Walter Scott sur ce sujet. — Anatomie du pied des Écossaises. — Les Stuarts à Holyrood. — Les Bourbons à Edimbourg. — Destruction d'Holyrood-Abbey, racontée par sir Walter Scott. 279
LETTRE LXXXV, A M. BILLING. — Les bords de l'Esk. — Sir Walter Scott de Harden. — *Le Repas des éperons.* — Le jeune captif. 304
LETTRE LXXXVI, A M. VICTOR HUGO. — Le château de sir Walter Scott. — Figures pantagruelines. — Galerie de tableaux. — Claverhouse. — Tête sanglante de Marie Stuart. — L'arsenal de sir Walter Scott. — Trophées d'armes. — Wallace. — Bibliothéque. — Sir Walter Scott, bouquiniste. — La Tolbooth. — La rose et le laurier. 315
LETTRE LXXXVII, A M. JULES SALADIN. — Souper à l'auberge. — L'abbaye de Melrose. — Le ruisseau des apparitions. — Les Avenel. 332
LETTRE LXXXVIII, A M. A. BOUSQUET. — L'abbaye de Jedburgh. — Le lac de Sainte-Marie. — La tour de Smallhome. — Les ancêtres de Walter Scott. — *Marmion.* — *Le Monastère.* 351
LETTRE LXXXIX, A M. GUIZOT. — Le magicien Michel Scott. — Précis sur l'histoire de la poésie écossaise. — A. Ramsay. — J. Hogg. — Pastorales écossaises. — Des poésies du berger d'Ettrick. — Marie Stuart. — Rizzio. — Les veillées. — Des fées. — John Wilson. — Kilmeny. — L'abbé Mackinon. — Robert Bloomfield. — Clare. 361
LETTRE XC, A M. C. DELAVIGNE. — Roslyn. — Hawthornden. — Conversion des whigs. — Grand mouvement à Édimbourg. — Visite à sir Walter Scott. — Conversation. — Son début littéraire. — Son début au barreau. — Mot de Fox sur Walter Scott. — Conversation sur la prochaine visite du roi. — Opinion politique de Walter Scott. — George III accusé d'être un jacobite. — La cérémonie du *lever.* — La chanson de circonstance. 391
LETTRE XCI, AU GÉNÉRAL BEAUVAIS. — Journal de l'ar-

rivée du roi. — Anecdote du verre. — Magnanimité de George IV. — Spectacle imposant. — Le bailli Jarvie. — Le *piper* aveugle. — Vésuve artificiel. — Illumination. — Lettre à M. Charles Nodier. — Les culottes. — Les clans montagnards. 423

LETTRE XCII, a M. Bourdelon le Trinquetaille. — Burns, laboureur, rat de cave et poète. — *La Liberté.* — *La Paquerette.* — *Marie des montagnes.* — *Marie dans le ciel.* — *Le Samedi soir du laboureur.* — Des dialectes provinciaux. — Coyes-de-Mouries, poète arlésien. 445

LETTRE XCIII, a M. Paul de Laroche. — M. Constable. — Les œuvres de Scott considérées comme denrées commerciales. — Les grands génies du siècle. — Départ pour les montagnes. — Itinéraire de la Dame du Lac. — Falkirk. — Stirling. — Callander. — Découverte de la caverne de Burley. 474

LETTRE XCIV, a M. Léon Blain. — Les Trosachs. — Le Loch-Katrine. — Le Loch-Lomond. — Souvenir des Stuarts. — Description d'une hutte des montagnes. . 493

FIN DE LA TABLE.

AVIS AU RELIEUR

POUR LE PLACEMENT DES PLANCHES

COMPOSANT L'ATLAS.

TOME PREMIER.

Vue de Saint-Paul, prise des bords de la Tamise. *Page* 59	
Groupe d'enfans, par Chantrey.	114
La Psyché de Westmacott.	139

TOME SECOND.

Portrait de sir J. Mackintosh.	151
Quatre planches de *fac simile*.	263
Portrait de Wordsworth.	363
— De Coleridge.	395
— De Southey.	422

TOME TROISIÈME.

Portrait de Thomas Moore.	2
— De T. Campbell.	38
— De Byron.	66
Vue du château d'Édimbourg.	150
Portrait de Walter Scott.	244
Vue d'Abbotsford et de la Tweed.	315
Vue du Loch-Lomond.	493

VIGNETTES DES TITRES.

TOME Ier. — CHATEAU DE WINDSOR.
TOME II. — CATHÉDRALE D'YORK.
TOME III. — ABBAYE DE MELROSE.

DE L'IMPRIMERIE DE CRAPELET,
RUE DE VAUGIRARD, N° 9.

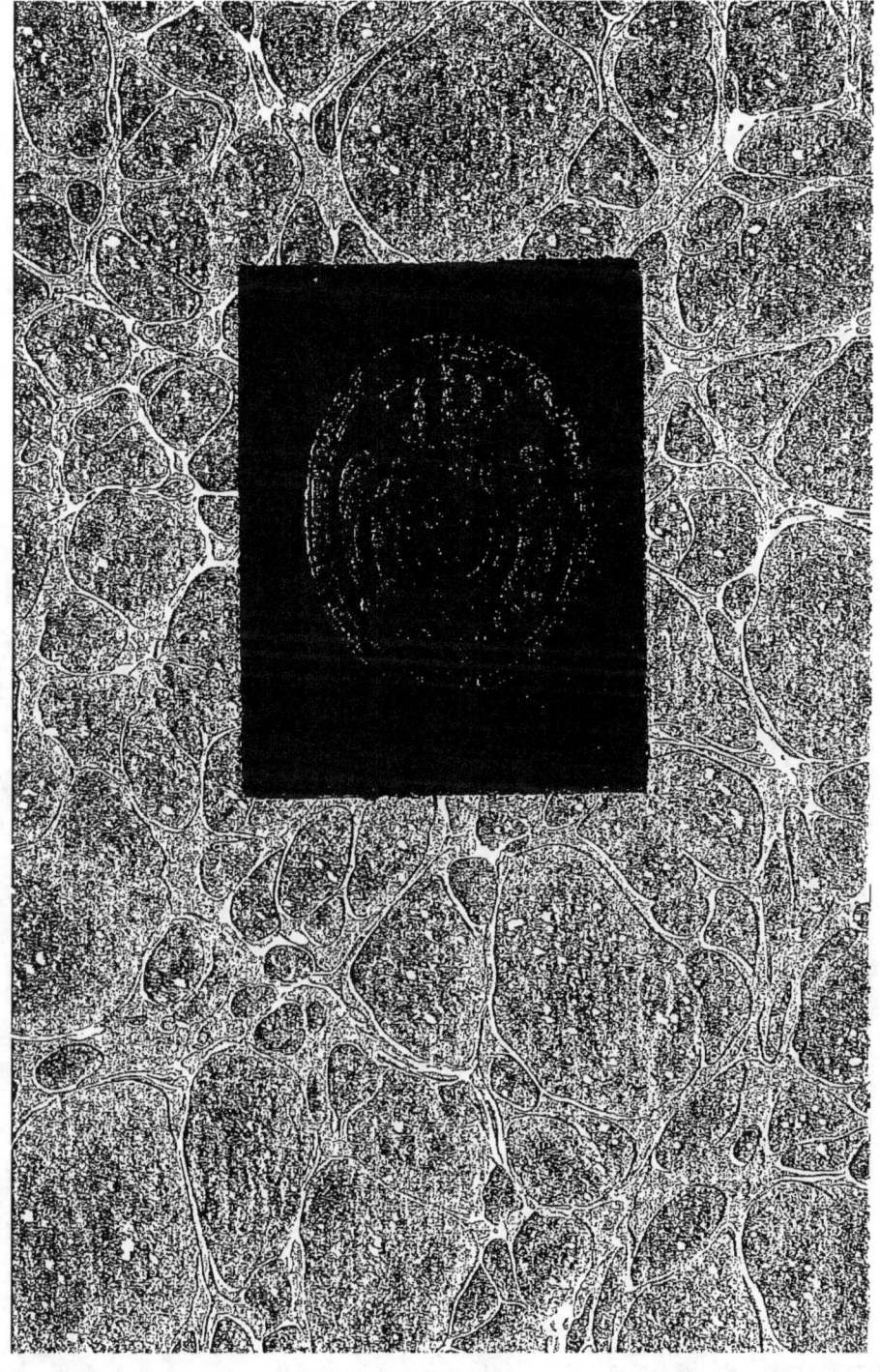

www.ingramcontent.com/pod-product-compliance
Lightning Source LLC
Chambersburg PA
CBHW051406230426
43669CB00011B/1778